Stuber/Iltgen
Gay Marketing

Michael Stuber
Andrea Iltgen

Gay Marketing

Von der neuen Offenheit profitieren

Luchterhand

Die Deutsche Bibliothek – CIP-Einheitsaufnahme

Stuber, Michael: Gay Marketing : Von der neuen Offenheit profitieren /
Michael Stuber ; Andrea Iltgen. - Neuwied ; Kriftel : Luchterhand, 2002

ISBN 3-472-05078-0

Umschlaggestaltung: Reckels, Schneider-Reckels, Wiesbaden
Satz: TGK Wienpahl, Köln
Druck, Binden: Wilhelm & Adam, Heusenstamm

Printed in Germany, September 2002

Gedruckt auf säurefreiem, alterungsbeständigem und chlorfreiem Papier.

Zur Einführung

Teilweise offensichtlich, teilweise subtil, teilweise unsichtbar nimmt die Vielfalt der Märkte zu. Die Konsumenten nutzen die Möglichkeiten der Multioptionsgesellschaft und werden dadurch für das Marketing immer unkalkulierbarer. Unzählige Einflüsse, die auf Konsumentscheidungen einwirken, machen es immer schwieriger, das Verhalten der Individuen abzuschätzen – man spricht vom „hybriden Konsumenten". Gemeint ist derjenige, der zum Frühstück ein Vollkornmüsli isst, am Mittag zur Fast Food Kette geht und abends beim edlen Italiener speist. Kunden lassen sich weniger denn je in klare Formen pressen.

Schwule und Lesben sind Teil dieser wachsenden gesellschaftlichen Vielfalt. Nicht, dass sie zahlreicher geworden sind, aber sie haben in allen Lebensbereichen deutlich an Sichtbarkeit gewonnen und stellen heute einen weitgehend integrierten Teil der Gesellschaft, der Belegschaften und natürlich auch der Absatzmärkte dar. Trotz dieser „relativen Normalität" vermitteln die Massenmedien und die selektiven Wahrnehmungen vieler immer noch ein stereotypes Bild der Homosexuellen: schräg, schrill, schillernd. Insofern verwundert es kaum, dass eine professionelle Betrachtung dieser potenziellen Zielgruppe bislang ausblieb. Eine Lücke, die das vorliegende Buch schließt.

Unilever, American Express, Nestlé, Reemtsma und Kraft Foods – erfolgreiche Marken dieser Konzerne berücksichtigen schwulesbische Zielgruppen bereits. Nicht die Sonderbehandlung exotischer Kundensegmente, sondern die optimale Ausnutzung bestehender Marktvielfalt steht dabei im Vordergrund. Nicht zuletzt spielen strategische Überlegungen bei diesen Aktivitäten eine wesentliche Rolle und führen zu langfristig angelegten, fundierten Kampagnen oder Kooperationen.

Anliegen dieses Buches ist es, jenseits von Klischees und simplifizierten Überlegungen eine systematische Darstellung der homosexuellen Zielgruppe und ihrer Berücksichtigung als Kundensegment zu liefern. Allgemein besteht die Kunst des Marketing unter anderem darin, die Konsumenten und ihre Entscheidungsprozesse zu verstehen. Das ist im Gay Marketing nicht anders. Deshalb beleuchten wir Hintergründe und Details, die Fachleuten aus Marketing und Kommunikation im weitesten Sinne einen tieferen Einblick in das Konsumverhalten von Schwulen und Lesben ermöglichen. Besonderen Wert legen wir auf griffige Umsetzungsbeispiele und grundlegende Mechanismen, die für den deutschen Sprachraum Geltung haben. Damit gehen wir nicht von dem überschwenglichen Interesse aus, das Maßnahmen in den USA entgegengebracht wird. Sie sind selten auf

Europa übertragbar, da die gesellschaftlichen und kulturellen Unterschiede erheblich sind – gerade für das Marketing.

Aufbau des Buches

Das Buch besteht aus neun aufeinander aufbauenden Kapiteln. Überall, wo dies möglich und sinnvoll erschien, ergänzen vertiefende Informationen und illustrieren praktische Beispiele die dargestellten Sachverhalte.

Das erste Kapitel: *5 Definitionen – Was ist Gay Marketing?* beinhaltet mehr als nur Begriffsdefinitionen. Vielmehr zeigen wir unterschiedliche Blickwinkel und Möglichkeiten auf, wie schwulesbische Zielgruppen erfolgreich bearbeitet werden können. Dabei grenzen wir grundlegend unterschiedliche Ansätze voneinander ab und wägen ihre Vor- und Nachteile gegeneinander ab.

Im darauf folgenden Kapitel: *5 Argumente – Warum ist Gay Marketing wichtig?* stellen wir dar, worin das besondere Potenzial eines Marketings für Schwule und Lesben besteht. Außerdem gehen wir der Frage nach, weshalb es für viele Unternehmen nicht nur lohnenswert, sondern notwendig ist, den Gay-Markt als Teil des Gesamtmarktes zu betrachten.

In einem Exkurs werden im dritten Kapitel *Trends im Marketing – Stirbt das Massenmarketing?* allgemeine Marketingtrends betrachtet und Gay Marketing in diesen Gesamtzusammenhang eingeordnet.

Jedes Unternehmen nutzt bestimmte, eigene Zielgruppenkriterien, um Märkte zu segmentieren. In Kapitel Vier: *5 Kriterien – Eignet sich das Gay Segment als Zielgruppe?* werden bei der schwulesbischen Zielgruppe die fünf gängigsten Kriterien angelegt. In diesem Zusammenhang stellen wir die wichtigsten Studien über schwule und lesbische Kundensegmente einander gegenüber.

Dass es nicht „die eine" homosexuelle Zielgruppe gibt, stellt eine wesentliche Erkenntnis des fünften Kapitels dar. *5 Typologien – Wie sehen homosexuelle KonsumentInnen aus?* präsentiert unter anderem eine Studie von gofelix & BBDO, deren Typologie schwuler Konsumenten das vorgestellte Basismodell im Wesentlichen bestätigt. Daneben wird – erstmals in der Fachliteratur – lesbischen Konsumentinnen ein Teilkapitel gewidmet. Dieses Kapitel widerlegt einige Vorurteile über Homosexuelle und stellt die qualitative Basis für konkrete Überlegungen zu unterschiedlichen Gay-Marketing-Konzepten dar.

Kapitel Sechs: *5 Ps – Welche Gay-Marketing-Strategien sind möglich?* betrachtet mit zahlreichen Praxisbeispielen Produkt-, Preis-, Place-, People- und Promotion-Strategien; letztere in einem eigenen ausführlichen Abschnitt. Tatsächlich verfügt die Marketingkommunikation im Gay-Kontext über dieselbe Bandbreite von Möglichkeiten, die im Massenmarkt oder in anderen Zielgruppen eingesetzt werden. Die unterschiedlichen Anwendungsmöglichkeiten und Wirkungsweisen der verschiedenen Instrumente werden dargestellt und mit Beispielen illustriert.

Kapitel Sieben widmet sich drei erfolgreichen Gay-Kampagnen: Ford, Kraft Foods und NetCologne. *Fallbeispiele: Welche Gay-Marketing-Aktivitäten gab es bereits?* dokumentiert die Aktivitäten dieser Unternehmen ausführlich. Zudem gehen wir in einer Branchen-Case-Study speziell auf die Tourismus Branche ein – ein Bereich, in dem bereits zahlreiche Gay-Marketing-Aktivitäten stattgefunden haben.

Ein praktischer Leitfaden in Kapitel Acht zeigt schließlich wie in 5 *Schritten* eine erfolgreiche Gay-Marketing-Strategie entwickelt und umgesetzt werden kann.

Im *Service Teil* am Ende des Buches finden Sie eine Zusammenstellung wichtiger Ansprechpartner für das Gay Marketing. Dazu gehören Agenturen, Berater, Medien, Events und Verbände. Der Inhalt des Service-Teils wird ständig aktualisiert und die jeweils neueste Fassung ist im Internet unter http://www.homoeconomics.de (→ Das Buch) abrufbar. Hier sind auch sämtliche Illustrationen dieses Buches als 4c-Wiedergabe verfügbar.

Nicht allen Leserinnen und Lesern mag die sprachliche Verwendung von Begriffen aus homosexuellen Zusammenhängen geläufig sein. Daher vorab ein kurzes Glossar mit den wichtigsten Ausdrücken und ihrer Verwendung im Rahmen des Buches.

Homosexuell: Der Begriff Homosexualität bezeichnet die gleichgeschlechtliche sexuelle Orientierung eines Menschen. Er findet auf Frauen und Männer gleichermaßen Anwendung. Als homosexuell werden all jene Menschen bezeichnet, die nicht unwesentliche gleichgeschlechtliche Beziehungen oder Kontakte eingehen oder pflegen. Grundsätzlich wird hier das tatsächliche Verhalten unabhängig von der Selbstidentifikation betrachtet. Diese Unterscheidung erscheint für dieses Buch nur teilweise relevant und wird an entsprechenden Stellen erwähnt.

Schwul, lesbisch, schwul-lesbisch: Diese Begriffe stellen geschlechtsspezifische Ausprägungen des Wortes „homosexuell" dar. Schwul bezeichnet homosexuelle Männer, in seltenen Fällen jedoch auch Frauen. Lesbisch dagegen bezieht sich stets auf homosexuelle Frauen. Die Verbindung der beiden Wörter zu einem, schwul-lesbisch, spiegelt die zunehmende Verbindung der beiden Gruppen wider. Dieses existiert auch in der Form lesbischwul, wobei drei Bestandteile miteinander vereint werden: *Les*-bisch, *Bi*-sexuell und *schwul*.

Bisexuell: Bisexuell bezeichnet Menschen, die sich sowohl zum eigenen wie auch zum anderen Geschlecht hingezogen fühlen. Dabei spielt die Ausprägung der jeweiligen Orientierung – also die „Gewichtung" – keine Rolle. Bisexuelle Männer und Frauen gehören gewissermaßen sowohl zu den Hetero- als auch zu den Homosexuellen. Hierin besteht gleichermaßen ein Dilemma. Weil sie einerseits der Norm entsprechen, gelten sie nicht als Teil einer Minderheit im engeren Sinne. Weil sie dennoch nicht unwesentlich vom Mainstream abweichen, weisen sie nicht unwesentliche Zugehörigkeit zur Gruppe der Homosexuellen auf. In diesem Buch finden Bisexuelle insoweit Berücksichtigung, als sie sich selbst mit homosexuellen Umfeldern oder Themen assoziieren bzw. von anderen damit assoziiert werden. Sie werden jedoch nicht gesondert in der Form „homosexuelle und bisexuelle Frauen und Männer" oder dergleichen erwähnt.

Transsexuell/Transgender: Unter diesen Begriffen verstehen wir Menschen, deren biologisches Geschlecht von ihrem sozialen Geschlecht abweicht. Sie wurden gewissermaßen „im falschen Körper" geboren. Transsexualität stellt insofern keine Form der sexuellen Orientierung, sondern der geschlechtlichen Identität dar. Dennoch findet dieses Thema im weiten Feld der Geschlechterdiskussion kaum Beachtung. Stattdessen schließt sich die Transgender-Bewegung häufig der schwullesbischen Bewegung an und wird von dieser zunehmend beachtet, ernst genommen und integriert. Im Englischen werden Homo-, Bi- und Transsexuelle gelegentlich unter dem Begriff „sexuelle Minderheiten" oder im Themenfeld „sexuelle Identitäten" zusammengefasst. Auch diese Gruppe schließen wir grundsätzlich in die Betrachtungen des Buches mit ein. Aus sprachlichen – und teilweise inhaltlichen – Gründen findet sie jedoch keine explizite Erwähnung.

Gay: Der Begriff „gay" stellt das englische Synonym für schwul-lesbisch dar, wird allerdings häufig speziell für Männer verwendet und daher immer häufiger durch „lesbian" zu „gay/lesbian" ergänzt. Wir verwenden den Begriff (auch im Buchtitel) in seiner ursprünglichen Bedeutung für Männer und Frauen.

Vor diesem Hintergrund setzen wir im gesamten Buch die Begriffe schwul-lesbisch, homosexuell und gay austauschbar ein. In all diesen Fällen sind Männer und Frauen, homo-, bi- und transsexuelle Menschen gleichermaßen eingeschlossen.

Unsere Ausführungen zur Zielgruppe gelten grundsätzlich für schwule Männer und lesbische Frauen gleichermaßen, es sei denn, eine Unterscheidung wird im Text ausdrücklich vorgenommen.

Um einen klaren Bezug auf Männer und Frauen gleichermaßen deutlich zu machen, verwenden wir an einigen Stellen die gemischt-geschlechtliche Form mit großem „i". Nichtsdestotrotz beziehen sich unsere Ausführungen zu „den Kunden" in allen Fällen auf männliche und weibliche Kunden, das heißt auf Kunden und Kundinnen gleichermaßen – es sei denn, eine Eingrenzung wird inhaltlich und sprachlich vorgenommen.

Community/Szene: Community steht in diesem Buch für die Gay Community. Wir verwenden diesen Begriff gleichbedeutend mit „homosexuelle Szene", obwohl hier ein feiner begrifflicher Unterschied besteht. Als Szene wird im Allgemeinen die erlebbare, an Infrastruktur festzumachende Szene beschrieben. „Gay Community" weist dagegen meist eine politische Konnotation auf, die sich auf schwulesbische Emanzipation und Solidarität bezieht. Dieser Unterschied ist durchaus Marketing-relevant und wird an entsprechender Stelle ausgeführt. Für den allgemeinen Lesefluss haben wir dennoch die beiden Begriffe meist austauschbar eingesetzt.

Die Auswahl aller Illustrationen folgte inhaltlichen Gesichtspunkten und stellt keinerlei Bewertung dar. Auch die Verfügbarkeit eines Motivs bildete selbstverständlich ein Kriterium.

Im März 2002

Michael Stuber und Andrea Iltgen

Kapitel 1

Fünf Definitionen:
Was ist Gay Marketing?

Wenn von Gay Marketing die Rede ist, heißt das nicht, dass alle Beteiligten von demselben Thema sprechen. Ist ein TV-Spot mit schwulen Charakteren „Gay Marketing"? Oder ist der Begriff nur für Werbung in schwul-lesbischen Zielgruppenmedien angebracht? Müssen homosexuelle Paare in eindeutigen Posen gezeigt werden und ist überhaupt eine explizite „Gay"-Ansprache erforderlich?

In diesem Kapitel geht es um mehr als Begriffsdefinitionen. Vielmehr werden unterschiedliche Ansätze beleuchtet und in den Gesamtzusammenhang des Marketing eingeordnet. Dabei wird deutlich, dass Gay Marketing viele Facetten hat und verschiedene – oft unerwartete oder vernachlässigte – Optionen der inhaltlichen und konzeptionellen Integration anbietet.

Die unterschiedlichen Ansätze ergeben sich aus der Betrachtung von zwei Dimensionen, in denen homosexuelle Aspekte berücksichtigt werden können:

❏ die verwendeten Marketinginhalte (meist Werbebotschaften)

❏ die bearbeiteten Zielgruppen

Die Fokussierung auf die Dimension „Botschaften" bedeutet nicht, dass Gay Marketing mit Gay Kommunikation gleichzusetzen ist – es ist vielmehr der augenfälligste Baustein bei der grundlegenden Positionierung einer Gay-Marketing-Strategie. In dieser Dimension unterscheiden wir:

❏ explizit homosexuelle Ansätze (Bilder von homosexuellen Paaren, Verwendung der Begriffe „schwul", „lesbisch", „gay" etc.),

❏ neutrale Inhalte, bei denen entweder das Produkt im Vordergrund steht oder die ohne (hetero-)sexuelle Mechanismen und traditionelle Geschlechterrollen arbeiten,

❏ allgemeine Botschaften, die für homosexuelle Betrachter eine spezielle, andere oder zusätzliche Bedeutung haben, also „codiert" sind und

❏ heterosexuelle Ansätze, die offen und explizit mit gemischt-geschlechtlichen Paaren oder mit stereotypischen Männer-/Frauenbildern arbeiten.

Auf der anderen Seite unterscheidet das Gay Marketing folgende Zielgruppen-Definitionen:

❏ Schwule und Lesben werden bewusst als Zielgruppe angesehen.

❏ Der Massenmarkt oder ein Gesamtmarkt, der homosexuelle Segmente nicht aus-, sondern bewusst einschließt, wird anvisiert.

❏ Heterosexuelle KonsumentInnen werden als Zielgruppe definiert.

Aus der Kombination der verschiedenen Inhalte und Zielgruppen ergibt sich eine Matrix von Gay-Marketing-relevanten Ansätzen:

Botschaften	Zielgruppen		
	Homosexuell	Alle	Heterosexuell
Spezifisch schwul/ lesbisch	Community Marketing, „Gay-Szene" Marketing	Offenes, Diversity- bzw. Werte-orien- tiertes Marketing	Hingucker, Lacher, kurzfristige Auf- merksamkeit
Neutral	Massen-Marketing, das homosexuelle Segmente bewusst abdeckt	Massen-Marketing, das homosexuelle Segmente zufällig oder nicht abdeckt	Mainstream- Marketing
Homosexuell codiert	Massen-Marketing mit Gay-Elementen (für Hetero-Markt unsichtbar)		
Heterosexuell		Einseitiges Marketing	Monokulturelles Marketing

Abb. 1.1: Die fünf Formen des Gay Marketing

Dabei werden unterschiedliche Ausprägungen für Gay Marketing – in engerem (1) oder in weiterem (2–5) Sinne – deutlich sichtbar. Außerdem wird erkennbar, welche Art von Marketing Schwule und Lesben weder inhaltlich noch als Zielgruppe berücksichtigt und dadurch häufig – oft unbewusst – Marktpotenziale verschenkt. Tatsächlich beinhalten viele Marketingansätze explizit oder implizit eine so genannte „heterosexuelle Vorannahme", die sich im Produktzuschnitt, der Kommunikation oder anderer Hinsicht äußern kann. Dabei gibt es Möglichkeiten, dieses Potenzial auszuschöpfen.

1.1 Gay Marketing „Total": Homosexuelle Botschaften für schwul-lesbische Zielgruppen

Dieser Ansatz beschreibt wohl die Form des Gay Marketings, die am häufigsten mit diesem Begriff assoziiert wird: Die gezielte Bearbeitung eines definierten homosexuellen Marktsegmentes mit einem mehr oder weniger spezifisch schwul-lesbischen Marketing-Mix. Während die klare Positionierung gegenüber der Gay Zielgruppe bei diesem Ansatz maßgeblich ist, muss nicht der gesamte Marketing-Mix speziell auf die Zielgruppe ausgerichtet sein. Schon eine Variation von allgemeinen Werbemaßnahmen kann dafür sorgen, dass die Zielgruppe direkt angesprochen wird. West hat als erstes Unternehmen in Deutschland umfangreiche Maßnahmen eines sehr klaren Gay Marketings durchgeführt. Vor allem mit zielgruppenspezifischen Motiven wie der „schwulen Hochzeit" warben sie nicht nur in einschlägigen Zeitschriften sondern auch auf Plakaten und Citylights. Flankierend wurden Below-the-Line-Maßnahmen wie ein Kurzgeschichten-Wettbewerb oder eine Photo-Story „Loved by West" eingesetzt.

Dieses Gay Marketing im engsten Sinne nennen wir auch Community- oder Szene-Marketing – wobei „Szene" hier die schwul-lesbische Szene meint. Beispiele

Abb. 1.2: Anzeige West – „Schwule Hochzeit" (1993).
© Reemtsma Cigarettenfabriken GmbH

für diesen Ansatz sind Gay-Anzeigen-Motive in spezifischen, zielgruppenrelevanten Medien oder der Vertrieb eines speziellen Gay-Produktes über Kooperationspartner aus der Gay-Szene. Durch die Wahl des schwul-lesbischen Kontextes wird sichergestellt, dass sich die Zielgruppe selbst selektiert.

Community-Marketing ist sicherlich die direkteste Art, schwul-lesbische Zielgruppen zu bearbeiten und verspricht eine ausgesprochen klare Wirkung sowie hohe Effektivität. Allerdings ist der Aufwand für die Entwicklung eines eigenständigen Gay-Marketing-Konzeptes nicht zu unterschätzen.

Für den erfolgreichen Eintritt in den Gay-Markt benötigt ein Unternehmen fundierte Kenntnisse über die homosexuelle Zielgruppe, ihre demographische Zusammensetzung, das Konsum- und Kaufverhalten von Schwulen und Lesben, deren Mediennutzung etc. Die Umsetzung muss genauso professionell wie in anderen, möglicherweise gängigeren Märkten, erfolgen – eine Bearbeitung als „Gay Projekt" oder „schwul-lesbische Marketing-Aktion" führt mit einiger Wahrscheinlichkeit zu suboptimalen Ergebnissen. Die erforderlichen Kenntnisse können entweder durch Workshops und Literatur erworben werden oder man zieht einen externen Berater hinzu, der nicht nur die Zielgruppe kennen sollte (Insider), sondern auch über fundierte Kenntnisse der verschiedenen Marketingdisziplinen verfügen sollte.

Community-Marketing kann sowohl für große als auch für kleinere Unternehmen eine lohnende Option darstellen. Für Big Player stellt das Gay-Segment innerhalb des Gesamtmarktes eines von mehreren zu bedienenden Segmenten dar. Für kleinere Anbieter kann der Gay-Markt indes eine attraktive Kernzielgruppe darstellen – eine Nische, die mit einem spezifisch darauf ausgerichteten Marketing-Mix bedient wird.

Kraft Foods Deutschland hat sich als eines der ersten großen Unternehmen hierzulande für einen spezifischen Ansatz im schwul-lesbischen Markt entschieden. Homosexuelle Männer sind dabei eine von mehreren Zielgruppen, die durch das Marketing von JACOBS KRÖNUNG berücksichtigt wird. Dabei werden seit einigen Jahren eine Reihe spezifischer Maßnahmen für die Line-Extension JACOBS KRÖNUNG light in der Gay-Zielgruppe durchgeführt.

NetCologne, ein regionaler Telekommunikationsanbieter, stellt dagegen ein Beispiel für die Strategie eines kleinen Anbieters dar. Dieser hat ebenfalls Schwule und Lesben als Teil der Gesamtzielgruppe explizit definiert und umwirbt dieses Segment seit mehreren Jahren mit eigenständigen Maßnahmen. Auch dieses „Gay Marketing im engeren Sinne" fügt sich in die Gesamt-Marketing-Strategie NetColognes ein, die darauf ausgerichtet ist, eine gute Stellung gegenüber dem früheren Monopolisten Deutsche Telekom AG zu erreichen.

Beide Kampagnen werden als Fallstudien in diesem Buch vorgestellt.

Neben dem dargestellten Community- oder Szene-Marketing-Ansatz gibt es weitere Möglichkeiten, schwul-lesbische Zielgruppen zu berücksichtigen oder homosexuelle Inhalte einzusetzen.

1.2 Homosexuelle Botschaften im gesamten (Massen-)Markt

Schwule und Lesben sind ein ganz normaler Bestandteil der gesellschaftlichen Vielfalt – auf dieses Selbstverständnis baut die „Diversity-Variante" des Gay Marketing. Dabei wird die homosexuelle Zielgruppe nicht gesondert definiert, sondern bewusst als Teil des Gesamtmarktes berücksichtigt. Dies geschieht durch homosexuelle Botschaften in der Massenkommunikation. Das bedeutet freilich nicht, dass in jeder Anzeige oder in jedem TV-Spot ein schwules oder lesbisches Motiv auftaucht – vielmehr wird durch die konsequente Abbildung der gesamten gesellschaftlichen Vielfalt ein offenes Image erzeugt, das für den größten Teil des Gesamtmarktes positiv besetzt ist. Die Benennung als Diversity-Variante leitet sich aus dem in Deutschland noch wenig bekannten Diversity-Management ab, das die Vielfalt, Unterschiedlichkeit und Individualität von Menschen als strategischen Erfolgsfaktor intern und extern nutzt.

Langnese-Iglo baute im Jahre 2001 die gesamte Kampagne „Happynese" auf den Themen Vielfalt und Individualität auf. Am Strand ist eine Gruppe von ganz unterschiedlichen Menschen versammelt, die gemeinsam eine tolle Zeit verbringen. Auf einer eigenen Internet-Seite stellen sich die Männer und Frauen verschiedener Kulturen vor. Alt und Jung ist genauso selbstverständlich vertreten wie ein schwules und ein lesbisches Paar.

Ebenso positiv nutzte der Unterwäsche-Hersteller Mey das Thema Unterschiedlichkeit. Mit dem Slogan „Alle fordern den Bund für's Leben – Mey hat ihn schon" stellte Mey einen aktuellen Bezug zum Lebenspartnerschaftsgesetz her. Das Motiv mit zwei Männern nutzt einen explizit schwulen Inhalt und wurde nur in Mainstream-Medien eingesetzt. Diese Anzeige ist eine von mehreren mit aktuellen Bezügen und stellt damit nicht eine ausschließlich schwule Ansprache dar, sondern vielmehr einen integrativen Ansatz.

Entscheidend beim „Diversity-Marketing" erscheint die Selbstverständlichkeit, mit der Homosexuelle berücksichtigt (und integriert) werden sowie der Verzicht auf klischeehafte Darstellungen. Wie in vielen Vorabendserien, die zur Prägung kultureller und gesellschaftlicher Werte beitragen, sollten Schwule nicht nur als exzentrische Tunten und Lesben nicht stets als Mannsweiber, sondern als ganz normale – mitunter auch gewöhnliche – Menschen dargestellt werden. Nicht nur Homosexuelle schätzen diesen „Inclusive"-Ansatz. Er wird von praktisch allen außerhalb des so genannten Mainstream als Beitrag zur Integration

Abb. 1.3: Printanzeige Mey (2001).
© Mey fine bodywear

positiv wahrgenommen. Aber auch immer mehr Menschen der „Mehrheitsge-sellschaft" vertreten ausgesprochen offene Werte und schätzen zahlreiche Er-scheinungsformen kultureller Vielfalt. Insofern eignet sich Diversity in besonde-rer Art und Weise, moderne Unternehmens- oder Markenwerte breit und deut-lich zu kommunizieren.

Um die Effektivität der Diversity-Kommunikation beim schwul-lesbischen Teil der Zielgruppe sicherzustellen und die Botschaft zu verdeutlichen, dass Homo-sexuelle unmissverständlich als Teil der Zielgruppe angesprochen sind, ist die Berücksichtigung zielgruppenspezifischer Kommunikationsplattformen sinnvoll. Die Zigarettenmarke „West" verfolgt seit einiger Zeit diese Strategie. Nachdem der Gay-Markt anfänglich gezielt und spezifisch umworben wurde, wird nun vermehrt auf eine Art Lifestyle Marketing gesetzt. Dabei wurden Schwule und Lesben zu einem integralen Teil einer gesamten Zielgruppe und homosexuelle Inhalte oder „Zitate" zu einem roten Faden der Kommunikation. Dies zeigt sich unter anderem durch die regelmäßige Präsenz auf Gay-Events oder in dem schwul-lesbischen Chatbereich bei www.west.de.

1.3 Homosexuelle Botschaften
für heterosexuelle KonsumentInnen

Seit 1999 treten vor allem im deutschen Werbefernsehen vermehrt homosexuelle Protagonisten – meist schwule Männer – in der Mainstream-Werbung auf. Häufig sollen damit jedoch nicht Homosexuelle angesprochen werden. Sie dienen in vielen Fällen lediglich dazu, die Aufmerksamkeit der Zuschauer zu wecken. Die klischeehafte Darstellung schwuler Männer (schrill, feminin o.Ä.) eignet sich dafür besonders gut.

So genannte „Tunten" waren in der Gesellschaft lange Zeit verachtet, und ein schwules Paar ist noch heute für viele Menschen ein ungewohnter Anblick. Derart „fremdartige" Bilder lösen Verunsicherung und Irritation aus und stellen insofern ein mögliches Mittel zur Aktivierung dar. Eine kognitiv bewirkte Aktivierung dient der Verstärkung der Erinnerung an ein Motiv. Bei der Verwendung schwuler Klischees muss jedoch abgewogen werden, welche Assoziationen bei jenen Konsumenten hervorgerufen werden, die durch eine hohe Verunsicherung und Irritation aktiviert werden. Diese können – vor allem bei den „betroffenen" Schwulen selbst – freilich auch negativ sein. Je übertriebener die Stereotypisierung in der Darstellung ausfällt, desto größer dürfte die Polarisierung des Motivs sein, sowohl unter Homosexuellen wie auch im Mainstream. Dabei kann *kein* Unternehmen ernsthaft davon ausgehen, durch klischeehafte Darstellungen echte Sympathie bei Schwulen oder Lesben zu gewinnen. Insofern bedienen die „Tunten-Spots" von Mobilcom und e-on wohl eher ein spezielles heterosexuelles Klientel, das gerne über schrille Schwule lacht.

Das – auch im internationalen Vergleich – herausragende Beispiel für den Einsatz homosexueller Motive in der Mainstream-Werbung ist die Kampagne „Holger & Max" von Langnese-Iglo. Zwei Männer wurden als schwules Traumpaar rund um die gehobene Tiefkühlkost (IGLO 4****) inszeniert. Zusätzlich zu TV-Spots und Anzeigen wurde eine aufwändige Internetseite mit Rezepten und „Hintergrundgeschichten" angelegt. Kernzielgruppe sind Hausfrauen und moderne „Convenience-Food"-VerwenderInnen. Wenn auch auf die klischeehafte Darstellung von Homosexuellen nicht vollständig verzichtet wurde – die beiden weisen eine klare Rollenverteilung „Mann und Frau" auf – so muss die Klarheit und Konsequenz der Kampagne uneingeschränkt positiv gesehen werden.

Homosexuelle Frauen werden dagegen seltener zur Aktivierung eingesetzt. Der Unterschied zwischen zwei guten Freundinnen und einem homosexuellen Frauenpaar mag schwierig darzustellen sein und dürfte dem wenig involvierten Betrachter kaum auffallen. Die gleichgeschlechtliche Orientierung müsste somit sehr explizit dargestellt werden – durch eine Kussszene beispielsweise.

Abb. 1.4: Holger und Max, die schwulen Protagonisten der Iglo4****-Kampagne.
© Langnese-Iglo GmbH

Dass diese Art von Aktivierung zu Reaktionen unter heterosexuellen Betrachtern führt, konnte „Queercompany.com" im Jahre 2001 erfahren. Das Internetportal für Schwule und Lesben hat im Rahmen seiner Lancierung eine große Plakat-Kampagne in London durchgeführt. Das Motiv – zwei sich küssende Frauen – führte zu unerwartet starken und kontroversen Reaktionen bis hin zu einem Antrag auf Unterlassung der Plakate beim britischen Werberat. Dagegen wurde ein deutscher TV-Spot der Firma Schiesser, in dem zwei Frauen auffallend intimen Kontakt haben, in dieser Richtung nicht besonders beachtet.

1.4 Neutrale Inhalte für homosexuelle Zielgruppen

Dass Werbung gänzlich ohne sexualisierte Mechanismen und klare Geschlechterrollen auskommen kann, ist keineswegs selbstverständlich, wurde jedoch von führenden Markenartiklern längst gezeigt. Derartige Ansätze brauchen nicht auf homosexuelle Zielgruppen angepasst zu werden, da sie sich ihnen gegenüber „neutral", d.h. insbesondere nicht ausgrenzend darstellen. Eine Verwendung in schwul-lesbischen Umfeldern führt somit unmittelbar zu einer Ansprache im Sinne des Gay Marketings.

Mit diesem Ansatz des Massenmarketings erreichen Unternehmen einen größtmöglichen Markt, der unter anderem aus hetero- und homosexuellen Segmenten besteht. Philip Morris inseriert beispielsweise seit Jahren die Marke Marlboro auch in schwul-lesbischen Medien – mit genau denselben Anzeigen, die auch im Mainstream verwendet werden. Diese Vorgehensweise bringt zwei spezifische Vorteile: Erstens handelt es sich dabei um eine kosteneffektive Strategie, da keine zusätzlichen Motive erarbeitet werden müssen und viele Zielgruppenplattformen preisgünstige Kommunikationswege anbieten. Zweitens fühlen sich Schwule und Lesben als „normale Konsumenten" angesprochen, da der unveränderte Auftritt in schwul-lesbischen Medien ein klares Interesse signalisiert, ohne die Zielgruppe in eine Sonderstellung zu drängen. Dieser Ansatz des Zielgruppenmarketings, der im Wesentlichen über die Mediaplanung realisiert wird, kann zudem positive Synergie- und Cross-Media-Effekte erzeugen, insoweit die schwul-lesbische Zielgruppe eine Kampagne sowohl in Zielgruppenpublikationen als auch in Mainstream-Medien wahrnimmt.

Da dieser neutrale Ansatz per Definition vollständig auf die Abbildung konkreter (sexualisierter oder geschlechtlich unterlegter) Lebenswirklichkeiten verzichtet, rückt das Produkt typischerweise stärker in den Vordergrund. Die häufig gewünschte Emotionalisierung muss dabei über „unpersönliche" Mechanismen sichergestellt werden. Hierdurch kann – vor allem durch atmosphärische oder humorvolle Inhalte – neues Aufmerksamkeits-Potenzial geschaffen werden. Insbesondere im Kontext einer schwul-lesbischen Plattform wird die Kommunikation beachtet, die Homosexualität nicht thematisiert, sondern einen inhaltlichen Gegenpol zu zielgruppenspezifisch gestalteten Visuals und redaktionellen Beiträgen bildet.

Ein gutes Beispiel, wie Gay Marketing auch ohne eindeutig schwul-lesbische Botschaft funktionieren kann, stellt Joop dar. Die Anzeige für das Parfum „Roccoco" wird in derselben Variante sowohl in Mainstream- wie auch in Gay-Medien geschaltet. Das Werbeumfeld macht deutlich, dass durch die Anzeige auch Homosexuelle angesprochen werden sollten. In anderen Umfeldern wirkt das Motiv auf Frauen, die zur Hauptzielgruppe von Männerparfums zählen, und auch auf Männer.

Abb. 1.5: Printanzeige Joop Roccoco (2002).
© Lancaster Group Germany

Allerdings gilt es auch bei dieser Art des Gay Marketings, die Kommunikationsinhalte genau zu prüfen. Heterosexuelle Mechanismen und traditionelle Geschlechterrollen sind so tief im gesellschaftlichen Mainstream verankert, dass vor allem subtile Formen allzu leicht übersehen werden. Dies darf bei einer Anwendung im schwul-lesbischen Kontext jedoch nicht passieren, da sonst eine kontraproduktive Botschaft vermittelt wird.

1.5 Codierte Botschaften für schwul-lesbische Zielgruppen

Ein großer Teil der schwul-lesbischen Zielgruppe besteht in der so genannten „Community" oder „Gay Community", die gesellschaftlich als Solidargemeinschaft der Schwulen und Lesben angesehen wird. Ein Kennzeichen solcher „Schicksalsgemeinschaften" ist die Entwicklung von Codes und Symbolen, deren Bedeutung zunächst nur Insidern bekannt ist. Das Marketing kann sich solcher Insignien bedienen, wenn nicht nur deren Bedeutung, sondern auch alle damit verbundenen Mechanismen bekannt sind. Die Verwendung von Codes spricht die Zielgruppe nicht nur an, sie vermittelt darüber hinaus, dass der Absender der Botschaft mit der internen Symbolik der Community vertraut ist. Offensichtlich kann diese Art der Kommunikation große Sympathien wecken, die sich kaum anders erreichen lassen. Mit der Verwendung interner

Codes ist jedoch auch stets die Frage nach der Glaubwürdigkeit und die Gefahr des übermäßigen Betonens des Themas zu werblichen Zwecken (Over-Selling) verbunden.

Die Verschlüsselung von Botschaften erlaubt einer Unternehmung, ihre Sympathie für die Gay-Zielgruppe auszudrücken, ohne dabei andere Kunden auszuschließen oder vor den Kopf zu stossen. Dies ist insbesondere dann relevant, wenn das Unternehmen ein sehr breites Spektrum an Kunden zufrieden zu stellen hat, und sich darunter unweigerlich auch Menschen befinden, die eine explizite Ansprache von Homosexuellen nicht positiv aufnähmen.

Die Codierung kann auch verwendet werden, um nicht eindeutig Position beziehen zu müssen beziehungsweise die Ansprache von Homosexuellen abstreiten zu können. In den letzten Jahren entstanden zum Beispiel vermehrt TV-Werbe-Spots in Deutschland, die zwei Menschen so darstellten, dass sie von Homosexuellen als gleichgeschlechtliche Paare wahrgenommen wurden – nicht jedoch von Heterosexuellen. Diese Motive wurden von den jeweiligen Unternehmen unterschiedlich kommentiert. Die Bandbreite reicht von „Wir haben die Natur der Beziehung bewusst offen gelassen" bis zu „Es wird kein homosexuelles Paar dargestellt". In den USA hat sich allerdings gezeigt, dass eine explizite Ausgrenzung keinen nachhaltigen Erfolg verspricht, da Schwule und Lesben nicht (mehr) bereit sind, sich Unternehmen zuzuwenden, die sich nicht willens sind, öffentlich um homosexuelle Kunden zu werben. Gleichzeitig besteht im Mainstream keine Notwendigkeit (mehr), die Möglichkeit einer Gay Kommunikation zu negieren.

Indes ist die Nutzung von Codes eine gute Alternative zur konkreten Darstellung gleichgeschlechtlicher Szenen. Diese können in vielen Fällen ein zu deutlicher Schritt sein – sowohl mit Blick auf den Mainstream als auch für homosexuelle Zielgruppen.

Verschlüsselte Botschaften können praktisch überall eingesetzt werden, wenn die Chiffrierung für Außenstehende verborgen bleibt. Dadurch muss die Kommunikation jedoch ihre Wirkung auf heterosexuelle KonsumentInnen im Massenmarkt keineswegs verlieren. Sie wird freilich versus Mainstream einen anderen, meist allgemeineren, Inhalt aufweisen.

Als Codierung kommen all jene Begriffe und Symbole in Frage, die in der Community eine andere Bedeutung aufweisen als in der restlichen Gesellschaft. Diese muss nicht immer für alle Schwule und Lesben gleich sein – manchen Homosexuellen mag sie sogar nicht bekannt sein. Auch können Codes in unterschiedlichen Teilen der Community positiv oder negativ besetzt sein bzw. neutral wirken. Typische Begriffe, die im schwul-lesbischen Bereich eine besondere Bedeutung aufweisen, sind zum Beispiel „Familie", „Beziehung", „Freundschaft", „Community", „Gemeinschaft" oder „Solidarität". Als

Zeichen ist vor allem das von der Naziverfolgung übernommene (rosa) Dreieck bekannt – weiterhin die Doppelaxt und das griechische Lambda.

Das bekannteste Symbol ist jedoch der Regenbogen als Zeichen weltweiter Solidarität von und mit Schwulen und Lesben. Es darf getrost angenommen werden, dass die „natürliche" Anordnung der sechs Primär- und Sekundärfarben als Gay-Symbol weltweit eine stärkere Verbreitung aufweist als die Regenbogenfarben in der Greenpeace- oder in der C&A-Kommunikation.

Ein besonders gekonntes Spiel mit schwul-lesbischer Symbolik zeigte der „Lacoste"-Shop in Köln anlässlich des CSD (Christopher Street Day) 2001. Im Schaufenster wurden T-Shirts in den sechs Regenbogenfarben in Form eines Dreiecks arrangiert. Für den unbeteiligten Passanten einfach nur eine nette Idee. Für alle, die mit der Community oder dem CSD in Berührung waren, eine klare Botschaft. Die Dekoration wurde zudem begleitet von der Schaufenster-Beschriftung „Everybody is welcome". Auch dies eine doppeldeutige Message: Für den Mainstream eine offene, einladende Aussage. Für Homosexuelle stellt sich dagegen in Verbindung mit der Farb-Codierung eine Verstärkung ein: „Auch Ihr seid (ganz besonders) willkommen". Diese Botschaft steht in positivem Kontrast zur allgemeinen Ausgrenzungserfahrung vieler Schwulen und Lesben in der Gesellschaft oder in den Medien.

Ein Wortspiel, das sowohl im Mainstream wie auch in der schwulen Zielgruppe funktioniert, findet sich in einer Anzeige von Greenpeace Energy. „Tolle Kerle in Uniform treffen" so der Text, hat für viele schwule Männer im Vergleich zum Mainstream eine zusätzliche Bedeutung. Sowohl die Begrifflichkeit „Kerl" als auch der Bezug zu „Uniformen" stellt Bezüge zu sexualisierten Inhalten der Gay-Szene dar, zum Beispiel zum Fetisch-Bereich. Dieselbe Codierung wurde in einer zweiten Anzeige zum Thema „Bondage" eingesetzt.

Lektion 1

Gay Marketing ist nicht gleich Gay Marketing. Es bedarf weder expliziter schwul-lesbischer Kommunikationsinhalte noch einer separaten Definition homosexueller Zielgruppen. Fünf teilweise subtile Ansätze stellen Erfolg versprechende Varianten dar, eine wirklich vollständige Marktbearbeitung zu erreichen.

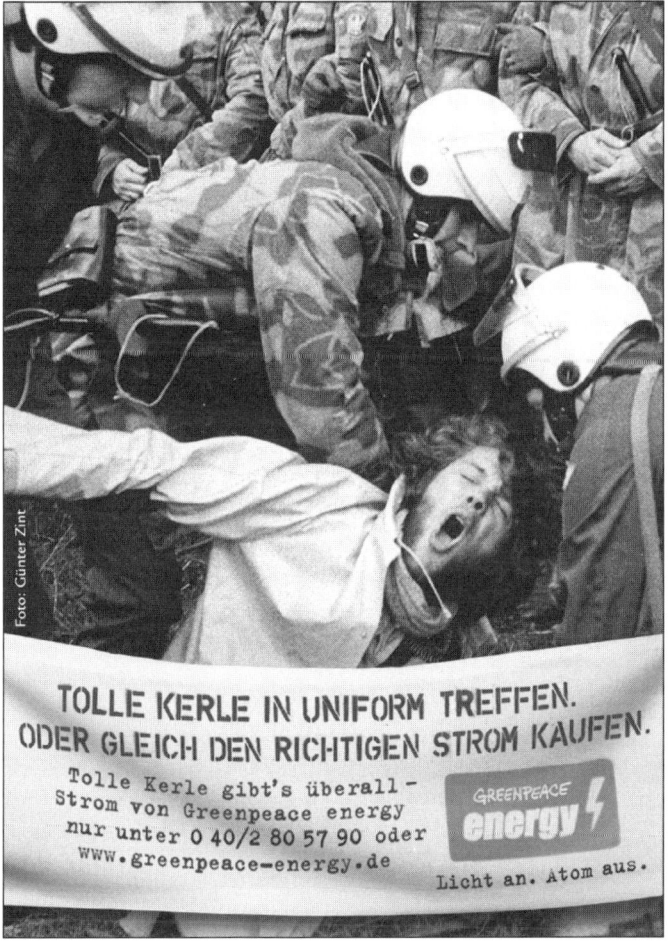

Abb. 1.6: Anzeige Greenpeace Energy (2001).
Foto: Günter Zint. Agentur: SCHOLZ & FRIENDS. © Greenpeace Energy

Kapitel 2

Fünf Argumente: Warum ist Gay Marketing wichtig?

Zielgruppen und Möglichkeiten der Marktbearbeitung gibt es viele – wieso sollten gerade schwul-lesbische Zielgruppen oder homosexuelle Marketing-Inhalte in diesem Zusammenhang berücksichtigt werden? Diese Frage wird heute nicht mit politischen Statements oder im Rahmen von Randgruppendiskussionen beantwortet, sondern durch rein wirtschaftliche Abwägungen. Dies fällt umso leichter, als dass das Thema „Gay" in nahezu allen Medien bereits unter verschiedenen Gesichtspunkten diskutiert wurde. Allerdings fehlte es vielen Beiträgen an Tiefe und umfassender wirtschaftlicher Basis. Im folgenden Kapitel gehen wir daher detailliert dem Business Case für Gay Marketing nach. Dabei werden fünf wichtige Argumente diskutiert.

2.1 Wettbewerbsdruck und First-Mover-Advantage

Wer zuerst in einen Teilmarkt eintritt, kann in der Regel einen nachhaltigen Vorteil gegenüber dem Wettbewerb erzielen. Dieser kaum aufzuholende Vorsprung beträgt nach gängiger Auffassung ungefähr 10 Prozent Marktanteil. Die qualitativen und strategischen Aspekte dieses Vorteils teilen sich in angebots- und marktseitige Elemente.

Angebotsseitig können frühzeitig Kenntnisse über und Erfahrungen mit einem „neuen" Markt erworben werden. Dieser zeitliche Vorteil kann von der „Metoo"-Konkurrenz nicht aufgeholt werden – der First Mover bleibt immer einen Schritt voraus und kann seine Führungsposition weiter ausbauen und den Marketing-Mix verbessern, während die Konkurrenz noch mit dem Eintritt in das Marktsegment beschäftigt ist. Dies verschafft ihm zudem Respekt in relevanten Umfeldern, die sich der ursprünglichen Markteintrittsbarrieren bewusst sind. Der First Move verleiht dem Anbieter strategische Kompetenz im Markt.

Der qualitative Vorteil auf der Marktseite stellt sich ähnlich dar. Die KonsumentInnen sehen ihre Bedürfnisse durch den ersten Player erfüllt, der fragliche Anbieter hinterlässt einen positiven Eindruck. Selbst wenn weitere Anbieter in kurzer Zeit folgen sollten, so wird dem First Mover diese besondere Kompetenz kaum noch abgesprochen. Zudem greift auf der Marktseite der nahe liegendste Vorteil des frühen Eintritts: Solange der Anbieter sich alleine in einem neuen Segment bewegt, kann er das gesamte Potenzial alleine ausschöpfen. Durch das spätere Nachziehen von Konkurrenten wird der Markt zwar neu aufgeteilt, aber einmal gewonnene Kunden zu binden bleibt bedeutend einfacher und kostengünstiger als neue zu gewinnen.

Vor allem im Rahmen des „Szene-Marketings" ist es von Bedeutung, eine Szene als Erster zu besetzen. Wer zu lange zögert, dem kann vorgeworfen werden, nicht zeitgemäß zu handeln. Um in „Szenen" Ansehen zu gewinnen, ist innovatives und aufgeschlossenes Auftreten erforderlich – entsprechend der KonsumentInnen, die die jeweilige Szene bilden.

Im Gay Marketing greifen alle genannten Vorteile für First Mover in verstärkter Form. Denn Schwule und Lesben in Europa sind noch nicht daran gewöhnt, als Zielgruppe berücksichtigt zu werden. Jahrzehntelang mussten sie darum kämpfen, als normaler Teil der Gesellschaft angesehen zu werden. Die wirtschaftliche Integration, die Tatsache, auch als Konsument ernst genommen und umworben zu werden, hilft Homosexuellen, einen weiteren Schritt in Richtung Normalität und Anerkennung zu gehen. Daher wird vor allem im Gay Markt der „Mut" eines Anbieters honoriert, sich als erster für schwul-lesbische Zielgruppen zu interessieren.

Dieser Vorteil wird geradezu historisch durch „Absolut Vodka" illustriert: Aus der Fachliteratur geht hervor, dass Seagram in den USA die erste Gay-Werbung überhaupt gestalten ließ – durch den schwulen Künstler Keith Haring. Das Motiv erschien im Zielgruppen-Magazin „The Advocate". In der Folge ergänzten Below-the-Line-Maßnahmen und weitere zielgruppenrelevante Werbemotive die Kampagne. Der frühe Einstieg in die Community zahlte sich aus: In schwullesbischen Kreisen gilt „Absolut" heute noch als Synonym für Wodka und in amerikanischen Gay-Bars wird meist konkret „Absolut Tonic" bestellt. Weitere Informationen zu Absolut Art folgen in Kapitel 6.

Eine weitere Besonderheit besteht darin, dass in Deutschland noch die meisten Führungspositionen im schwul-lesbischen Markt zu besetzen sind, da sich erst in wenigen Branchen ein First Mover etabliert hat. Noch nicht bearbeitete Zielgruppen oder Szenen sind in den letzten Jahren rar geworden, so dass in diesem Umstand ein besonders gewichtiges Argument für Gay Marketing in Deutschland besteht.

Spätestens dann, wenn ein Wettbewerber als erster in den Gay-Markt eingetreten ist, muss sich ein Unternehmen jedoch ohnehin mit der Berücksichtigung schwul-lesbischer KundInnen auseinander setzen. Aus anderen Ländern ist bekannt, dass dieser Konkurrenzdruck sehr stark werden kann. Eine Umfrage von Community Marketing, Inc. in den USA hat ergeben, dass über 80 Prozent der befragten Schwulen und Lesben einen Anbieter bevorzugen, der gezielt um sie wirbt. Ähnliche Zahlen sind aus internen Studien in Deutschland bekannt.

Es gibt also viele gute Gründe, schwul-lesbische Zielgruppen möglichst früh in Betracht zu ziehen. Nicht nur, um von den Vorteilen des First Mover zu profitieren, sondern auch, um drohenden Nachteile entgegenzuwirken, die aus Passivität oder einem Nachziehen entstehen können.

2.2 Erschließung von zusätzlichem Potenzial

Viele Märkte sind heutzutage geprägt von Überkapazitäten und starken Sättigungstendenzen. Um erfolgreich bestehen und deutlich über Break-Even agieren zu können, gilt es, einerseits bestehende Kunden nachhaltig zu binden und andererseits neue Märkte zu erschließen. Neben der kostspieligen Möglichkeit, den Markt geografisch zu erweitern, liegt es nahe, im Umfeld des Stammmarktes neue KundInnen zu gewinnen. Hier sollte zunächst die Frage beantwortet werden, welche Marktsegmente durch die bisherigen Marketinganstrengungen nicht oder nicht ausreichend abgedeckt werden. Dies führt unter anderem direkt zu schwul-lesbischen Zielgruppen.

Natürlich haben auch Homosexuelle in der Vergangenheit immer schon konsumiert, aber sie wurden nicht gezielt durch eines ihrer prägenden Identitätsmerkmale (Homosexualität) angesprochen. Stattdessen bewegen sich diese nicht erreichten Konsumentinnen und Konsumenten eher zufallsgesteuert im Markt und gehören zu einem nicht kalkulierbaren Kundenstamm.

Die Marketingkommunikation sucht indes stets nach innovativen Ansätzen, um neue Kunden für Produkte und Dienstleistungen zu interessieren. Markenwelten und Werbung werden emotionalisiert und Produktinformationen werden durch Bildwelten abgelöst, um bei KonsumentInnen trotz Reizüberflutung einen bleibenden Eindruck zu hinterlassen. Dabei handelt es sich fast immer um eindeutig heterosexuelle Emotionen und gemischt-geschlechtliche Bildwelten. Beobachtungen von mi•st [Consulting legen nahe, dass über 80 Prozent der Marktkommunikation in Deutschland mit gegen-geschlechtlicher Anziehungskraft und traditionellen Geschlechter- und Familienrollen arbeiten und dadurch ausschließlich heterosexuelle KonsumentInnen erreichen. Diese Einseitigkeit ist ökonomisch nicht zu erklären, sondern kulturell begründet: Die Gesellschaft wird durch einen Durchschnitts- oder Mehrheitsvertreter abgebildet – der heterosexuelle, deutsche Mann mit Frau und Kind. Mitglieder von nicht-dominanten Gruppen „finden nicht statt".

Eine Steigerung des einfachen Ignorierens oder Übersehens besteht im aktiven Ausschließen oder Ausgrenzen. Dies geschieht durch simplifizierte Verallgemeinerungen, die keinen Interpretationsspielraum lassen. Es wird von „der Familie" gesprochen, wenn ein Mann und eine Frau (ohne Kinder) zu sehen sind, es werden „echte Männer" gezeigt oder es wird behauptet „Ganz Köln freut sich auf die Eishockey-Europameisterschaft". Dass es vielfältige, insbesondere abweichende Lebenswirklichkeiten gibt, scheint den Verfassern solcher Motive im eigentlichen Sinne fremd zu sein.

Man denke nur an die wachsende Zahl von Singlehaushalten, alleinerziehenden Müttern und Vätern, Migranten nicht-ehelichen Lebensgemeinschaften und älteren Leuten. Wichtige KonsumentInnen, die sich nicht mit den Werbewelten des Mainstream identifizieren können oder wollen. Auch homosexuelle Konsumentinnen und Konsumenten werden im Allgemeinen nicht berührt. Und alle Out-Groups werden im schlimmsten Fall sogar verärgert oder abgestoßen, weil ihnen ein verfälschtes und noch nicht einmal erstrebenswertes Bild der vermeintlichen Realität gezeigt wird.

Dass unter anderem Schwule und Lesben die Welt mit anderen Augen sehen, greift die Marketing-Kolumne „Rosa Brille" auf. Sie erscheint seit Januar 2001 in drei regionalen schwul-lesbischen Stadtmagazinen in Deutschland. Darin werden monatlich ein positives und ein negatives Beispiel aus der deutschen Mainstreamwerbung glossenhaft besprochen. Sie sind online unter http://www.rosa-brille.com archiviert. Viele „Flops" illustrieren, wie groß das Potenzial ist, das durch einseitiges Massenmarketing verschenkt wird.

Rosa Brille April 2001, Thema: Männerklischees
Flop des Monats: Erdinger

Der deutsche Mann bleibt hetero

Jo mei! Da freut sich der Weißbier-Seppl von Erdinger. Gleich zwei Mädels auf einmal, die ihm in der Hütt'n an die Lederhose gehen. So wollen wir Euch, Männer! Richtige Kerle, denen eine Frau kaum genug sein kann. Überhaupt geht bei den Biertrinkern der Trend eindeutig zur Bigamie: Auch die Brauerei-Kollegen von Beck's – die mit dem röhrenden Joe Cocker-Gekrächze – belohnen ihren Formel-1-Sieger-Typen gleich mit zwei weiblichen Begleiterinnen. Wahrscheinlich, weil mindestens eine der beiden Damen wegen des ständigen Rülpsens ihres Mackers die Flucht ergreift. Na denn Prost.

Rosa Brille Juli 2001, Thema: Familienklischeess
Flop des Monats: Rama/Lätta

Schmieriges Familien-Idyll

Rama – Verheiratet – Familie. Eine vorbildliche Heile-Welt-Ideologie bringt der Lebensmittelhersteller UNION (Unilever) auf deutsche Bildschirme. Mit Ehe-Ringen zeigt das Hetero-Paar, dass sie brave, NORMale Bürger sind. Für RAMA ist Trauschein gleich „Familie". So unterstützt dieser Margarine-Spot, bewusst oder nicht, konservative Politik, für die Homos weder Ehe noch Familie sein sollen. Von wegen Werbung meidet heiße Eisen. Die vermeintlich moderne Rama-Schwester LÄTTA (auch Union) stößt in das selbe Horn. Der Mann im Treppenhaus des aktuellen Dating-Spots sei ein „Transvestit" (sic!) und „rein als Gimmick zu sehen". Wir lernen: Vieles, was Schwule sympathisch sehen, ist noch lange nicht so gemeint.

Die Reaktionen der Leserschaft der Rosa Brille zeigen, dass sich Schwule und Lesben heute vermehrt ihrer wirtschaftlichen Position bewusst sind und sich nicht mehr ignorieren oder ausgrenzen lassen. Dieser Aspekt führt zum dritten wichtigen Argument, Gay Marketing ernsthaft in Betracht zu ziehen.

2.3 Berücksichtigung von wachsendem Stolz und Selbstbewusstsein

Bis vor einigen Jahren war Homosexualität ein Tabuthema. Wer sich zu Menschen des gleichen Geschlechts hingezogen fühlte, versuchte, dies zu verbergen. Viele Homosexuelle gingen eine heterosexuelle Ehe ein, um nicht aufzufallen und keine gesellschaftlichen oder beruflichen Nachteile in Kauf nehmen zu müssen. Ihre wahre Identität lebten sie nur im Verborgenen aus und vertrauten sich oft nur wenigen Menschen an. Dies hat sich in den letzten Jahren drastisch verändert.

Die Gesellschaft ist insgesamt wesentlich offener geworden – man spricht von einem Trend zur Multi-Options-Gesellschaft. Vieles ist möglich, praktisch alles ist erlaubt, die einzige anerkannte Einschränkung der persönlichen Freiheit ist die Freiheit des Nächsten. Vor allem durch den technologischen Fortschritt (Kommunikation und Mobilität) ist die Welt in wenigen Jahren um einiges kleiner geworden – Nationengrenzen verschwimmen, Europa wächst zusammen, Amerika und Asien liegen nur wenige Flugstunden entfernt. Videokonferenzen mit Menschen auf anderen Erdteilen sind alltäglich geworden und per E-Mail und Telekommunikation steht vielen die gesamte Welt offen. Der Austausch mit Menschen aus anderen Kulturen, mit anderen Religionen und Biographien ist einfacher als je zuvor.

All diese Entwicklungen haben dazu beigetragen, dass die Menschen offener geworden sind. In den industrialisierten Ländern kann sich heute kaum mehr jemand in seine kleine Welt zurückziehen und ignorieren, was sich um ihn herum verändert. Von diesem Trend zur Offenheit profitieren auch Schwule und Lesben. Heute brauchen sie ihre sexuelle Identität nicht mehr zu leugnen. Im Gegenteil: Insbesondere in einigen jüngeren „Szenen" gilt es als erstrebenswert, nicht der Norm anzugehören. Der Trend geht hin zur Individualität. Jeder möchte anders sein als die Anderen – Schwule und Lesben haben da einen guten Stand. Aber auch Menschen aus älteren Generationen stehen Homosexuellen zunehmend aufgeschlossen gegenüber – dazu haben das Coming Out von Prominenten und zahlreiche homosexuelle Stammrollen in Massenmedien beigetragen.

All diese Faktoren erleichtern es Schwulen und Lesben, selbstbewusst aufzutreten. Viele von ihnen zeigen sich heute stolz in der Öffentlichkeit – zum Beispiel auf „Gay Pride"-Veranstaltungen, die eben dies zum Ziel haben.

In Deutschland – und nur hierzulande – ist „Gay Pride" unter dem Namen CSD bekannt. Diese Abkürzung steht für Christopher Street Day – der internationale Feiertag der Schwulen und Lesben. Er erinnert an die ersten großen Proteste von Homosexuellen in New York. Diese wehrten sich erstmals gegen die willkürlichen Razzien der Polizei – wie sie zu jener Zeit an der Tagesordnung waren. Am 28. Juni 1969 war eine solche in der Schwulenbar Stonewall Inn in der Christopher Street geplant. Doch diese Aktion sollte historische Folgen haben: Die zu dem Zeitpunkt circa 100 anwesenden Schwulen und Lesben stellten sich der Polizei entgegen anstatt wie sonst üblich unerkannt durch eine Hintertüre zu flüchten. Sie diskutierten und fingen an, die Gesetzeshüter auszupfeifen. Vorbeigehende Homosexuelle blieben stehen und schlossen sich an, bis schließlich etwa 500 Menschen vor dem Stonewall versammelt waren. Sie begannen, die Polizisten mit Bierdosen und Münzen zu bewerfen und es entstand ein großer Krawall, der darin endete, dass die aufgebrachte Meute das eigene Lokal in Brand setzte (Daher spricht man auch von den „Stonewall Riots"). An diesem Abend wurden etliche Menschen verletzt, 13 Homosexuelle wurden verhaftet. Doch der Triumph, sich erfolgreich gegen die Willkür der Polizei gewehrt zu haben, wurde zum Ursprung für die schwul-lesbische Emanzipation weltweit und das Entstehen einer Community.

In Erinnerung an die Geburtsstunde der Schwulen- und Lesbenbewegung finden in den USA jedes Jahr am letzten Wochenende im Juni Paraden statt. Mit dem Befreiungs- und Integrationskampf entstanden in vielen Ländern Gay-Pride-Veranstaltungen. In Deutschland fand 1979 die erste Demonstration in Berlin statt. Damals protestierten einige hundert Schwule und Lesben, teilweise noch vermummt, auf dem Kurfürstendamm. In der Zwischenzeit hat sich der Charakter der Veranstaltungen weiterentwickelt. Zu dem Demonstrations- und Protestanliegen kam der Ausdruck von Stolz und Lebensfreude hinzu.

Die Anzahl der in Deutschland stattfindenden CSD-Events hat sich in den letzten sieben Jahren mehr als verdoppelt. Das Gleiche gilt für die Anzahl der Länder in Europa, in denen Gay-Pride-Events durchgeführt werden. Noch deutlicher wird der Trend zur Sichtbarkeit, wenn man die Anzahl Events in Europa betrachtet – diese Zahl hat sich seit 1993 mehr als verdreifacht (siehe Abb. 2.1). Heute gibt es kaum mehr ein Land in Europa, in dem keine schwullesbische Hauptveranstaltung stattfindet.

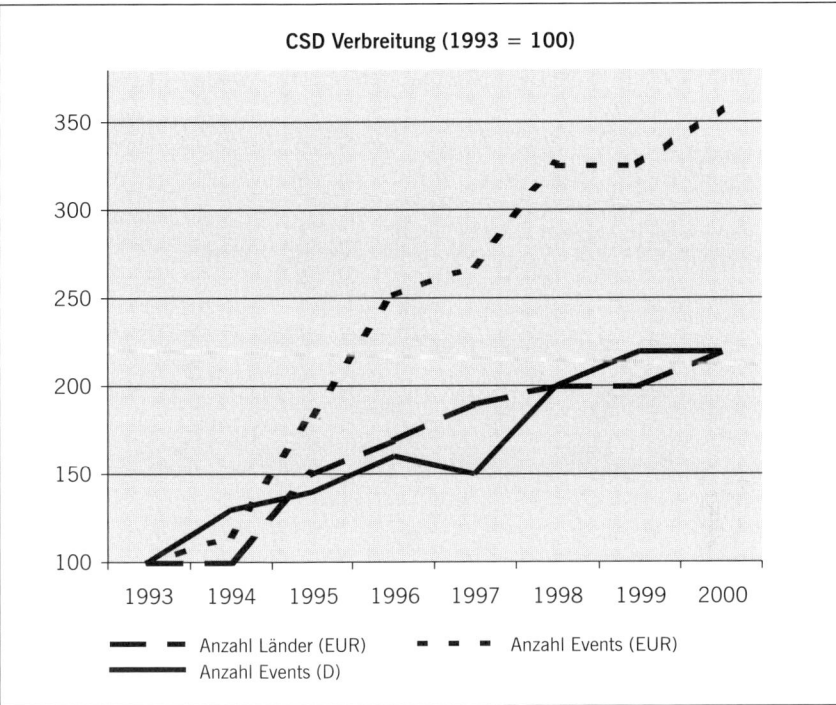

CSD Verbreitung (1993 = 100)

350

300

250

200

150

100

1993   1994   1995   1996   1997   1998   1999   2000

▬ ▬ Anzahl Länder (EUR)   ▪ ▪ ▪ Anzahl Events (EUR)
▬▬▬ Anzahl Events (D)

Abb. 2.1: Verbreitung „CSD" in Deutschland und Europa.
Quelle: EPOA (European Pride Organisers Association) und mi.st [Consulting.

Doch nicht nur die Zahl der Veranstaltungen wuchs in den letzten Jahren enorm an, auch die Zahlen der schwul-lesbischen TeilnehmerInnen und die der heterosexuellen ZuschauerInnen sind kontinuierlich gestiegen. Die Teilnehmerzahlen haben sich in den letzten fünf Jahren vervierfacht. Noch stärker ist die Zahl der ZuschauerInnen angewachsen. Während 1995 nur gut 100.000 „Zaungäste" den deutschen Events beiwohnten, säumten im Jahr 2000 bereits knapp eine Million interessierter Zuschauer die Demonstrations- oder Paradestrecken oder besuchten die Staßenfeste.

Diese Zahlen müssen einerseits als eindeutiges Zeichen für die Offenheit gegenüber und die Akzeptanz von Schwulen und Lesben in der Gesellschaft gewertet werden. Gleichzeitig illustrieren sie das gestiegene Selbstbewusstsein und den wachsenden Stolz von Homosexuellen, der sich freilich auch auf das Konsumverhalten auswirkt. Schwule und Lesben erwarten zunehmend von Unternehmen, dass sie als selbstverständlicher Teil der (Markt-)Normalität unverkrampft und offen berücksichtigt werden.

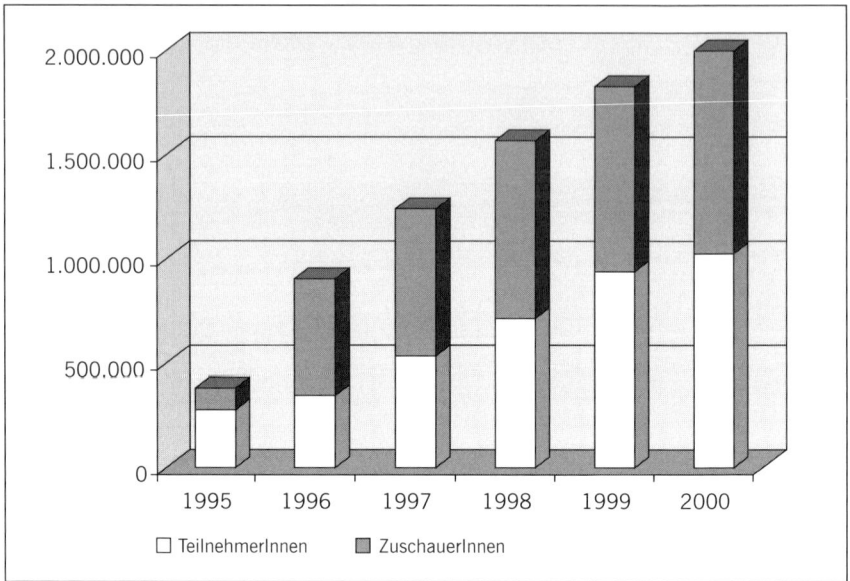

Abb. 2.2: CSD-BesucherInnen in Deutschland, getrennt nach überwiegend homosexuellen TeilnehmerInnen und überwiegend heterosexuellen BesucherInnen. Quelle: EPOA und mi.st [Consulting.

Während hieraus eher eine Notwendigkeit für das Gay Marketing abgeleitet werden kann, stellt das nächste Argument erneut spezielle Chancen dieses Ansatzes dar.

2.4 Dominanz in der Nische als Strategie

Die Zeiten des Massenmarketing, das auf der Vorstellung von einem Einheitskunden beruht, gehen vorbei. Die Sättigung vieler Märkte und die so entstandene Macht der KonsumentInnen ist zusammen mit den allgemeinen Individualisierungstendenzen dafür verantwortlich, dass Unifizierungskonzepte kaum noch erfolgreich sein können. Während man auf den Gemeinplatz hinweisen mag, dass sich KundInnen schon immer voneinander unterschieden haben, zum Beispiel in Bezug auf Alter oder Physis, so werden heute doch viel tief greifendere Punkte sichtbar:

Alle Konsumenten unterscheiden sich in ihren ...

... Bedürfnissen: Sie sind der eigentliche Antrieb für den Konsum und damit Grundlage jeder Kaufentscheidung. Dabei scheinen die wenigsten Produkte und Dienstleistungen in der Lage zu sein, die vielfältigen Bedürfnisse der

KonsumentInnen zufrieden stellend abzudecken – auch eine oberflächlich gehaltene Massenkommunikation kann über diese Tatsache schlecht hinweg täuschen.

... Geschichten: Die individuellen Geschichten und Lebensumstände nehmen Einfluss auf das Konsum- und Konsumentenverhalten. Da alle Konsumenten unterschiedliche Geschichten haben, reagieren sie auch individuell auf einen Marketing-Mix.

... Ausbildungsniveaus: Die unterschiedlichen Ausbildungsniveaus der Konsumenten führen automatisch dazu, dass sich sowohl Produkt- als auch Ansprüche an die Marktkommunikation unterscheiden. Es ist beispielsweise denkbar schwierig, eine Werbung so zu gestalten, dass Sprache und Message jeden erreichen und niemanden über- oder unterfordern.

... Musikpräferenzen: Musik ist sowohl in der Fernseh- und Radiowerbung als auch am POS (Point of Sale) ein viel gebrauchtes Instrument, um eine angenehme Stimmung aufkommen zu lassen. Die individuellen Musikpräferenzen machen einen „one size fits all approach" auch hier unmöglich.

... Werten: Persönliche Werte prägen die individuelle Lebenseinstellung und damit auch in einem hohen Masse das Konsumentenverhalten. Bei der Positionierung eines Produktes können Werte einer Marke Leben einflössen. Allerdings funktioniert das nicht für alle Konsumenten gleichermaßen.

... Helden und Stars: Es gibt praktisch keine Helden oder Stars, die umfassende Relevanz haben. Daher ist es fast unmöglich, für die Kommunikation eine prominente Figur zu finden, die alle Menschen gleichermaßen anspricht.

... finanziellen Mittel: Die finanziellen Möglichkeiten der Konsumenten sind mitbestimmend für den Kauf eines Produktes. Es ist leicht einzusehen, dass die Unterschiedlichkeit der Mittel ein echtes Massenmarketing unmöglich macht.

... Medienpräferenzen: Es gibt heute kein tatsächliches Massenmedium mehr – der Medienmarkt ist fragmentiert, bei der großen Zahl von Fernsehkanälen wäre es wohl übertrieben, einen Einzelnen als massentauglich zu bezeichnen.

... sexuellen Orientierungen: Da schon Maslow dargelegt hat, dass Sexualität neben anderen physischen Verlangen wie Hunger und Durst zu den fundamentalsten Bedürfnissen aller Menschen gehört, kann dieser Punkt keine untergeordnete Rolle spielen. Vielmehr prägt Sexualität und damit auch die sexuelle Orientierung, sei sie gleich- oder gegengeschlechtlich, den Menschen in jedweden Alltagssituationen und ist somit eine stets relevante Einflussgröße – auch im Rahmen seiner Marktteilnahme.

Während all diese Unterschiede zum größten Teil schon immer bestanden, wurde bislang auf wenigen Gemeinsamkeiten aufgebaut, um eine einfache Mehrheit der Konsumenten zusammenzufassen. Nach Berechnungen von mi•st [Consulting macht dieser Mainstream weniger als 30 Prozent des Gesamtmarktes aus – Tendenz abnehmend.

Folgerichtig gehen die internationalen Trends im Marketing hin zu einem kundenindividuellen Marketing. Da dies in Branchen, die mit hohen Stückzahlen operieren, (noch) nicht effizient und effektiv umgesetzt werden kann, liegt der optimale Individualisierungsgrad derzeit in der Segmentierung. Die Marktleistung wird an die entstehenden Teilmärkte oder Nischen in ökonomisch sinnvollen Maßen angepasst.

Der Ausdruck „Nische" führt allerdings in die Irre und täuscht allzu leicht darüber hinweg, dass die Kombination einiger weniger Segmente durchaus das Volumen des vermeintlich großen Mainstreams erreicht. Darüber hinaus besteht die Möglichkeit, mit einer vergleichsweise kleinen Marke einzelne Nischen zu dominieren und in der Summe einen größeren Marktanteil zu erreichen, als dies im Mainstream in Konkurrenz zu Power Brands möglich wäre.

Für große Marken ist die Bearbeitung von Nischen besonders dann interessant, wenn sie im Massenmarkt eine umkämpfte Position inne haben oder nicht Marktführer sind. Sie können ihre Marktstellung mit Hilfe der Nische festigen, stärken oder ausbauen, ohne sich in Kommunikations- und Preiskämpfen verausgaben zu müssen. Wird die Nische intensiv bearbeitet, ist hier sogar eine Dominanz möglich, so dass die Vorteile einer Marktführerschaft genutzt werden können.

Vor allem jedoch für kleinere Unternehmen und Marken stellt der Gay-Markt eine der wenigen Möglichkeiten dar, neue Kunden zu gewinnen, zu binden und nachhaltig eine stabile Wettbewerbsposition aufzubauen – jenseits der ökonomisch unsinnigen Multi-Millionen-Kämpfe gegen Marktführer im Massenmarkt. Werden zusätzlich zur schwul-lesbischen Nische weitere Segmente führend besetzt (z.B. ethnische Märkte, Generationen oder Szenen, weibliche Märkte), so kann der Marktanteil eines ernstzunehmenden Players vergleichsweise effektiv aufgebaut werden. Dabei ist nicht unerheblich, dass sich die Werte, die innerhalb verschiedener Nischenmärkte herrschen (z.B. der Wunsch nach Integration, Offenheit, Respekt etc.) ähneln. Weiterhin sind diese meist sowohl für den Gay-Markt als auch zunehmend für den Mainstream-Markt interessant. Dies führt zum fünften Argument für Gay Marketing.

2.5 Offenheit als Erfolgsfaktor

Die Gesellschaft wandelt sich kontinuierlich. Dies gilt insbesondere für Werte und Einstellungen. Offenheit wurde für einen Großteil der Bevölkerung zu einem wesentlichen Wert – einem Wert, der auch in der Marketingkommunikation aktiv eingesetzt werden kann. „Offenheit" bietet zum Beispiel als positives Brand-Attribut die Möglichkeit, eine Marke zu emotionalisieren.

Die schwul-lesbische Zielgruppe zu berücksichtigen, stellt eine Option dar, diese Offenheit umzusetzen. Ein Business, das „Gay-friendly" ist oder „Gays, Lesbians and Friends" anspricht, ist offensichtlich aufgeschlossen und zeitgemäß. Dass dies nicht nur Vermutungen sind, lässt sich durch Demoskopie zeigen.

Die Gesellschaft hat ihre Einstellung gegenüber Homosexuellen verändert. Schwule und Lesben stellten lange Zeit lediglich eine „Zielgruppe" bzw. Zielscheibe der Pädagogik, Medizin, Psychiatrie und Jurisprudenz dar. Begriffe wie „krank" oder „pervers" prägten aus diesen Zusammenhängen heraus auch das gesellschaftliche Bild von Schwulen und Lesben. In neuerer Zeit wurden die öffentlichen und medialen Darstellungen von Homosexuellen immer positiver, u.a. weil eine „gesellschaftliche Nützlichkeit" festgestellt wurde. Homosexuelle in den Rollen als Talkmaster, Sänger, Künstler, Manager und Designer sind auch im Mainstream vorzeigbar. Dies dürfte in Kombination mit der Öffnung der Gesellschaft in ethnisch-kulturellen Fragen und der vielfältigen Medienlandschaft zu einer wachsenden Akzeptanz von Schwulen und Lesben geführt haben. Belegt wird diese Aussage unter anderem von der EuroGay/Emnid-Studie aus dem Jahre 2001, die gezielt heterosexuelle KonsumentInnen zu diesem Thema befragt hat.

Insbesondere beim jungen, trendbewussten Publikum kann es sogar als Pluspunkt gelten, wenn eine Marke mit „sexueller Vielfalt" in Verbindung gebracht wird. Vorbehalte gegenüber schwulen Männern gelten als „uncool". Nicht selten wird Homosexualität sogar als attraktiv angesehen. Insbesondere junge Frauen sind schwulen Männern gegenüber äußerst positiv eingestellt. Angeblich setzen sie Trends in der Partykultur und in verschiedenen Szenen. Gerade für Marken, die ohnehin ein junges, trendbewusstes Zielpublikum bedienen, ist es durchaus imagefördernd, auch Homosexuelle als Zielgruppe anzusprechen.

Doch nicht nur bei trendbewussten Konsumenten kann Gay Marketing positive Auswirkungen haben. Auch Angehörige und (heterosexuelle) Freunde von Homosexuellen reagieren im Grundsatz positiv auf ein solches Engagement. Schließlich unterstützen sie das Bestreben der Homosexuellen, eine weitere Integration in die Gesellschaft zu erzielen.

Zurzeit wird zudem in vielen Ländern Europas an Gesetzen zur rechtlichen Gleichstellung von homosexuellen Paaren mit Ehepaaren gearbeitet. Wenn

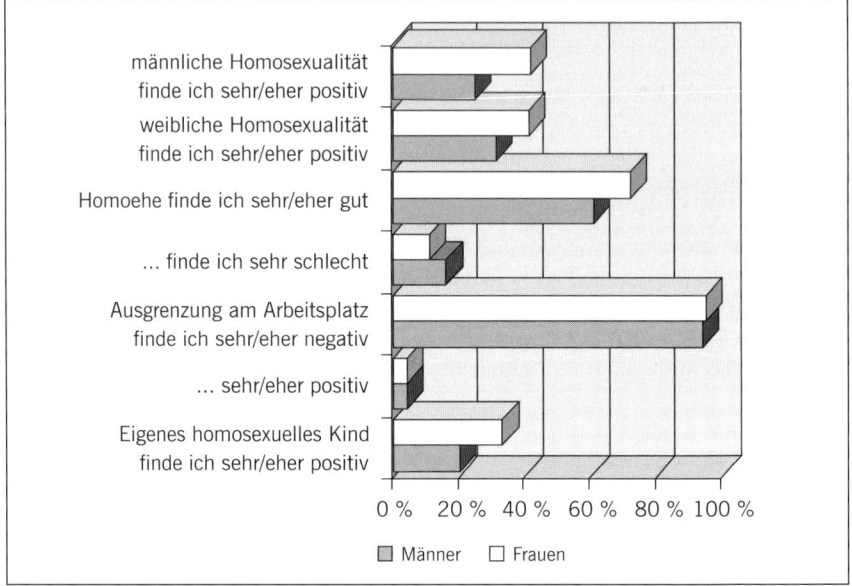

männliche Homosexualität
finde ich sehr/eher positiv

weibliche Homosexualität
finde ich sehr/eher positiv

Homoehe finde ich sehr/eher gut

… finde ich sehr schlecht

Ausgrenzung am Arbeitsplatz
finde ich sehr/eher negativ

… sehr/eher positiv

Eigenes homosexuelles Kind
finde ich sehr/eher positiv

0 %   20 %   40 %   60 %   80 % 100 %

■ Männer   □ Frauen

Abb. 2.3: Umfrageergebnisse zur Akzeptanz von Homosexuellen.
Quelle: Eurogay/Emnid.

auch solche Regelungen nicht unumstritten sind, zeigt ihre Entstehung doch, dass sich die gesellschaftliche Stimmung positiv gewandelt hat. In Deutschland erfolgte der entsprechende Durchbruch im Sommer 2001: Das auf eine Gesetzesinitiative der Bundesregierung zurückgehende Lebenspartnerschaftsgesetz konnte zum 1. August 2001 in Kraft treten, nachdem das Bundesverfassungsgericht am 18. Juli einen Eilantrag der Freistaaten Bayern und Sachsen abgewiesen hatte.

Das Lebenspartnerschaftsgesetz bietet für gleichgeschlechtliche Lebenspartner die Möglichkeit, ihre Lebensgemeinschaft am Standesamt eintragen zu lassen. Sie kommen damit in den Genuss von vielen familienrechtlichen Regelungen (Namensrecht, Güterstand, kleines Sorgerecht für Kinder in der Partnerschaft, Angehörigenstatus, Zeugnisverweigerungsrecht, Auskunftsrechte). Weitere Rechtsfolgen betreffen das Mietrecht, das gesetzliche Erbrecht oder die Einbeziehung der Lebenspartner in die Kranken- und Pflegeversicherung. Die Eintragung der Lebenspartnerschaft regelt darüber hinaus gegenseitige Unterhaltspflichten und -rechte und die eventuelle Auflösung der eingetragenen Partnerschaft. Außerdem klärt es die Nachzugs- und Einbürgerungsrechte für ausländische Lebenspartner einschließlich Arbeitsgenehmigung und Krankenmitversicherung.

Das steuer- und melderechtliche Einzelheiten regelnde Lebenspartnerschafts-ergänzungsgesetz ist zustimmungspflichtig und muss noch vom Bundesrat genehmigt werden.

Auch wenn das Lebenspartnerschaftsgesetz keine vollständige Gleichstellung mit der (heterosexuellen) Ehe darstellt (das gemeinsame Adoptionsrecht wurde ausgeklammert), wird diese Regelung als großer Schritt zur positiven Integration von Schwulen und Lesben gewertet.

Während der Jahre, in denen das Lebenspartnerschaftsgesetz vorbereitet wurde, führten verschiedene Medien und Institute immer wieder Umfragen zum Thema „Homoehe" durch. Wir haben eine Reihe von Ergebnissen zusammengetragen, die teilweise aus nicht genau zu beschreibenden, wenn auch verlässlichen Quellen stammen. Jahr und Art der Umfrage sowie Grundgesamtheit sind nicht immer exakt bekannt:[1]

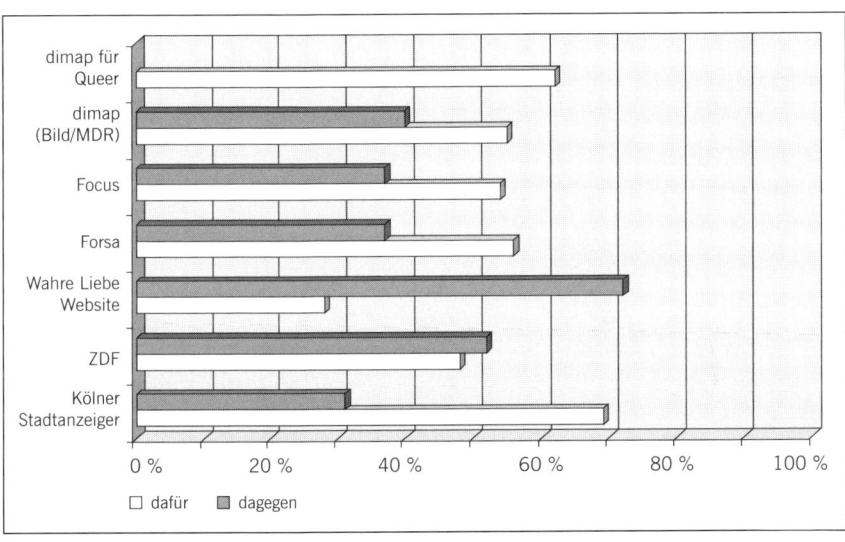

Abb. 2.4: Umfrage-Ergebnisse zum Lebenspartnerschaftsgesetz.

---

1 Der Kölner Stadtanzeiger und Express befragten 4.561 TeilnehmerInnen, ob homosexuelle Paare der Ehe rechtlich gleichstellt werden sollen (2000). Das ZDF erhielt Antworten auf die Frage, ob Lesben und Schwule künftig standesamtlich heiraten dürfen, von 5.871 Befragten (2000). Das Magazin „Wahre Liebe" erhob auf seiner WebSite, ob Schwule und Lesben heiraten dürfen sollen. Das Magazin Gaypress.de zitiert das Meinungsforschungsinstitut Forsa bezüglich der Frage, ob die TeilnehmerInnen für oder gegen eine „eingetragenen Lebenspartnerschaft" seien. Die Web-Site www.freiburg.gay-web.de zitiert eine Focus-Umfrage mit der Fragestellung, ob Schwule und Lesben heiraten dürfen. Das Forschungsinstitut dimap befragte im Auftrag von BILD und MDR 1.100 Menschen. Die Frage lautete „Begrüßen Sie den Plan der Bundesregierung, homosexuelle Lebensgemeinschaften in steuerlicher Hinsicht praktisch genauso zu behandeln wie verheiratete Paare?". Aus einer älteren Umfrage von dimap für die Zeitung QUEER ist die Zahl der Befürworter einer „Homo-Ehe" bekannt.

Ohne auf die einzelnen Studien und deren Repräsentativität einzugehen, ist ein Ergebnis klar erkennbar: Die Mehrheit der deutschen Bevölkerung bewertet eine grundsätzlichen Gleichberechtigung und Integration von Homosexuellen positiv. Die unterschiedlichen Fragestellungen und Erhebungsmethoden sowie Grundgesamtheiten haben keinen wesentlichen Einfluss auf die Ergebnisse. Lediglich das Resultat der Online-Umfrage von Wahre Liebe überrascht.

Offenheit – insbesondere gegenüber Schwulen und Lesben – kann somit nicht nur gegenüber trendbewussten KonsumentInnen als erfolgreiches Brand-Attribut eingesetzt werden.

Lektion 2 Fünf wichtige Gründe sprechen dafür, die eine oder andere Form von Gay Marketing ernsthaft in Betracht zu ziehen. Wertvolle Potenziale werden bislang durch einseitiges Marketing verschenkt. Gleichzeitig sind im Gay-Markt eine Reihe von Leading Positions noch unbesetzt. Eine Dominanz in diesem Segment kann in Kombination mit anderen Nischen zu einer Major Player Position führen. Offenheit gegenüber Schwulen und Lesben stellt indes gleichzeitig eine Chance und eine Notwendigkeit dar.

Kapitel 3

Exkurs: Trends im Marketing – Stirbt das Massen-Marketing?

Seit sich die Märkte von einem Verkäufer- zu einem Käufermarkt entwickelt haben, ist es zur vordringlichsten Aufgabe von Anbietern geworden, Kunden von ihren Produkten und Dienstleistungen zu überzeugen. Der Wettbewerb wird immer härter und deutliche Sättigungstendenzen prägen die heutigen Märkte. Die Überzeugung potenzieller Kunden vom Mehrwert der eigenen Leistung erfordert insofern immer kreativere Ansätze. Massen-Marketing – ein Marketing-Mix, der auf universeller Anwendbarkeit beruht – verfehlt immer häufiger das Ziel, dem Kunden den für ihn zutreffenden, individuellen Mehrwert einer Leistung zu vermitteln. Zu unterschiedlich sind die Wünsche, Bedürfnisse und Konsumgewohnheiten der einzelnen Konsumenten geworden.

Da Massenmarketing als „one-size-fits-all"-Ansatz auf dem kleinsten gemeinsamen Nenner des Gesamtmarktes basiert, wird insbesondere die Marketingkommunikation flach, unspezifisch und austauschbar. Ausgehend von dieser Problematik versuchen Marketingfachleute seit langem, die Märkte so zu segmentieren, dass daraus Zielgruppen entstehen, die ein möglichst homogenes Konsumverhalten aufweisen. Dadurch wird es möglich, die unterschiedlichen Bedürfnisse der Kunden aufzunehmen und in einen spezifischeren Marketing-Mix zu überführen.

Als gängigste Segmentierungskriterien gelten die folgenden:

❏ Demographische Kriterien (z.B. Alter, Geschlecht, Familienstand)

❏ Geografische Kriterien (z.B. Wohnort, Stadt/Land, Region)

❏ Ökonomischer Status (z.B. Einkommen, Beruf, Ausbildung)

❏ Sozialer Status (z.B. soziale Schicht, Meinungsführer, Bezugsgruppen)

❏ Kaufverhalten (z.B. Käufer/Nichtkäufer, Markentreue, Kaufhäufigkeit, Kaufstättenwahl)

❏ Produktnutzung (z.B. Nutzer/Nichtnutzer, Verwendungszweck, Art und Bedeutung der beachteten Funktionen)

❏ Psychologische Merkmale (z.B. Werte, Einstellung, Motivation, Meinungen)

Je nach Art der zur Segmentierung herangezogenen Kriterien entstehen mehr oder weniger homogene Zielgruppen. Dass die Kombination unterschiedlicher Segmentierungskriterien nicht unbedingt zu einer homogenen Zielgruppe führt, zeigt das folgende Beispiel: Nur wenige Marketer gehen davon aus, dass Woody Allen und Sylvester Stallone mit demselben Marketing-Mix bearbeitet werden sollten. Obwohl die beiden über soziodemographische Kriterien segmentiert zur gleichen Zielgruppe zählen: Beide sind männlich, über 50 Jahre alt, üben den gleichen Beruf aus, gehören derselben Einkommensklasse an und sind mehrfach geschieden. Indes unterscheiden sie sich höchstwahrscheinlich durch ihre Werte, Einstellungen und Lebensstile.

Es liegt auf der Hand, dass die Homogenität eines Segmentes zunimmt, je mehr Kriterien kombiniert angewendet werden. Ebenfalls offensichtlich ist der Trade-off zwischen dieser Homogenität und der Größe des entstehenden Teilmarktes. In diesem Zusammenhang prägt seit Jahren das Phänomen der Individualisierung die Diskussionen im Marketing. Dabei ist es weiterhin, insbesondere in Märkten mit geringen Margen, nicht effizient, ein kundenindividuelles Marketing umzusetzen.

Beim Versuch, die Balance zwischen Homogenität und Marktgröße zu optimieren, entstanden in den letzten Jahren neue Segmentierungsansätze. Zwei davon, Lifestyle-Marketing und Szene-Marketing, sind aus Sicht des Gay Marketing besonders relevant und werden im Folgenden etwas genauer betrachtet.

3.1 Lifestyle-Segmentierung

Wie der Name bereits aussagt, ist der Lebensstil eines Konsumenten bei dieser Art der Segmentierung das ausschlaggebende Kriterium. „Lebensstil" bezeichnet die Art und Weise, das Verhalten und die Einstellung, nach denen ein Mensch sein Leben orientiert. Nach diesem Ansatz fasst man unterschiedliche Lifestyle-Typen zusammen, wie beispielsweise Erfolgsorientierte, Erlebnisorientierte, Pflichterfüller, Konservative, Hedonisten und Ähnliche.

Um einen Lebensstil möglichst „lebensnah" beschreiben zu können, werden nicht die traditionellen demographischen, psychologischen oder geografischen Kriterien verwendet. Bei der Eruierung der Eigenschaften eines typischen Lifestyle-Vertreters finden unterschiedliche Verfahren Anwendung. Eine dieser Vorgehensweisen ist beispielsweise der AIO-Approach bzw. der AIOV-Approach (activities, interests, opinions, values). Die Konsumenten werden bezüglich ihrer Aktivitäten, Interessen, Meinungen und Wertevorstellungen, hinsichtlich ihrer Arbeit und Freizeit, des sozialen Verhaltens sowie Kauf- und Konsumgewohnheiten befragt. Die so ermittelten Daten werden mit bekannten soziodemographischen Daten angereichert, um einen Lifestyle zu beschreiben.

Nestlé hat diese Zielgruppensegmentierung für das Produkt Nescafé Xpress gewählt. Hierbei handelt es sich um eine Line Extension der etablierten Marke Nescafé. Das Produkt stellt eine Innovation im Getränkebereich dar: „NESCAFÉ Xpress eiskalt, stark und trinkfertig direkt aus der Dose ist dieser Drink der ideale Wachmacher in Convenience Form". Kalter Kaffee aus der Dose: Die Zielgruppe dieses koffeinhaltigen Getränks zeichnet sich dadurch aus, dass sie jung, offen für Neues, viel beschäftigt und dauernd unterwegs ist. Ein definierter Lifestyle-Typ also.

Die gesamte Marketingkommunikation ist deutlich auf diese Zielgruppe abgestimmt. Die entsprechenden Print-Anzeigen wurden dabei auch in schwullesbischen Publikationen geschaltet.

Die Maßnahmen des Event-Marketing deckten unter anderem die Loveparade in Berlin, die Popkomm in Köln und den Disco-Marathon in Bochum ab. Die Auswahl der Veranstaltungen spiegelt das junge, lifestyle-orientierte Segment wider.

Im Internet verfügt die Marke über eine eigene Website, die ebenfalls konsequent auf die Zielgruppe ausgerichtet ist. Auf Produktinformationen wird dort weitgehend verzichtet. Stattdessen finden sich Bilder von Events sowie Filme und Bildschirmschoner zum Download. Eine Seite, die offensichtlich Spaß machen soll.

Abb. 3.1: Anzeige NesCafé Xpress.
© Nestlé Erzeugnisse GmbH

Die schwul-lesbische Zielgruppe enthält sicherlich zahlreiche VertreterInnen unterschiedlicher Lifestyle-Typen. Bei dem entsprechenden Lebensstil-Marketing kommt es insofern darauf an, auch die homosexuellen Mitglieder der jeweiligen Lifestyle-Typologie anzusprechen und zu erreichen. Andererseits können große Teile der homosexuellen Zielgruppe als ein Lebensstil-Segment aufgefasst werden.

Die Vielzahl und Unterschiedlichkeit der verwendbaren Lifestyle-Kriterien zeigt, dass dieser Ansatz zu sehr komplexen Segment-Definitionen führen kann, was dem Wunsch nach einer einfachen Bearbeitung entgegensteht.

Andererseits weisen die Mitglieder einer Lifestyle-Zielgruppe, gemessen an traditionellen Segmentierungskriterien, nur wenig Bezüge zueinander auf. Auch ihre Umfelder, die bekanntlich einen Einfluss auf Konsumentscheidungen haben, können sich wesentlich unterscheiden. Dies muss nicht zwingend eine Kritik am Konzept der Lifestyle-Segmentierung sein, es zeigt vielmehr, dass der Lebensstil – genau wie andere Faktoren – Menschen nur teilweise verbindet.

Allerdings kann kritisiert werden, dass es sich bei den beschriebenen Modelltypen lediglich um virtuelle KonsumentInnen handelt, und dies dem Ziel entgegensteht, die Zielgruppen in ihrem tatsächlichen Leben zu erfassen und zu erreichen. Zudem wird ein auf diese Art konstruierter Lebensstil unter Umständen auch von anderen Unternehmen verwendet, so dass die Austauschbarkeit der Kommunikation vorbestimmt ist.

Als weiterer Kritikpunkt ist anzufügen, dass man mit einer solchen Segmentierung der Wirklichkeit immer einen Schritt hinterher hinkt – gesellschaftliche Strömungen und Trends werden erst aufgenommen, wenn sie sich schon etabliert haben. Damit bleibt der Überraschungseffekt, der die innovative Positionierung eines Produktes signalisieren soll, aus.

3.2 Szene-Marketing

Das Szene-Marketing geht bei der Segmentierung einen Schritt weiter und benutzt zur Definition von Zielgruppen real existierende Szenen. Dadurch wird den Nachteilen der Lifestyle-Segmentierung entgegen gewirkt.

In der Gesellschaft zeichnen sich zwei gegenläufige Entwicklungen ab: der Trend zur Individualität und der Trend zur Gruppenzugehörigkeit. Je mehr Menschen auf engem Raum zusammen leben, desto stärker wird das Bedürfnis, sich als Individuum von den anderen abzugrenzen. Die Differenzierung kann auf den unterschiedlichsten Merkmalen beruhen. Ziel ist jedoch immer die Betonung des Speziellen. Auf der anderen Seite steht der Trend zur Gruppenzugehörigkeit: Die Multi-Options-Gesellschaft bietet uns derart viele Möglichkeiten, dass wir uns nach Halt, Orientierung und Richtlinien sehnen. Da die biologische Familie als Hauptbezugspunkt in der heutigen Gesellschaft nicht mehr eine vorherrschende Stellung einnimmt, sucht man sich anderweitige Gruppen – gelegentlich auch Wahlfamilien genannt – denen man sich freiwillig anschließt. Solche Strukturen können völlig offen oder aber nur einem begrenzten Personenkreis zugänglich sein. Beispiele für Szenen sind die Snowboarder-

Szene, die Fußball-Szene, die Computer-Szene, die Hiphop-Szene, die Techno-Szene oder beispielsweise auch die Gay Community. Diese Aufzählung zeigt, dass sich Menschen durchaus unterschiedlichen Szenen zugehörig fühlen können, und je nach aktuellem Bedürfnis die eine oder andere Gruppe frequentieren. Es ist beispielsweise gut vorstellbar, dass jemand, der sich während der Woche bedingt durch seinen Beruf und durch seine Freizeitinteressen hauptsächlich in der Computer-Szene bewegt, sich am Wochenende in der Techno-Szene aufhält.

Mitglieder einer Szene verfügen über ein ganzes Netz von Gemeinsamkeiten. Sie zeichnen sich aus durch mehr oder weniger homogene

❑ Wertorientierungen,

❑ Interessen,

❑ Freizeitverhalten und

❑ Marken/Produktverwendung.

Diese Eigenschaften üben einen starken Einfluss auf den Präferenzbildungsprozess eines Konsumenten aus und können daher als Indikatoren für das Konsumverhalten verwendet werden. Zugleich stellen sie Anknüpfungspunkte für die Positionierung eines Produktes und die Marketing-Kommunikation dar. Es können aufbauend auf den gemeinsamen Merkmalen Markenwelten geschaffen werden, die zentrale Bedürfnisse und Wünsche der Zielgruppen-Szene ansprechen.

Die Gemeinsamkeiten von Mitgliedern einer Szene gehen aber noch ein Stück weiter. Auch

❑ Medienkonsum,

❑ Sprach- und Zeichencodes sowie

❑ Locations/Territorien

sind relativ identisch. Diese Faktoren wiederum ermöglichen eine gezielte Ansprache durch das Marketing mit geringen Streuverlusten.

Der grundsätzliche Unterschied zwischen Szene und traditioneller Zielgruppe liegt in der Einordnung der Mitglieder. Im ursprünglichen Sinne von Zielgruppen werden die Konsumenten nach soziodemographischen, psychographischen und ähnlichen Merkmalen eingeordnet. Für die Szenezugehörigkeit ist dagegen ihr Verhalten entscheidend. Diese Homogenität macht Szenen als Zielgruppen äußerst interessant. Außerdem nimmt die Zugehörigkeit häufig einen zentralen Stellenwert im Selbstbild eines Menschen ein und ist daher gut geeignet, relevante Inhalte einer Positionierung zu generieren. Wenn es einem Unternehmen gelingt, eine Szene so genau zu erfassen, und auf den Gemeinsamkeiten einen zielgruppenspezifischen Marketing-Mix aufzubauen, so wird Szene-Marketing einen höchst-effizienten Ansatz darstellen.

Das Arbeiten mit Szenen als Zielgruppen bringt für ein Unternehmen jedoch einige Neuerungen mit sich. Die Szene als Segmentierungskriterium ist nicht so genau definierbar, abgrenzbar und fassbar wie beispielsweise demographisch definierte Zielgruppen. Das Unternehmen muss eine Szene somit erst einmal kennen lernen und ein Gefühl für sie entwickeln, um dann Produkte und Dienstleistungen authentisch positionieren zu können. Bestenfalls wird das Unternehmen Teil der Szene, um so immer über die neuesten Strömungen und veränderten Bedürfnisse informiert zu sein. So kann es einem Anbieter gelingen, mit der Szene zu wachsen, Teil des evolutionären Prozesses zu werden und dadurch immer eng am Trend zu sein.

Ein solches Engagement verbraucht viele Ressourcen und das Kosten-Nutzen-Verhältnis muss im Vorfeld genau abgewogen werden. Wenn sich ein Unternehmen jedoch für das Szene-Marketing entscheidet, können ansehnliche Gewinne erwartet werden.

Lektion 3

Teile der schwul-lesbischen Zielgruppe können sehr gut als Lifestyle-Segmente, andere als Szenen betrachtet und bearbeitet werden. Umgekehrt leben viele Schwule und Lesben einige ihrer Interessen in Subkulturen aus, die in den Mainstream hineinreichen. Die Gay-Szene (Community) nimmt Einfluss auf das Verhalten und damit auch auf den Konsum ihrer Mitglieder.

Kapitel 4

Fünf Kriterien: Eignet sich das Gay-Segment als Zielgruppe?

Um ein Marktsegment – unabhängig von dem gewählten Ansatz – sinnvoll zu definieren, muss die daraus entstehende Zielgruppe einige zentrale Kriterien erfüllen. Ansonsten eignet sie sich nicht als Teilmarkt, der spezifisch bearbeitet werden kann. Aus der Fülle der Segmentierungskriterien, die über die Jahre entwickelt, diskutiert, angewendet und wieder verworfen wurden, erscheinen vier zeitgemäß und von zentraler Bedeutung:

Homogenes Konsumverhalten

Die KonsumentInnen innerhalb einer Zielgruppe sollten ein, relativ zum Restmarkt, ähnliches Kaufverhalten aufweisen. Nur so ist es für den Anbieter möglich, eine Marktleistung auf die gemeinsamen Bedürfnisse auszurichten, die möglichst viele Mitglieder gleichermaßen zufrieden stellt.

Demographie und Messbarkeit

Um eine gezielte Ansprache rechtfertigen zu können, muss die Größe und das Potenzial der Zielgruppe bekannt sein und als ausreichend eingeschätzt werden. Die demographischen Faktoren dienen weiterhin einer Einschätzung der Attraktivität des Segments. Die Messbarkeit dient vor allem unter dem Gesichtspunkt der Evaluation von Marketing-Aktivitäten als Kriterium der Zielgruppentauglichkeit.

Erreichbarkeit

Die größte und kaufkräftigste Zielgruppe wird für einen Anbieter uninteressant, wenn sie nicht erreicht werden kann. Da heute wohl kaum noch eine Gruppe als unerreichbar gelten muss, untersucht dieses Kriterium weiterhin die Effektivität und Effizienz der konkreten Erreichbarkeit. Hierbei spielen Medienpräferenzen und die Frage von Streuverlusten eine wichtige Rolle.

Wirtschaftlichkeit

Ökonomische Faktoren spielen ebenfalls eine erhebliche Rolle bei der Betrachtung und Bewertung von Zielgruppen. Der wirtschaftliche Nutzen, der von einer Segmentbearbeitung erwartet wird, muss die geplanten Kosten der Erschließung rechtfertigen.

Zusätzlich zu diesen vier Aspekten soll eine weitere Frage geklärt werden, die nach zahlreichen internen Verlautbarungen und informellen Informationen häufig verhindert hat, dass Schwule und Lesben als Kundensegment berücksichtigt wurden: Die Frage nach etwaigen Gefahren des Gay Marketing.

In der Folge überprüfen wir die homosexuelle Zielgruppe auf diese Kriterien hin. Da manche Unternehmen weitere Segmentierungskriterien verwenden, wird die Frage nach der Eignung dieser Zielgruppe in jedem Fall jedoch zusätzliche, individuelle Aspekte aufwerfen. Die Konklusion dieses Kapitels wird daher keine definitive und eindeutige Empfehlung sein können, sondern vielmehr eine Grundlage für individuelle Abwägungen und die Einzelfallentscheidung darstellen.

4.1 Homogenes Konsumverhalten?

Um das Konsumverhalten von Schwulen und Lesben auf seine Homogenität zu überprüfen, soll als Erstes geklärt werden, wie das Konsumverhalten allgemein bestimmt wird.

Genauso wie das allgemeine Verhalten wird auch das Konsumverhalten durch eine Vielzahl von Einflüssen geprägt. Dem Konsumenten selbst sind diese Wirkungen nicht zwingend bewusst, trotzdem lässt er sich davon leiten. Dies gilt auch für die Homosexualität, deren Einfluss auf Alltägliches wie die Arbeit oder den Konsum vielen Schwulen und Lesben nicht präsent ist.

Konkret sind interne und externe Einflussfaktoren vorhanden, die den Konsumenten zu einem Kauf oder Nichtkauf führen. Zu den externen Faktoren zählen Produkteigenschaften, Preis, Wirtschaftslage, Trends, Technologie und Umfeldstimuli wie Familieneinfluss, Kultur, Subkultur oder Freunde. Bei den internen, individuellen Einflussfaktoren werden Alter, Geschlecht, Ausbildung und Persönlichkeitsmerkmale als „Stimuli" genannt. Sie sind Teil der „Black Box", des nicht beobachtbaren Reaktionsmechanismus von Konsumenten. Hier wirken die internen Prozesse der Informationsaufnahme, des Lernens, der Einstellungsveränderung, der Planung von Handlungen und so weiter auf den

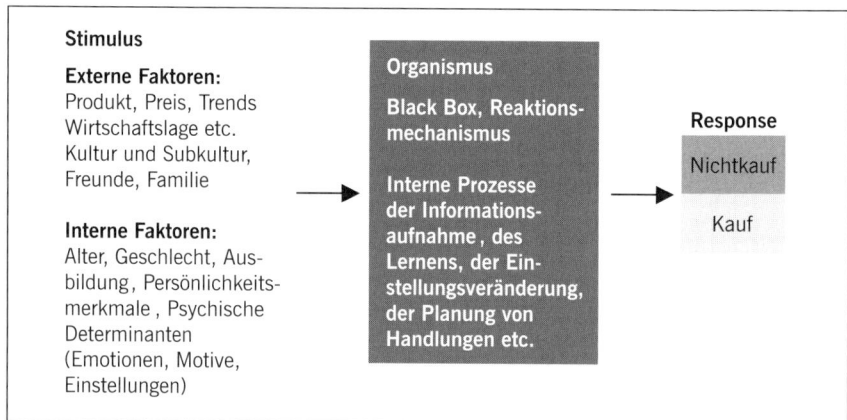

Abb. 4.1: Kaufverhalten (schematisch)
Quelle & Grafik: In Anlehnung an Schub von Bossiazky zitiert nach Ellerbeck und Scheuch in Kotler/Bliemel zitiert nach Fett.

Konsumentscheid. Als Ergebnis kennen wir den Entscheid zum Kauf oder Nichtkauf.

Auch bei Homosexuellen hängt das Konsumverhalten von solchen Einflussfaktoren ab. Hervorzuheben ist, dass die Homosexualität auf viele der genannten Faktoren einen mehr oder weniger starken, direkten oder indirekten Einfluss hat. Subkultur, Freunde und Familie sowie die psychischen Determinanten sind solche Determinanten. Diese Einflüsse sollen nun näher betrachtet werden.

Soziale Determinanten

Im sozialen Umfeld stellen vor allem Kultur und Subkultur sowie Familie und Freunde relevante Faktoren dar.

Kultur und Subkultur

Die Kultur ist der Faktor, der das Verhalten der Menschen am nachhaltigsten prägt. Sie gibt Werte und Normen vor, die das Zusammenleben in einem Kulturkreis implizit regeln. Die Kultur prägt die Sprache und den Lebensstil der ihr angehörenden Menschen. Die Bedeutung von kulturellen Einflüssen wird auch im Marketing schon lange bedacht: Selbstverständlich werden Kultur-Unterschiede beachtet, wenn es um die Anpassung des Marketing-Mix auf verschiedene Länder geht.

Ein Kulturkreis besteht aber nicht nur aus einer (übergeordneten) Kultur, sondern er enthält zahlreiche Untergruppen, so genannte Subkulturen. Dieser Begriff weist oft eine negative Konnotation auf, soll hier jedoch wertfrei eingesetzt werden. Subkulturen stellen oft eine Gegenkultur zur Mainstream-Kultur dar. Auch sie prägen das Verhalten und mithin das Konsumverhalten ihrer Mitglieder auf eine spezifischere und direktere Weise als die übergeordnete Kultur dies kann. In einer Subkultur herrschen ähnliche Wertvorstellungen, Interessen und Verhaltensweisen. Sie ist für die ihr angehörigen Personen eine klare Bezugsgruppe, die die Werte und Normen legitimiert und dadurch die Identität der Mitglieder stützt. Allerdings entsteht so unweigerlich ein gewisser Konformitätsdruck: Wie in der übergeordneten Kultur will kein Mitglied den Normen und Werten widersprechen. Auch in einer Subkultur wird das Verhalten der Mitglieder bewertet und gegebenenfalls sanktioniert, wodurch immer neue Verhaltensmuster entstehen, die wiederum die Entscheidungen des Einzelnen mitprägen.

Homosexualität galt in der Mainstream-Gesellschaft lange Zeit als Fehlverhalten und wurde sanktioniert. Viele Homosexuelle zogen sich daher in eine Subkultur zurück, in der ihre gleichgeschlechtliche sexuelle Orientierung zur Norm wurde. Diese Subkultur ist bekannt unter dem Begriff Gay Community und besteht nach wie vor, wenn sie sich auch ständig verändert und weiterentwickelt. Schwule und Lesben, die in dieser „Gemeinschaft" leben, werden teilweise von ihr geprägt und verfügen insofern über ähnliche Wertvorstellungen, Normen und Verhaltensweisen. Daher ähnelt sich auch ihr Konsumverhalten in einigen Aspekten.

Familie

Neben den Kulturkreisen nehmen auch andere soziale Komponenten maßgeblichen Einfluss auf das Verhalten von Konsumenten. Die Familie stellt die erste Bezugsgruppe dar, zu der sich ein Mensch zugehörig fühlt und von der er nachhaltig geprägt wird. Einem Kind werden durch die Elternteile und eventuell weitere Familienmitglieder Werte vermittelt und das Verhalten im sozialen Umfeld wird gelehrt. Wenn auch die Ursprungsfamilie im späteren Lebensverlauf nicht mehr unbedingt einen großen Einfluss haben sollte, so wirken einige frühe Prägungen dennoch ein Leben lang nach.

Die Homosexualität eines Menschen beeinflusst sein Verhältnis zu seiner Familie und die dort gelernten Verhaltensweisen mitunter erheblich. Vor allem der Umgang der Eltern und Geschwister etc. mit der Homosexualität des Betreffenden kann unterschiedliche Reaktionen hervorrufen. Durch einen positiven Umgang wird der Homosexuelle in seinem Verhalten bestärkt und er kann die Familie weiterhin als Bezugsgruppe akzeptieren. Negative Reaktionen wie Ablehnung oder Kritik führen dazu, dass die prägende Funktion der biologischen Familie in Frage gestellt wird. Häufig wird in der Folge eine neue Bezugsgruppe und der verlorene Halt wieder gefunden. Die Gay Community oder enge Freundeskreise bilden häufig solch wichtige „Wahlfamilien".

Freunde

Da sich die Bedeutung der traditionellen Familie merklich verändert hat, spielt ab einem gewissen Alter der Freundeskreis eine wichtige Rolle. Oft teilen Freunde die gleichen Interessen, mit ihnen verbringt man einen Großteil der Freizeit, sie stellen das freiwillig gewählte soziale Umfeld dar. Insofern nehmen sie maßgeblichen Einfluss auf Werte, Einstellungen und Verhaltensweisen und somit auf das Konsumverhalten. Freunde tauschen Konsumerfahrungen untereinander aus – meistens wird diesen Urteilen mehr Glauben geschenkt als den Produktversprechen der Werbung, sie unterhalten sich über die neuesten Trends und gehen nicht selten gemeinsam einkaufen.

Natürlich werden auch Schwule und Lesben von ihren Freunden in ihrem Konsumverhalten beeinflusst. In diesem Zusammenhang ist es interessant zu wissen, in welchen Kreisen sich Homosexuelle bewegen. Bei einer Befragung schwuler Männer (Bochow, 1993) gaben 42 Prozent an, dass sich ihr engerer Freundeskreis aus schwulen Männern sowie nicht-schwulen Männern und Frauen gleichermaßen zusammensetzt. Die sozialen Kontakte von Homosexuellen beschränken sich also nicht nur auf „Gleichgesinnte", diese nehmen aber dennoch einen großen Raum ein. Die meisten Schwulen und Lesben haben zumindest teilweise einen schwul-lesbischen Freundeskreis, und auch wenn einige nur gelegentlich die Community beziehungsweise Szene frequentieren, lernen sie hauptsächlich dort andere Homosexuelle kennen.

Es herrscht also ein nicht zu vernachlässigendes Wechselspiel zwischen Schwulen und Lesben, ihren homosexuellen wie auch ihren heterosexuellen FreundInnen.

Ökonomische und politische Determinanten

Zu den ökonomischen und politischen Einflussfaktoren zählen beispielsweise Konjunktur, Arbeitslosigkeit, Steuergestaltung etc. Es ist einsichtig, dass diese Faktoren beim Konsumentscheid eine Rolle spielen. Sie sind jedoch für alle (homo- und heterosexuelle) KonsumentInnen in einem räumlich begrenzten Markt die gleichen, weshalb sie hier nur der Vollständigkeit halber erwähnt, nicht aber näher beleuchtet werden sollen.

Situative Determinanten

Die Situation, in der eine Konsumentscheidung getroffen wird, hat ebenfalls einen klar erkennbaren Einfluss auf die Entscheidung „Kauf oder Nichtkauf". So spielen die Gestaltung der Einkaufsstätte und zeitliche Faktoren eine wichtige Rolle. Auch die situative Umgebung, wozu das Verkaufspersonal wie auch alle beim Kauf anwesenden Personen zählen, beeinflussen die Entscheidung. Aber auch diese externen Faktoren werden nicht durch Homosexualität verändert und daher nicht weiter erörtert.

Demographie

Das Kaufverhalten wird in erheblichem Masse von persönlichen Faktoren beeinflusst. So haben Alter und Beruf beispielsweise direkten Einfluss auf das Einkommen und somit die wirtschaftlichen Möglichkeiten des Konsumenten. Es ist anzunehmen, dass sich Schwule und Lesben in Bezug auf diese Einflussfaktoren genauso voneinander unterscheiden wie heterosexuelle Konsumenten. Dieser Umstand ist keineswegs trivial. Er leitet sich aus der Tatsache ab, dass Homosexualität einen natürlichen Faktor (wie Geschlecht, Alter oder Ethnizität) darstellt und keine (gewählte) Präferenz. Dies bedeutet wiederum, dass Schwule und Lesben in allen gesellschaftlichen (demografischen) Bereichen statistisch ähnlich vertreten sind. Homosexualität hat also keinen direkten Einfluss auf die demografische Zusammensetzung der Zielgruppe und wird an dieser Stelle nicht näher betrachtet.

Da indes die unmittelbar erreichbaren Teile der schwul-lesbischen Zielgruppe demografische Besonderheiten aufweisen, beschreiben wir diese an anderer Stelle.

Psychische Determinanten

Zu den psychischen Einflussfaktoren zählen Emotionen, Motive und Einstellungen, Lebensstil, Persönlichkeit, Selbstbild etc. Diese Determinanten beeinflussen im Wesentlichen die Haltung des Konsumenten gegenüber eines Produktes, ob es positiv oder negativ bewertet wird. Der Einfluss von Homosexualität auf diese psychischen Determinanten ist nahe liegend, da es sich um einen grundlegenden Bestandteil der Persönlichkeit handelt.

Die Kölner Diversity Management- und Marketing-Beratung mi•st [Consulting entwickelte ein Modell, das die fundamentalen Zusammenhänge zwischen Homosexualität und Konsumverhalten verdeutlicht. Dabei ging man zunächst der Frage nach, welche Aspekte für alle Schwulen und Lesben relevant sind und sie gleichzeitig von heterosexuellen Männern und Frauen unterscheiden. Genau drei Aspekte wurden dabei gefunden: Das Coming-out (unabhängig davon, ob es einfach oder problematisch verlief), das Bewusstsein für Ausgrenzung (unabhängig von der persönlichen Erfahrung) und das Bewusstsein für Diskriminierung (ebenfalls unabhängig von der individuellen Erfahrung).

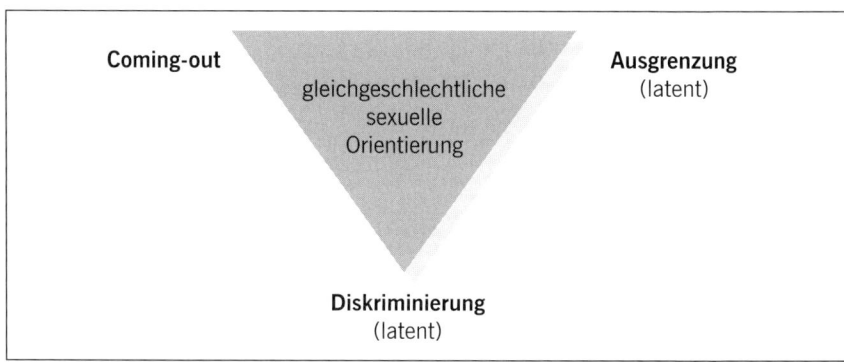

Coming-out   gleichgeschlechtliche sexuelle Orientierung   **Ausgrenzung** (latent)

Diskriminierung (latent)

Abb. 4.2: Basis-Modell „Homosexuelle Orientierung"

Coming-out

Der Begriff Coming-out beschreibt den Prozess, den alle Homosexuellen durchlaufen. Alle Menschen wachsen mit einer heterosexuellen Vorannahme auf: Ihr Umfeld (und sie selbst) gehen davon aus, ihre sexuelle Orientierung entspräche der Norm und richte sich auf das jeweils andere Geschlecht. Da dies bei Homosexuellen nicht der Fall ist, müssen sie selbst (und andere) diese Vorannahme aktiv korrigieren. Dies wird sich solange nicht ändern, wie Kinder unter heterosexuellen Prämissen aufwachsen – da Eltern in den allermeisten Fällen heterosexuell sind, ist dies nicht verwunderlich.

Das Coming-out umfasst mehrere Phasen, die von verschiedenen Wissenschaftlern unterschiedlich definiert werden. Das gängigste Modell wird hier näher vorgestellt (Vivienne Cass, 1979) – es umfasst die folgenden fünf Phasen:

1. Irritation: Pre-Coming-out
2. Comparison: Vergleich mit dem Umfeld und anderen „Gleichgesinnten"
3. Acceptance: Coming-out im engeren Sinne
4. Pride: Stolz, offene homosexuelle Lebensweise
5. Synthesis: Integration/Reifung

Das Coming-out ist für das (Konsum-)Verhalten durchaus relevant, daher werden die einzelnen Phasen näher erläutert.

Phase 1

Die erste Phase ist für viele die schwierigste. Sie besteht darin, sich selbst mit der Frage einer möglicherweise abweichenden sexuellen Orientierung auseinander zu setzen. Die meisten Homosexuellen erleben diese Phase in ihrer Jugend, in einer Zeit, wo sie ohnehin mit der eigenen Identitätsfindung beschäftigt sind. Zu dieser Entwicklung kommt ein weiterer Faktor hinzu: Der junge Mensch bemerkt, dass seine Wahrnehmungen und Gefühle sich von denen anderer Gleichaltriger unterscheiden. Für die Meisten entsteht zunächst einmal Verwirrung bezüglich der eigenen Identität. Der Grund hierfür ist darin zu sehen, dass die meisten Menschen in westlichen Kulturkreis zwar um die Existenz von Homosexualität wissen, dies bei vielen jedoch diffus und nicht an konkrete, vorstellbare Lebensmodelle geknüpft ist. Der irritierte junge Mensch muss seine Gefühle zunächst für sich selbst einordnen, ohne sich dabei an Vorbildern orientieren zu können. Je nachdem, was der Einzelne bis dahin über Homosexualität gehört hat, wird er dieser mehr oder weniger positiv begegnen. Diese Phase kann ganz kurz sein, sich über Jahre hinziehen oder nie abgeschlossen werden, dann nämlich, wenn der Betroffene seine Homosexualität „erfolgreich verdrängt" und sich selbst verleugnet, meist aus Furcht vor negativen Auswirkungen auf sein Leben.

Phase 2

Oft in Zusammenhang mit der inneren Auseinandersetzung in Phase 1 beginnt der Vergleich mit dem Umfeld. Dabei geht es in erster Linie darum, sich ein eigenes Bild von anderen Menschen, von Heterosexuellen sowie – nach Möglichkeit – von Schwulen und Lesben zu machen. Hierbei herrscht der Wunsch nach realen Beispielen, losgelöst von den Bildern, die die Medien vermitteln. Der Kontakt mit anderen wird gesucht, um dem Gefühl, der einzige Homosexuelle in weitem Umkreis zu sein, zu entkommen. Viele bauen sich ein Netz von „Gleichgesinnten" auf, um Erfahrungen und Gedanken auszutauschen und sich an anderen Lebensentwürfen zu orientieren. Die Betroffenen fragen sich in dieser Zeit noch häufig, ob das, was sie sehen und erleben, tatsächlich ihrem eigenen Leben entspricht oder dies nicht doch nur „eine Phase" ist. In dieser Zeit erfolgt erstmalig eine Unterscheidung oder Trennung zwischen homosexuellem und heterosexuellem Umfeld, was sich später in der Frage einer Assoziierung mit der Community oder der Integration im Mainstream erneut zeigen wird.

Phase 3

Die dritte Phase beschreibt das Coming-out im engeren Sinne: das eigene Akzeptieren und Annehmen von Homosexualität und das konkrete Benennen derselben gegenüber Dritten. Der Umgang mit der „neuen sexuellen Orientierung" ist zu dieser Zeit noch von Unsicherheit und Ängsten geprägt. Dies zeigt sich unter anderem in problematisierenden Ausdrucksweisen und in einer ausgeprägten Vorsicht bei der Wahl von Gesprächspartnern. Schließlich verliert ein Mensch die Kontrolle über eine Information, die er weitergibt. Diese Phase hat einen starken Einfluss auf das spätere Leben. Kennzeichnend für das Outing gegenüber Dritten ist die Konfliktsituation zwischen den Erwartungen der Umwelt und den eigenen Wertvorstellungen. Je nachdem, ob das Umfeld ablehnend oder unterstützend reagiert, wird der Umgang mit der eigenen Homosexualität und der weitere Verlauf des Coming-out-Prozesses beeinflusst.

Phase 4

Alle positiven Erfahrungen führen jedoch dazu, dass sich ein Mensch mit seiner Homosexualität zunehmend wohl fühlt und mit seiner Situation zufrieden ist. Dieses Gefühl entwickelt sich typischerweise zu einer Art Selbstbewusstsein oder Stolz, denen durchaus auch Ausdruck verliehen wird. Aus dieser Phase – englisch „Pride" – leitet sich die Bezeichnung für öffentliche schwul-lesbische Demonstrationen („Gay Pride Events", siehe Kasten CSD in Kapitel 2) ab. Mit der neuen Haltung ist auch verbunden, dass negative Reaktionen der Umwelt kaum noch Anlass zum eigenen Hinterfragen sind, sondern eher dazu führen, dass der Absender negativer Äußerungen kritisiert oder abgelehnt wird.

Phase 5

Während allgemein die Auffassung zu bestehen scheint, mit Stolz und Selbstbewusstsein sei die homosexuelle Identitätsentwicklung im Wesentlichen abgeschlossen, beobachten Psychologen und Soziologen im Anschluss eine Phase der Reifung und der Integration. Dabei betrachten sich Schwule und Lesben selbstverständlich als vollwertige Mitglieder ihrer Gesellschaft. Die Homosexualität tritt hierbei etwas in den Hintergrund, sie wird als Facette angesehen, die immer und überall präsent ist. Ein Teil seiner Identität, aber eben nur ein Teil, der eine ähnliche Bedeutung wie andere Merkmale aufweist.

Individuelle Unterschiede

Wie bei allen Modellen dient auch dieses nur als grobe Orientierung. Wie lange dieser Prozess bei einem Individuum dauert, ob alle Phasen in dieser Reihenfolge durchlaufen werden und inwieweit Schwierigkeiten dabei auftreten, ist von Mensch zu Mensch sehr verschieden und hängt zu einem Teil von dessen Umfeld ab. Auf jeden Fall aber haben sowohl die durchlebten Phasen des Coming-out als auch der biografische Bruch selbst gravierende Einflüsse auf das spätere Leben. Dies bezieht sich selbstverständlich auch auf alle wirtschaftlichen Bereiche: am Arbeitsplatz, bei Vermögensfragen und im Konsum.

Dabei ist jedoch die Wirkungsweise keineswegs eindeutig oder eindimensional. Im Gegenteil, alle Aspekte des Coming-outs können zu praktisch gegensätzlichen Ergebnissen führen: Die neue Identitätsbildung kann zum Beispiel als Verlust der zuvor vermittelten Orientierungen erlebt werden, der nun durch Assimilationsbestrebungen kompensiert werden soll. Dies führt zu traditionellen Wertvorstellungen, klassischen Konsummustern und konservativem Kaufverhalten. Der biografische Neubeginn mag aber auch als Chance und besondere Freiheit empfunden werden, die durch besondere Unkonventionalität betont und kultiviert werden. Dies führt zu offenen Wertvorstellungen, modischen Konsummustern und trend-orientiertem Kaufverhalten. Diese widerstrebenden Wirkungsweisen ziehen sich wie ein roter Faden durch das gesamte Gay Marketing und bilden die Grundlage für die Vielschichtigkeit der Zielgruppe.

Ausgrenzung

Ausgegrenzt sein bedeutet, nicht dazuzugehören. Im Falle von Schwulen und Lesben handelt es sich um die Ausgrenzung aus der Gesellschaft bzw. aus einzelnen sozialen Gruppen innerhalb derselben. Der Mechanismus beruht auf der gleichgeschlechtlichen Orientierung der Homosexuellen und basiert auf dem Phänomen der „Mono-Kultur".

Ausgrenzung kann überall dort stattfinden, wo Menschen gerne „dazugehören" möchten, ihnen dies jedoch verwehrt ihnen. Viele Schwule und Lesben haben Ausgrenzung in der einen oder anderen Form erlebt. Man kann darüber hinaus davon ausgehen, dass alle Homosexuellen zumindest wissen beziehungsweise ein Bewusstsein dafür haben, dass Schwule und Lesben in bestimmten Bereichen der Mainstream-Gesellschaft „unerwünscht" sind.

Die wohl schmerzhafteste Form von Ausgrenzung kann innerhalb der Familie stattfinden. Viele Eltern haben zumindest in der ersten Zeit, nachdem sie von der Homosexualität ihres Kindes erfahren haben, Schwierigkeiten, diesen Umstand zu akzeptieren. Meist ändert sich dies mit der Zeit. Es gibt jedoch auch Eltern, die ihr Kind dauerhaft aus der Familie ausgrenzen und womöglich den Kontakt abbrechen. Eine Mutter sagte einmal: „Wenn mein Kind wenigstens eine schlimme Krankheit hätte, da könnte man hoffen, dass irgendwann ein Medikament dagegen gefunden wird, aber Homosexualität ..." Während dies Ausnahmefälle sind, geschieht es relativ häufig, dass der Lebenspartners eines homosexuellen Familienmitglieds nicht zu Feierlichkeiten eingeladen wird.

Ähnliche Erfahrungen machen Schwule und Lesben mit ihrem ehemaligen Freundeskreis. Vormals nahe stehende Personen wenden sich von ihnen wegen ihrer Homosexualität ab oder sie werden konkret aus einer Gruppe ausgeschlossen.

Auch am Arbeitsplatz kann es zu Ausgrenzung kommen, wenn die Homosexualität eines Kollegen bekannt wird und dieser plötzlich nicht mehr als vollwertiges Mitglied des Teams respektiert wird. Ausgrenzung ist auch dann zu spüren, wenn der homosexuelle Partner im Gegensatz zu heterosexuellen Lebensgefährten nicht zu Betriebsfesten eingeladen wird.

In zahlreichen Alltagssituationen (Kneipen, Sportvereine, Feste, Urlaub) finden sich eine breite Palette von Ausgrenzungs-Beispielen, die signalisieren, dass Schwule und Lesben nicht wertgeschätzt oder gar unerwünscht sind. Abfällige Bemerkungen oder schwulenfeindliche Witze verleihen diesem Gefühl Ausdruck.

Viele subtile Formen von Ausgrenzung werden indes weder von Heterosexuellen noch von Homosexuellen bemerkt – beispielsweise in der Werbung, wo sie weit verbreitet ist. Wie in vorausgehenden Kapiteln beschrieben, verwendet der weitaus größte Teil der Marktkommunikation traditionelle Familienbilder, stereotypische Rollen von Männern und Frauen sowie eine Vielzahl von heterosexuellen Anziehungsmechanismen. Die Nichtverwendung homosexueller Motive, auch nicht als eine Facette unter vielen, bedeutet eine explizite Ausgrenzung von Schwulen und Lesben. Es wird der Anschein erweckt, Homosexuelle existierten (in den Augen der Marketer) überhaupt nicht oder sie seien keine erwünschte Kundengruppe.

Wie schon beim Coming-out beobachten wir im Falle der Ausgrenzung zwei unterschiedliche, fast gegensätzliche mögliche Auswirkungen auf das Konsumverhalten. Sowohl dem Gefühl der Unerwünschtheit als auch dem Nicht-dazu-gehören kann jeweils nachgegeben oder entgegengewirkt werden. So begibt sich ein Teil der Homosexuellen aktiv in eine Außenseiter-Position, in der das Anderssein betont wird. Markenartikel und sonstige prestigeträchtige Waren nehmen eine wichtige Funktion ein. Durch Schrilles und Ungewöhnliches hebt man sich vom ausgrenzenden Teil der Bevölkerung betont ab. Gleichzeitig dienen Luxusgüter dazu, sich Akzeptanz, Bewunderung oder Neid zu erkaufen. Ausgehen und Mobilität spielen hier eine wichtige Rolle. Die entgegengesetzte Reaktion schlagen andere Homosexuelle ein. Sie wirken der Ausgrenzung entgegen, indem sie sich nach Möglichkeiten anpassen oder in größeren Massen (z.B. Großstädten) gleichermaßen „untertauchen". Sie streben ein unbehelligtes

Leben an, in dem Häuslichkeit zum Beispiel eine große Rolle spielt. Man versucht, die nicht erhaltene Wertschätzung und Anerkennung durch ausgeprägten Genuss im Privaten zu kompensieren.

Von den Mechanismen und Wirkungsweisen der Ausgrenzung sind die der Diskriminierung zu unterscheiden.

Diskriminierung

Unter Diskriminierung versteht man in der Soziologie die „Ungleichbehandlung oder Benachteiligung vor allem von sozialen Minderheiten aufgrund von Merkmalen wie rassischer oder ethnischer Zugehörigkeit, Geschlecht ...“ (Meyers großes Taschenlexikon). Dass hier sexuelle Orientierung nicht genannt wird, stellt einerseits eine Ausgrenzung dar und zeigt darüber hinaus, dass Diskriminierung von Schwulen und Lesben auch im 21. Jahrhundert vielfältig Bestand hat. Während sich die Situation in den letzten Jahrzehnten zum Positiven gewandelt hat, fühlen sich zahlreiche Homosexuelle weiterhin aufgrund ihrer gleichgeschlechtlichen Orientierung diskriminiert. Dass dies nicht nur eine Wahrnehmung ist, lässt sich in vielen Bereichen faktisch nachvollziehen.

Wie schon beim Mechanismus der Ausgrenzung finden sich zwei Aspekte wieder: Praktisch jeder Schwule und jede Lesbe weiß, dass es Diskriminierung von Homosexuellen gibt – unabhängig davon, ob sie dies selbst erfahren haben oder sich dessen bewusst sind. Andererseits existieren vielfältige Benachteiligungen, die weder heterosexuellen noch homosexuellen Menschen bekannt oder bewusst sind.

Am Arbeitsplatz hat Diskriminierung meist wirtschaftliche Dimensionen und insofern bisweilen existentiellen Charakter. Auch wenn das Lebenspartnerschaftsgesetz eine teilweise Gleichstellung von homo- und heterosexuellen Partnerschaften vorsieht, so bleiben dennoch etliche Benefits – wie die Altersversorgung – heterosexuellen Paaren, unabhängig davon, ob sie Kinder haben, vorbehalten. Auch kann das Fehlen einer traditionellen Familie dazu führen, dass ein Mitarbeiter an einen anderen Standort versetzt oder gar schlechter bezahlt wird als der „Versorger“. Dies kann sich auch auf die Karrierechancen auswirken. Tatsächlich spüren Homosexuelle in vielen Unternehmen ein (unsichtbares) Glasdach; sie können zwar bis zu einer gewissen Ebene aufsteigen, hohe Schlüsselpositionen bleiben ihnen aber verwehrt. Dies wird allgemein auf die „nicht vorhandene Repräsentativität“ (kein/e Ehepartner/in) und auf fehlende Netzwerke (man hilft nur Seinesgleichen) zurückgeführt. Vor diesem Hintergrund verbergen viele Schwule und Lesben ihre Homosexualität am Arbeitsplatz. Dies wiederum beeinträchtigt ihre Arbeitsleistung, da das Versteckspiel Energie erfordert.

Eine österreichische Studie (Doris Weichselbaumer, 2000) belegt, dass homosexuelle Frauen bei der Jobsuche schlechte Chancen haben. Die Untersuchung war folgendermaßen angelegt: Zwei Frauen mit identischen Qualifikationen bewarben sich auf dieselben Jobs. Die eine gab Informationen über ihre Homosexualität im Lebenslauf preis, die andere nicht. Um auszuschließen, dass eine Diskriminierung nur aufgrund des maskulinen Erscheinungsbildes entsteht, das Lesben oftmals nachgesagt wird, wurden zwei ganz unterschiedliche Frauen in den Test geschickt. Die eine Frau hatte ein eher maskulines Erscheinungsbild, kurze schwarze Haare, sie trug ein Jackett. Die andere entsprach dem typischen Bild einer „weiblichen" Frau. Sie hatte lange blonde Haare und trug ein elegantes Kleid. Auch in ihren Hobbys unterschieden sich die Testkandidatinnen. Sie gaben Freizeitbeschäftigungen an, die ihr jeweiliges Rollenbild unterstrichen. Das Resultat war eindeutig: Das äußere Erscheinungsbild hatte keinen signifikanten negativen Einfluss darauf, ob eine Bewerberin zum Vorstellungsgespräch eingeladen wurde, die Information über die Homosexualität dagegen schon.

Auch in politischen und gesellschaftlichen Bereichen bestehen weiterhin – trotz Lebenspartnerschaftsgesetz – etliche Benachteiligungen für Schwule und Lesben, die einen Beitrag dazu leisten, dass diese eine Solidargemeinschaft bilden. Neben den zuvor beschriebenen kulturellen Aspekten bietet die Gay Community Schutz und Halt, und sie vermittelt das Gefühl von Gleichwertigkeit und Akzeptanz. Diese Gemeinschaft, in der Symbole und Rituale eine wichtige Rolle spielen, ist zu vergleichen mit anderen Schicksalsgemeinschaften, die aufgrund von Diskriminierung entstanden sind. So kennen wir die Solidarität unter vielen ethnisch-kulturellen Minderheiten genauso wie die unter vielen Juden weltweit. Auch viele Frauen solidarisieren sich schon lange miteinander. Neben einer angestrebten Geborgenheit übernimmt die Community auch die Funktion einer Interessenvertretung für die jeweilige Gruppe (Out-Group) gegenüber dem jeweiligen Mainstream (In-Group).

Es liegt auf der Hand, dass das Bewusstsein für oder Erleben von Diskriminierung und der Bestand einer Solidargemeinschaft umfangreiche Auswirkungen auf das Konsumverhalten von Homosexuellen hat. Diese werden nach einem vertiefenden historischen Exkurs konkret dargestellt.

Schwule Männer

Die Entstehung von Homosexualität kann keinem konkreten Zeitpunkt zugeordnet werden. Von gleichgeschlechtlicher Liebe zwischen zwei Männern wird jedoch seit Jahrtausenden berichtet. Die wohl bekannteste Dokumentation findet sich in der Bibel. In unterschiedlichen Passagen existieren Hinweise auf gleichgeschlechtliche Liebe zwischen zwei Männern. Einmal heißt es: „Da entbrannte der Zorn Sauls wider Jonathan, und er sprach zu ihm: du Sohn einer Zuchtvergessenen! Ich weiß ja wohl, dass du an dem Sohne Isais hängst, dir selbst und dem Leibe deiner Mutter zur Schande." Hier zeigen sich bereits negative Haltungen gegenüber „Schwulen". Die Einstellung der Gesellschaft gegenüber Homosexuellen unterlag während den letzten Jahrhunderten und in den unterschiedlichen Kulturen einem starken Wandel. So war Homo- und Bisexualität im Altertum von der Gesellschaft toleriert und dadurch weit verbreitet.

Zu Beginn der Antike entstanden jedoch bereits die ersten gesetzlichen Einschränkungen, die bis zum Ende der Epoche so weit verschärft wurden, dass Homosexualität als Verbrechen galt. Homosexuelle galten bis in das Mittelalter hinein als Ketzer und Sünder und mussten mit einem Höchstmaß an Bestrafung rechnen. Im Zeitalter der Aufklärung änderte sich die Einstellung der Gesellschaft dahingehend, dass Homosexualität als Krankheit angesehen wurde. Anfänglich machte man physische, biologische Ursachen dafür verantwortlich, später dann galt Homosexualität als psychische Erkrankung. Nachdem im 19. Jahrhundert die Sexualität aus medizinischen und psychologischen Perspektiven untersucht wurde, stufte man Homosexualität als klassische Perversion ein. Dadurch entbrannte einmal mehr die Diskussion um Bestrafung und die Frage nach der Entstehung gleichgeschlechtlicher Orientierung.

1871 wurde mit der Gründung des Deutschen Reiches und der damit zusammenhängenden Vereinheitlichung der unterschiedlichen Rechtssysteme in den deutschen Staaten der Paragraph 175 eingeführt. Er drohte bei „widernatürlicher Unzucht, welche zwischen Personen männlichen Geschlechts oder von Menschen mit Tieren begangen wird" mit Gefängnis. Trotz allem wagten sich gegen Ende des 19. Jahrhunderts die ersten Schwulen in die Öffentlichkeit. 1897 gründete Magnus Hirschfeld das „Wissenschaftlich-humanitäre Komitee" (WhK) – ein Meilenstein in der Geschichte der Schwulen. Das WhK setzte sich öffentlich für die Interessen von Homosexuellen ein und war damit Wegbereiter für die Entwicklung weiterer Interessengruppen.

In der Zeit des 3. Reiches wurde die Schwulenbewegung wieder ein großes Stück zurückgeworfen. 1935 wurde der Paragraf 175 verschärft, jede gleichgeschlechtliche Handlung unter Männern, auch ein Kuss, galt von da an als „Unzucht". Schwule, die sich nicht ausreichend tarnten, wurden Opfer des Nationalsozialismus. Etwa 95.000 Personen, hauptsächlich Männer, wurden durch die „Reichszentrale zur Bekämpfung der Homosexualität und der Abtreibung" als Homosexuelle erfasst, die meisten von ihnen wurden denunziert. Etwa 50.000 sollen verhaftet, zwischen 15.000 und 20.000 in Konzentrationslagern interniert worden sein, wo viele umkamen. Dieser verschärfte Nazi-Paragraf 175 wurde erst 1969 wieder entschärft.

Doch auch außerhalb Deutschlands dauerte es lange, bis der nächste Meilenstein erreicht wurde. Die Stonewall Riots 1969 (siehe Kasten in Kapitel 2) gelten in diesem Zusammenhang als Wurzel der modernen Schwulenbewegung. 1970 wurde die erste offizielle Schwulenorganisation „Gay Liberation Front" in New York gegründet. Damit war ein Stein ins Rollen gebracht worden. Im Laufe der nächsten Jahre vervielfachte sich die Anzahl schwuler Publikationen, Filme, öffentlicher Auftritte und Demonstrationen. Erst jetzt begann sich das öffentliche Leben von Homosexuellen zu etablieren. Es entstanden öffentliche Treffpunkte wie Bars, Cafés, Restaurants, Geschäfte etc. Zwar wurde Homosexualität nicht plötzlich akzeptiert, aber sie wurde zumindest sichtbar gemacht.

Nach 1981 erlebte die Schwulenbewegung einen herben Rückschlag, als die ersten Fälle von AIDS bekannt wurden, und man glaubte, es handele sich um eine „Schwulenseuche". Obwohl diese Annahme wissenschaftlich schnell widerlegt wurde, bleiben schwule Männer, HIV und AIDS bis heute thematisch untrennbar miteinander verbunden.

Lesbische Frauen

Die lesbische Geschichte ist zunächst eine Geschichte des Verschwiegenwerdens. Lesben existierten nie so offensichtlich wie schwule Männer. Andererseits ist die historische Entstehung der Lesbenbewegung untrennbar mit der Frauenbewegung verknüpft und von daher mit besonderen Vorzeichen ausgestattet.

Die Lesbenforschung steckt noch heute in den Kinderschuhen, was auch damit zusammenhängt, dass die Existenz von Lesben lange Zeit verschwiegen und daher nicht dokumentiert wurde. Zudem wurden Frauen in der Gesellschaft lange Zeit nicht als so bedeutend angesehen, als dass eine angemessene Dokumentation stattgefunden hätte.

Auch die Bibel äußert sich zu diesem Thema nicht. Es ist jedoch sicher anzunehmen, dass Homosexualität sowohl bei Frauen wie auch bei Männern schon so lange besteht, wie es Menschen gibt. Der früheste Bericht über Homosexualität bei Frauen stammt aus dem 6. Jahrhundert und ist mehr ein Mythos als eine nachweisbare Tatsache. Die lesbische Geschichtsschreibung begann auf der griechischen Insel Lesbos. Dort unterhielt Sappho, eine der größten Dichterinnen der Antike, eine Musenschule für Mädchen. Gemäss der Überlieferungen soll sie am Strand von Skale Eressos die lesbische Liebe für ihre Schülerinnen besungen haben.

Dass Frauen keine eigene Sexualität zugestanden wurde, zeigte sich auch in der Nazizeit. Der Paragraf 175 schloss Frauen nicht ein, weil die Unauffälligkeit von Lesben „die Gefahr der Verderbnis" des deutschen Volkes minderte, so wird der Nazijurist Rudolf Klare in dem Band „Der homosexuellen NS-Opfer gedenken" zitiert. Dennoch galt lesbisches Verhalten als „asozial". Es herrschte die Auffassung, dass Homosexualität „kein der deutschen Frau eigener Wesenszug" sei.

Da Frauen grundsätzlich lange Zeit weniger Rechte hatten als Männer, konzentrierten sich auch Lesben zunächst auf die Forderung nach der Gleichberechtigung von Frauen, um dann, in einem zweiten Schritt, Rechte als lesbische Frauen erkämpfen zu können. Daher ist die lesbische Geschichte der Neuzeit eng mit dem Feminismus verknüpft. Zusätzlich musste sich jedoch die lesbische Bewegung gegen das Ignorieren und Verschweigen homosexueller Themen wehren.

Gleichgeschlechtliche Liebe zwischen Frauen, das heißt unter Ausschluss von Männern, stellt den Machtanspruch von Männern gegenüber Frauen und damit die noch heute in Teilen bestehende Gesellschaftsordnung in Frage. Es waren lange Zeit praktisch ausschließlich Männer, die die öffentliche Meinungsbildung prägten. Da lesbische Lebensweisen eine Konkurrenz zum Patriarchat darstellten und von daher unangenehm waren, wurden sie kurzerhand verschwiegen. Dies war nicht weiter schwierig, da in unseren Kulturkreisen enge Frauenfreundschaften als normal angesehen werden. Der Unterschied zwischen „besten Freundinnen" und einem lesbischen Paar ist für viele kaum merklich, insbesondere, wenn man ihn nicht sehen will. Frauen wird entsprechend ihrer Rolle zugestanden, zärtlich miteinander umzugehen. Unter Frauen gelten Umarmungen, Händchenhalten oder Begrüßungsküsse allgemein nicht als Anzeichen für ein lesbisches Verhältnis. Bei Männern würde dies grundlegend anders gesehen.

Frauen gelten noch heute als „das schwache Geschlecht" – es wird angenommen, sie bräuchten Schutz, den sie üblicherweise von einem Mann bekommen. Ist dies nicht der Fall, so wird akzeptiert, dass sie sich zusammentun. Daher erregt es auch keine Aufmerksamkeit, wenn zwei Frauen gemeinsam in den Urlaub fahren, sich ein Hotelzimmer oder gar eine Wohnung teilen. Man geht stets davon aus, dass sie dies nur tun, um nicht allein zu sein. Insofern werden lesbische Frauen im Alltag weiterhin selten wahrgenommen, obwohl sie hin und wieder sichtbar sind.

Schwul-lesbische Bewegung

Da die Frauenbewegung der 1960er und 1970er Jahre viele wichtige Errungenschaften verzeichnen kann, haben lesbische Frauen und schwule

Männer zunehmend ihre Kräfte gebündelt, um fortan an gemeinsam ihre Interessen rund um das Thema „Homosexualität" wahrzunehmen. So wurde nach den Bundestagswahlen von 1998 aus dem damaligen Schwulenverband SVD der Lesben- und Schwulenverband in Deutschland (LSVD). Seither ziehen Lesben und Schwule in Deutschland in Sachen Homopolitik an einem Strang.

In diesem Zusammenhang sind seit Mitte der 1980er Jahre zahlreiche neuartige Entwicklungen zu verzeichnen: Die Gay Games wurden erstmals in San Francisco abgehalten, zahlreiche Prominente hatten ihr öffentliches Coming-out und 1989 wurde das erste schwule Paar in Dänemark getraut. In den 1990er Jahren fanden erstmals schwul-lesbische Veranstaltungen mit über einer Million TeilnehmerInnen statt.

Die vielfältigen Benachteiligungen, denen Schwule und Lesben seit langem ausgesetzt waren und teilweise noch sind, beeinflussen freilich deren Konsumverhalten. Eine Wirkungsweise besteht in direktem Zusammenhang mit der Solidargemeinschaft „Gay Community": Es gibt viele Fälle, in denen Homosexuelle „im Zweifelsfall" einen Anbieter aus der Gemeinschaft vorziehen. Andererseits besteht ein Zusammenhang zwischen dem Wissen um Diskriminierung und verschiedenen ethischen Aspekten. Tatsächlich ist es nicht unüblich, dass Unternehmen, die die schwul-lesbische Zielgruppe umwerben, dahin gehend hinterfragt und untersucht werden, wie sich ihr Umgang mit homosexuellen Mitarbeitern gestaltet. Andererseits besteht eine grundsätzliche Offenheit gegenüber allerlei ethischen Produktkonzepten (ökologische Produkte, ethische Fonds, Benefiz-Marketing etc.) und ausgewogener Markt-Kommunikation (Political Correctness, Vielfaltskonzepte etc.). Eine andere, ähnlich gelagerte Auswirkung latenter Diskriminierung auf das Konsumverhalten besteht in einer mitunter ausgeprägt kritischen Grundhaltung. Die Mitglieder einer Gruppe, die sich als historisch benachteiligt sieht, legen besonderen Wert auf faire, korrekte Angebote und reagieren empfindlich auf einen Verdacht der Überteuerung oder der einseitigen Ausnutzung.

Gibt es „das homosexuelle Konsumverhalten"?

Die in diesem Kapitel gemachten Ausführungen lassen den Schluss zu, dass Homosexualität einen sehr starken Einfluss auf das Konsumverhalten von Schwulen und Lesben ausübt.

Einerseits beeinflusst die sexuelle Orientierung viele der allgemeinen Einflussfaktoren und insbesondere die persönlichen und sozialen Determinanten (Bezugsgruppen). Andererseits zeigt das Modell von mi•st [Consulting, dass gerade die zentralen Gemeinsamkeiten von Homosexuellen, nämlich das Coming-out sowie latente Diskriminierung und latente Ausgrenzung komplexe Auswirkungen auf das Konsumverhalten aufweisen. Außerdem bestehen in einigen Punkten Unterschiede zwischen schwulen Männern und lesbischen Frauen.

Die Gemeinsamkeiten erscheinen uns bei weitem ausreichend, um das Kriterium „homogenes Kaufverhalten" für die homosexuelle Zielgruppe zu bejahen. Allerdings lässt sich dieses nicht stringent und universell für alle Schwulen und Lesben beschreiben. Vielmehr sind etliche Grundmuster zu erkennen, die sich jeweils quer über die gesamte Zielgruppe erstrecken, während etliche Einflussfaktoren sehr unterschiedliche Wirkungsweisen zeigen und zu verschiedenen Konsum-Typen führen.

Wurzeln	Symptome	Wirkungen, Affinitäten
Coming-out	unkonventionell	Trendsetter, schrill
	konservativ	Traditionalist, klassisch
Ausgrenzung	Ausbrechen, Kultivierung	Anderssein, Mobilität
	Anpassung, Abschottung	Genuss, Häuslichkeit
Diskriminierung	ethische Einstellung, kritische Grundhaltung	Benefiz, Nachhaltigkeit, Soft-Selling, Preis-Leistungs-Verhältnis

Abb. 4.3: Schwul-lesbisches Konsumverhalten

4.2 Demographie und Messbarkeit?

Um die gesonderte Ansprache einer Zielgruppe wirtschaftlich rechtfertigen zu können, muss ein Segment nicht nur möglichst homogen, sondern auch von ausreichender Größe, demographisch erfassbar und messbar, im Sinne von kontrollierbar, sein.

Hier stellt sich zunächst die Frage nach dem prozentualen Anteil von Homosexuellen an der Gesamtbevölkerung. Diese wiederum hat unter Wissenschaftlern immer wieder zu unterschiedlichen Definitionen des Begriffes „Homosexualität" geführt. Weiterhin variieren die Erhebungsmethoden nicht unwesentlich.

Die zahlreichen Ergebnisse, die seit dem zweiten Weltkrieg in dieser Frage erzielt wurden, liegen zwischen einem und 20 Prozent Homosexuelle. In Deutschland haben kaum repräsentative, valide Erhebungen stattgefunden. Einige Umfragen erhoben die Selbst-Identifikation der Befragten, andere das Sexualverhalten (als Indikator). Im Jahre 1997 hat mi•st [Consulting 28 Studien, die international verfügbar waren, in einer Meta-Analyse zusammengefasst. Das Ergebnis legt nahe, bei Männern einen Homosexuellenanteil von 9 % und bei Frauen von 4,5 % anzunehmen. Der Anteil von lesbischen Frauen unter allen Frauen könnte angesichts der besonderen Situation dieser Gruppe (vgl. vorangehendes Kapitel) kritisch hinterfragt werden. Ausgehend von der Naturgegebenheit von Homosexualität müsste sie unter Männern und Frauen gleichverteilt sein.

Eine vereinfachte Mittelung der beiden Werte ergibt bei Anwendung auf den deutschsprachigen Raum folgende Marktgrößen:

Deutschand: 81,88 Millionen Einwohner, davon 80 Prozent Erwachsene 65,5 Millionen. Davon 6,75 Prozent Homosexuelle ergeben 4.42 Millionen. Für die Schweiz ergeben sich entsprechend 0.44 und für Österreich 0,39 Millionen erwachsene Homosexuelle.

Weitere demographische Spezifikationen sollen helfen, Zielgruppen näher zu beschreiben, um dann den Marketing-Mix auf die Besonderheiten eines Segmentes auszurichten.

In der Vergangenheit wurde mehrfach versucht, die demographischen Merkmale von homosexuellen Männern und Frauen genau zu erfassen. Die Motivation der meisten Erhebungen war es, Schwule und Lesben als lukratives Marktsegment darzustellen. Meist scheiterten jedoch die Untersuchungen an der praktischen Unmöglichkeit, repräsentative Stichproben in diesem Segment auszuwählen. Entsprechend weisen die Studien – teilweise erhebliche – Unterschiede auf, die allerdings sehr plausibel und gut erklärbar sind. Wir wollen im Folgenden neun Umfragen einander gegenüberstellen.

Marktforschung – Ein Überblick

Die folgende Zusammenstellung relevanter Studien zur schwul-lesbischen Zielgruppe zeigt Ergebnisse, Möglichkeiten und Grenzen der Marktforschung im Bereich Gay Marketing auf. Zunächst stellen wir zwei umfangreiche Studien vor, die von EuroGay in Zusammenarbeit mit Emnid beziehungsweise von Publicom durchgeführt wurden.

EuroGay/Emnid

von Thomas Wirzberger, gay.cross.marketing gmbh, Hamburg

In der EUROGAY-EMNID-Studie wurden erstmals in Deutschland an einer großen bundesweit repräsentativen Stichprobe zwei bedeutsame Komponenten der sexuellen Orientierung erfasst: „sexuelle Identität" und „erotische Anziehung". Offen oder versteckt – das war die Frage! 4,1 % der Männer und 3,1 % der Frauen schätzten sich als homosexuell oder bisexuell ein. Diese scheinbar niedrige Zahl relativierte sich, wenn man sich die Antwort auf die Frage nach der erotischen Anziehung durch das gleiche Geschlecht an die heterosexuelle Bevölkerung stellte. Zusätzlich sagten dann 9,4 % der Männer und 19,5 % der Frauen, die sich selbst als heterosexuell klassifizierten, dass sie sich durch gleichgeschlechtliche Personen erotisch angezogen fühlen. Die Ergebnisse der EUROGAY-EMNID-Studie stützten die Annahme, dass es notwendig ist, sexuelle Orientierung differenziert mit mehreren Indikatoren zu erfassen. Die Schätzung der Prävalenz von Homosexualität und Bisexualität mittels einer Selbsteinschätzung der sexuellen Identität ist äußerst konservativ und führt wahrscheinlich zu einer Unterschätzung der „wahren" Prävalenz von Homosexualität und Bisexualität. Die Ergebnisse der EUROGAY-EMNID-Studie sowie Befunde aus anderen Studien zeigten, dass es einen bedeutsamen Anteil von Menschen gibt, die sich nicht als homosexuell oder bisexuell wahrnehmen und einschätzen, die aber dennoch homosexuelles und bisexuelles Verhalten und Erleben (d.h. gleichgeschlechtliche erotische Anziehung oder gleichgeschlechtliches Sexualverhalten) aufweisen. Zusätzlich war anzunehmen, dass trotz der zunehmenden Toleranz gegenüber Homo- und Bisexualität ein Teil der Untersuchungsteilnehmer nicht dazu bereit war, über homosexuelle bzw. bisexuelle Erfahrungen Auskunft zu geben.

Neuere wissenschaftliche Untersuchungen zeigen, dass „sexuelle Orientierung" mehrere unterschiedliche Facetten umfasst (vgl. Brogan, Frank, Elon & O'Hanlan, 2001; Michaels, 1996; Sell, 1997; Sell, Wels & Wypj, 1995). Drei wichtige Aspekte von „sexueller Orientierung" sind:

❑ die sexuelle Identität, d.h. die Selbstwahrnehmung und Selbsteinschätzung als heterosexuell, bisexuell oder homosexuell;

❑ die erotische Anziehung zu gleichgeschlechtlichen und/oder gegengeschlechtlichen Personen;

❑ das Sexualverhalten, d.h. also die sexuellen Kontakte (z.B. Analverkehr, Oralverkehr oder Vaginalverkehr) mit gleichgeschlechtlichen und/oder gegengeschlechtlichen Personen.

Diese drei Indikatoren für sexuelle Orientierung weisen nur teilweise Übereinstimmungen auf. Michaels (1996) untersuchte den Zusammenhang zwischen sexueller Identität und Sexualverhalten. Ein Drittel der Männer und Frauen, die gleichgeschlechtliche Sexualkontakte berichteten, schätzten sich selbst als heterosexuell ein. Ein Viertel der Männer und ein Drittel der Frauen, die sich selbst als homosexuell oder bisexuell einschätzten, gaben an, keine gleichgeschlechtlichen Sexualkontakte im 1-Jahreszeitraum vor der Studie gehabt zu haben.

Sell, Wells & Wypij (1995) erfassten an drei Stichproben (USA, Großbritannien und Frankreich) das Sexualverhalten der Untersuchungsteilnehmer im 5-Jahreszeitraum vor der Studie sowie die selbsteingeschätzte erotische Anziehung zu gleichgeschlechtlichen Personen. 4,7 % bis 10,7 % der Männer und 2,1 % bis 3,2 % der Frauen berichteten von gleichgeschlechtlichen Sexualkontakten. Zusätzlich fühlten sich 7,9 % bis 8,7 % der Männer ohne gleichgeschlechtliche Sexualkontakte durch Männer erotisch angezogen, und 8,6 % bis 11,7 % der Frauen ohne gleichgeschlechtliche Sexualkontakte fühlten sich durch Frauen erotisch angezogen.

In der EUROGAY-EMNID-Studie wurde eine Selbsteinschätzung der sexuellen Identität und der erotischen Anziehung zu gleichgeschlechtlichen Personen erhoben. 1,3 % der Männer und 0,6 % der Frauen schätzten sich als homosexuell ein, und 2,8 % der Männer und 2,5 % der Frauen schätzten sich als bisexuell ein. Zusätzlich sagten 9,4 % der Männer und 19,5 % der Frauen, die sich selbst als heterosexuell klassifizierten, dass sie sich durch gleichgeschlechtliche Personen erotisch angezogen fühlen.

In der EUROGAY-EMNID-Studie schätzten sich 4,1 % der Männer und 3,1 % der Frauen als homosexuell oder bisexuell ein.

Die gesamte Studie umfasste fünf Module bestehend aus Tabellenblättern und anschaulichen Charts.

Modul 1: Heterosexuelle Befragte zum Thema Einstellungen und erotischer Anziehung.

Modul 2: Heterosexuelle Befragte zu marketingrelevanten Themen wie Konsumgewohnheiten, Internetnutzungshäufigkeit, Gründe für und gegen Interneteinkauf und zu ihrer Einstellung gegenüber Markenartikelwerbung in homosexuellen Medien.

Modul 3: Homo- und bisexuelle Befragte zum Thema Einstellungen zu Homosexualität und Lebenserfahrungen (z.B. Ausgrenzung am Arbeitsplatz und zum eigenen homosexuellen Kind, Erfahrungen mit der eigenen Homo- und Bisexualität und zur Lebenssituation).

Modul 4: Homo- und bisexuelle Befragte zu marketingrelevanten Themen wie Konsumgewohnheiten, Internetnutzungshäufigkeit, Gründe für und gegen Interneteinkauf und zu ihrer Einstellung gegenüber Markenartikelwerbung in homosexuellen Medien.

Nachfolgend einige Auszüge aus den Studienergebnissen. Die Ergebnisse zu Schulbildung, verfügbarem Nettoeinkommen und Internetnutzung finden Sie auf den Seiten 78–83.

Wohnortgröße

Homo- und bisexuelles Leben spielt sich, wie vermutet, vor allem in Großstädten ab. Trendsetter leben nicht auf dem Land.

Einstellungen zur Homosexualität

Auch in der positiven Bewertung von Homosexualität zeigte sich erneut die zunehmende Akzeptanz in Deutschland. Homosexualität bei Männern und Frauen wird immer normaler und von den Heterosexuellen nicht mehr kritisch beäugt. Auch die Homo-Ehe erfuhr eine breite Zustimmung durch Heterosexuelle. Ein ausgesprochenes Problem mit der Homo-Ehe hatten lediglich 16 % der heterosexuellen Männer und nur 11 % der heterosexuellen Frauen. Eine überwältigende Mehrheit von 61 % bei den heterosexuellen Männern und 72 % bei den heterosexuellen Frauen fand die Homo-Ehe „gut".

Ausgrenzung Homosexueller am Arbeitsplatz

Die EUROGAY-EMNID-Studie ergab eine fast 100 %ige Ablehnung der Ausgrenzung Homosexueller am Arbeitsplatz. Diese klare Einstellung spiegelte die zunehmende Akzeptanz der Homo- und Bisexualität sehr überzeugend wieder. Homosexualität wird zunehmend positiv bewertet. Ein Drittel aller Frauen und immerhin noch ein Fünftel aller Männer würden Homosexualität beim eigenen Kind positiv bewerten.

Markenwerbung in homosexuellen Medien

Die breite Zustimmung in der Gesamtbevölkerung zu Markenwerbung in homosexuellen Medien widerlegte auf eindrucksvolle Weise das weit verbreitete Vorurteil, diese Art von Werbung würde zu einem negativen Image der Werbungtreibenden führen. Über die Hälfte aller Männer und nahezu zwei Drittel aller Frauen sehen Markenartikelwerbung in homosexuellen Medien als positiv an. Lediglich 7 % der Frauen und 11 % der Männer haben ein Problem damit, während sich 9 bzw. 10 % gar nicht für das Thema interessieren, d.h. dem Thema zumindest nicht negativ gegenüberstehen.

Interesse an Mediennutzung

Homo- und bisexuelle Männer spielen laut den Ergebnissen der EUROGAY-EMNID-Studie eine Vorreiterrolle bei der Mediennutzung. Generell ist das Interesse der männlichen Homo- und Bisexuellen an Mediennutzung höher oder zumindest gleich als in der Allgemeinbevölkerung. Bereits diese Zahlen verdeutlichten die Vorreiterrolle, die Homo- und Bisexuelle für den Massenmarkt spielen können.

Interesse an Lifestyle-Produkten

Speziell im Bereich der Lifestyle-Produkte (Literatur, Film, Wohnen und Einrichten, Parfums, Hautpflege etc.) ergab sich aus der EUROGAY-EMNID-Studie, dass die homosexuelle Zielgruppe die produktaffinere Zielgruppe darstellt.

Interesse an Urlaub und Reisen vs. Ausgaben für Urlaub und Reisen

Die EUROGAY-EMNID-Studie zeigt, dass bei nahezu identischem Interesse an Städtereisen in beiden Gruppen die Bereitschaft, dieses Interesse in finanzielles Engagement umzusetzen, die Gruppe der homo- und bisexuellen Männer einen deutlichen Vorsprung gegenüber der Gruppe der heterosexuellen Männer aufweist. Kurz gesagt: Gleiches Interesse bei beiden Gruppen führte zu doppelten Ausgaben für diesen Bereich in der Gruppe der homo- und bisexuellen Männer. Dieses Verhalten erwies sich in der EURO-GAY-EMNID-Studie als typisch für diese Gruppe.

Interneteinkäufe Medien/Elektronik

In den meisten der in der EUROGAY-EMNID-Studie abgefragten Produktgruppen erwiesen sich homo- und bisexuelle Männer als die stärkeren Online-Shopper. So z.B. bei Büchern, CDs und Unterhaltungselektronik. Sehr zu schätzen wissen Homo- und Bisexuelle auch den Kauf von Dienstleistungen wie Reisen und Tickets aller Art über das Internet. Buchungen von Hotels werden ebenfalls gerne über das Web abgewickelt. Selbst in vermeintlich Schwulen-untypischen Bereichen wie Sportartikeln, Autos, Motorrädern und Gebrauchtwagen ergab die EUROGAY-EMNID-Studie einen Vorsprung der Homo- und Bisexuellen. Dies unterstrich die Konsumfreudigkeit der homo- und bisexuellen Männer im Internet.

Die Publicom GmbH hat im Sommer 2000 und im Sommer 2001 je eine groß angelegte Umfrage im Umfeld schwul-lesbischer Großveranstaltungen (CSD/Gay Pride) und in anderen Community-Zusammenhängen durchgeführt.

Publicom Studien

von Robert Kastl, Publicom GmbH, Berlin

Eine entscheidende Frage des Marketings ist die Effizienz der eingesetzten Mittel. Die folgenden Ausführungen betrachten den Aspekt der Wirtschaftlichkeit von Gay Marketing und basieren auf den Ergebnissen von Marktforschungen im schwul-lesbischen Bereich.

In den Jahren 2000 bis 2001 hat die Publicom GmbH zwei größere Studien zum schwul-lesbischen Konsum- und Reiseverhalten durchgeführt. Eine bundesweite Studie im Jahr 2000[1] (n = 3.076) erfasste das Reise-, Konsum-, Medienverhalten und einige Einstellungsvariablen von Schwulen und Lesben. Zum CSD Berlin 2001[2] wurden in Kooperation mit der Berlin Tourismus Marketing GmbH und dem Berliner CSD e.V. auswärtige CSD-Gäste (n = 917) und deren Effekt auf die Wirtschaft untersucht.

Wie an anderer Stelle des Buches deutlich wird, ist die homosexuelle Zielgruppe nur in Teilaspekten als homogen anzusehen und insofern eine Betrachtung von Teil-Segmenten angebracht. Dabei kommt es nicht unbedingt auf die absolute Größe dieser Teilzielgruppen an, wie ein Beispiel zeigt: Obwohl „nur" 15 % der befragten Schwulen und Lesben Wodka trinken, ist dieser Prozentsatz im Vergleich zum Gesamtmarkt (ca. 4 %) sehr hoch und legt daher eine Segmentansprache nahe.

Ähnliche Affinitäten fanden die Studien im Telekommunikationsbereich. Im Sommer 2000 besaßen 68 % der Befragten ein Handy, im Vergleich zu 30 % der Gesamtbevölkerung. 31 % hatten einen ISDN-Anschluss (Gesamtbevölkerung: 8 %).

Auch für den Tourismusbereich zeigt sich ein hoher Produktbezug. Die befragten Homosexuellen unternahmen 4,5 Privatreisen pro Jahr, und diese anti-zyklisch (87 % außerhalb der Schulferien). Weitere Besonderheiten werden in der konkreten Nachfrage erkennbar: Pauschalreisen, das im Mainstream dominierende Produkt, wird nur von 14 % der befragten Lesben und Schwulen gebucht, standardisierte Pauschalreisen ohne speziellen Homo-Bezug sogar nur noch von 4 %.

Wie in vergleichbaren Untersuchungen erreichten auch diese Studien Schwule und Lesben mit hohem verfügbarem Nettoeinkommen (knapp 2.000 € netto pro Person pro Monat).

---

1 Publicom: Die große schwullesbische Umfrage 2000. Wien, Berlin: Oktober 2000.
2 Publicom: Christopher Street Day Berlin 2001: Tourismus- und Wirtschaftseffekt. Berlin: Januar 2002.

Ebenfalls aufschlussreich sind Ergebnisse für Branchen, in denen Premium-artikel hohe Margen abwerfen. Im Modebereich geben 23 % der befragten Homosexuellen an, überwiegend oder ausschließlich Markenartikel zu kaufen. 56 % kaufen gleichermaßen Massen- sowie Markenmode. Auch bei den Autos werden Premium-Marken präferiert. So besitzen 6 % der befragten Schwulen und Lesben einen Mercedes-Benz, im Vergleich zu knapp 1 % der Gesamtbevölkerung. Auch bei Flugreisen werden höherwertige Angebote verstärkt nachgefragt: Selbst bei Privatreisen fliegen 10 % Business und knapp 5 % sogar First Class. Dennoch ist eine starke Preissensibilität gegeben. So war kein Unterschied bei den bezahlten Hotelpreisen zwischen den befragten Homo- und Heterosexuellen auszumachen.

Die Positionierung einer Marke als „gay-friendly" wirkt fallweise kaufentscheidend oder -begünstigend. So geben 85 % der befragten Schwulen und Lesben an, spezielle diskriminierungsfreie Angebote von Banken und Versicherungen nutzen zu wollen. Ebenso bevorzugen 52 % gay-friendly Hotels; zu diesen kommen 19 % hinzu, die ausdrücklich schwule Hotels präferieren. In der tatsächlichen Kaufentscheidung ist die Homo-Freundlichkeit allerdings nur eines von mehreren Entscheidungskriterien, das als Mehrwert oder Entscheidungshilfe bei vergleichbaren Angeboten herangezogen wird. Bei der konkreten Auswahl einer Fluglinie gaben 29 % der Befragten an, dass die Unterstützung der Gay Community für die Buchungsentscheidung wichtig oder sehr wichtig sei; für 24 % ist das Homo-Engagement der Fluglinie unwichtig. Gleichzeitig würden jedoch 87 % einen Boykott gegen ein homo-feindliches Unternehmen unterstützen.

Große schwul-lesbische Veranstaltungen wie die CSDs oder die Gay Games stellen über einen kurzen Zeitraum große Märkte dar. Allein die auswärtigen Besucher des CSD Berlin gaben 103 Mio. Euro während des CSD-Wochenendes aus.

Weitere Studien

Das Internetportal Gayforum.de führt in Zusammenarbeit mit dem Marktforschungsinstitut Psyma im Juni und Juli 2000 die nach eigenen Angaben erste deutsche Studie zur Nutzung des Internets durch die homosexuelle Bevölkerung durch. An der Online-Befragung der User des Portals nahmen 1.154 Testpersonen teil. Entsprechend der Positionierung der Seite waren 99 % der Befragten männlich.

Ein besonders markantes Ergebnis ergab die Frage nach dem Internet–Shopping. Die Studie erhob, welche Produkte bereits via Internet eingekauft werden. Die Zahlen wurden mit in der Studie mit durchschnittlichen Internet-Nutzern verglichen. Der Käuferanteil unter den Gayforum-Nutzern lag in einigen Produktkategorien ein mehrfaches über dem der übrigen Internetnutzer (s. Abb. 4.4 und 4.5).

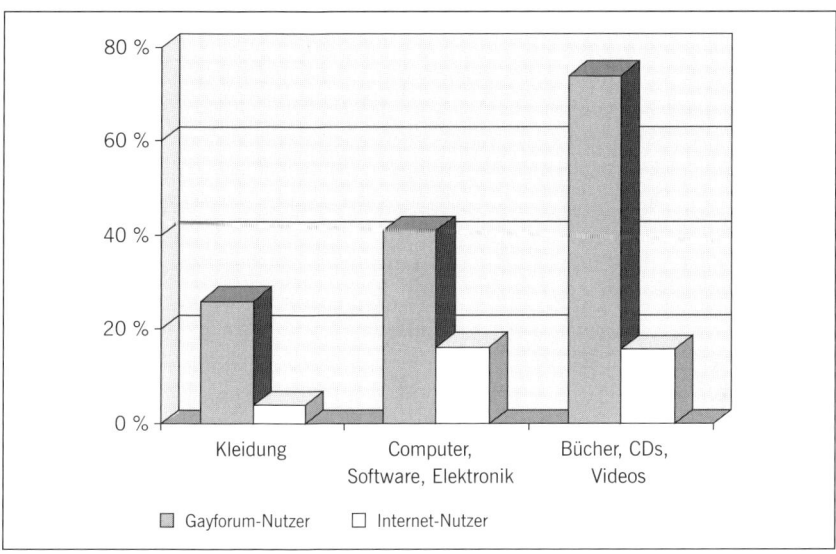

Abb. 4.4: Vergleich Internet-Shoppingverhalten (hohe Affinität)
Quelle: Gayforum

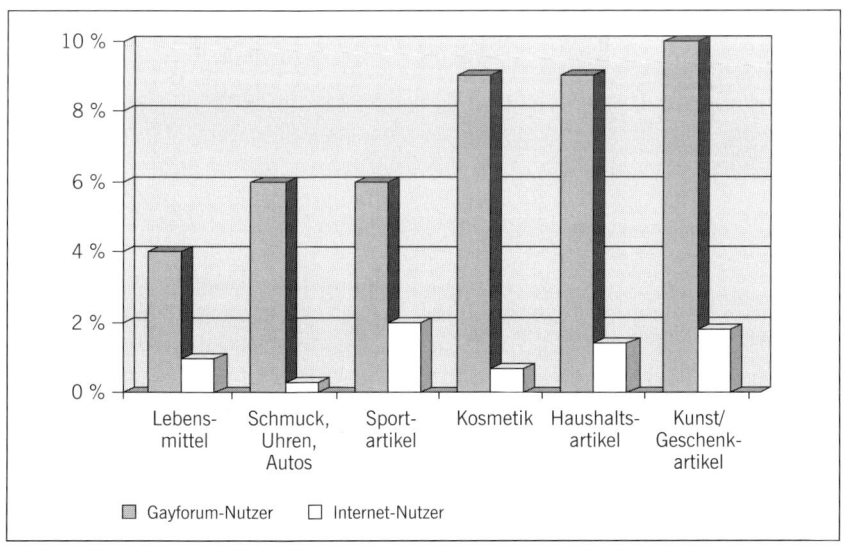

Abb. 4.5: Vergleich Internet-Shoppingverhalten (niedrige Affinität)
Quelle: Gayforum

Ob diese Ergebnisse auf alle homosexuellen Internetnutzer übertragen werden können, ist fraglich, war jedoch für die betreffende Untersuchung nicht erheblich.

Weitere Kommunikationsplattformen haben in den letzten Jahren LeserInnen- bzw. User-Befragungen durchgeführt: Männer Aktuell & Magnus (Remy & Marcuse, 1994), Our Munich (1999), Sergej (1999), Siegessäule (1999 und 2001), EuroGay.net (2000), Queer (2000) und Eurogay/Emnid (2001, siehe oben). Wie bei dieser Art von Erhebung üblich, untersuchen sie vor allem die Demographie der jeweiligen KundInnen. Diese Daten ergänzen im Wesentlichen die jeweiligen Mediadaten. Obwohl die Umfragen keinen Anspruch auf allgemeine Repräsentativität haben, wurden sie immer wieder von Medien in dieser Richtung interpretiert. Im Rahmen dieses Fachbuches dienen sie an dieser Stelle lediglich dazu, einen demographischen Eindruck verschiedener, gut erreichbarer Sub-Zielgruppen zu vermitteln und den Aspekt der Messbarkeit von Gay Marketing zu illustrieren. Dabei sticht hervor, dass bei praktisch allen Befragungen die Antwortbereitschaft ganz erheblich über dem von anderen Magazinen oder Special-Interest-Titeln liegt. Dies unterstreicht auf eindrucksvolle Weise die Solidarität innerhalb der Community, die im vorangegangenen Abschnitt beschrieben wurde.

Mit Blick auf die folgende Darstellung weisen wir ausdrücklich darauf hin, dass eine direkte Vergleichbarkeit der verschiedenen Studien aus vielerlei Gründen nicht gegeben ist. Alle Daten, die für die nachfolgenden Grafiken verwendet wurden, stammen aus den oben bereits erwähnten oder beschriebenen Studien. Fehlen Vergleichdaten aus einzelnen Studien, so wurde das betreffende Merkmal entweder nicht erhoben oder nicht veröffentlicht.

Die Verteilung der NutzerInnen nach Geschlecht illustriert den Schwerpunkt der Medien bei schwulen Männern, der bei manchen Titeln bereits in der Positionierung vorgesehen ist. Aber auch jene Plattformen, die die gesamte Zielgruppe bedienen möchten, erreichen in den Umfragen keinen Lesbenanteil, der dem in der Bevölkerung entspricht.

In allen betrachteten Studien wurde unter anderem die Frage nach der Ausbildung der TeilnehmerInnen gestellt. Fasst man die Kategorien Abitur und Studium – wie dies durchaus üblich ist – zusammen, können die Antworten verglichen werden. Durchgängig zeigt sich, dass die Befragten ein hohes Bildungsniveau aufweisen.

In fünf Befragungen wurde die berufliche Tätigkeit der TeilnehmerInnen erhoben. Zusammengefasst in die vier Kategorien Selbständige/Freiberufler, Beamte und Angestellte, Auszubildende sowie Arbeiter und andere können die Ergebnisse miteinander verglichen werden. Entsprechend der hohen Ausbildungsniveaus fällt der niedrige Anteil von Arbeitern (und sonstigen) ins Auge (siehe

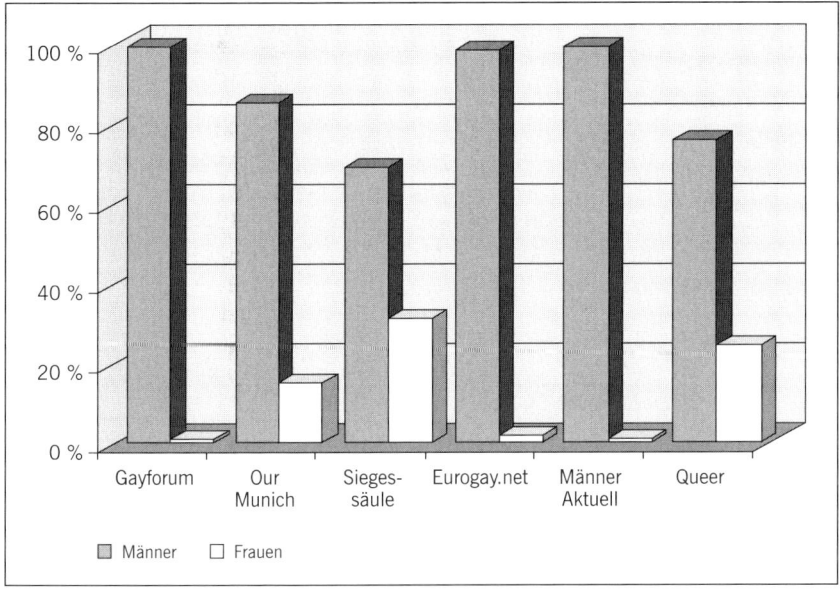

Abb. 4.6: Vergleich „Geschlecht" der jeweiligen UmfrageteilnehmerInnen

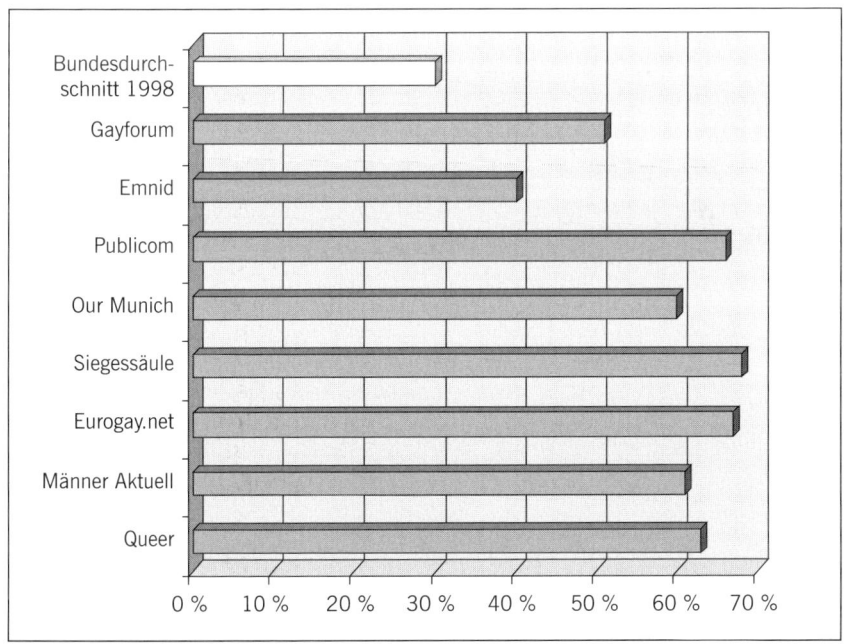

Abb. 4.7: Vergleich „Ausbildung: Abitur oder Studium"

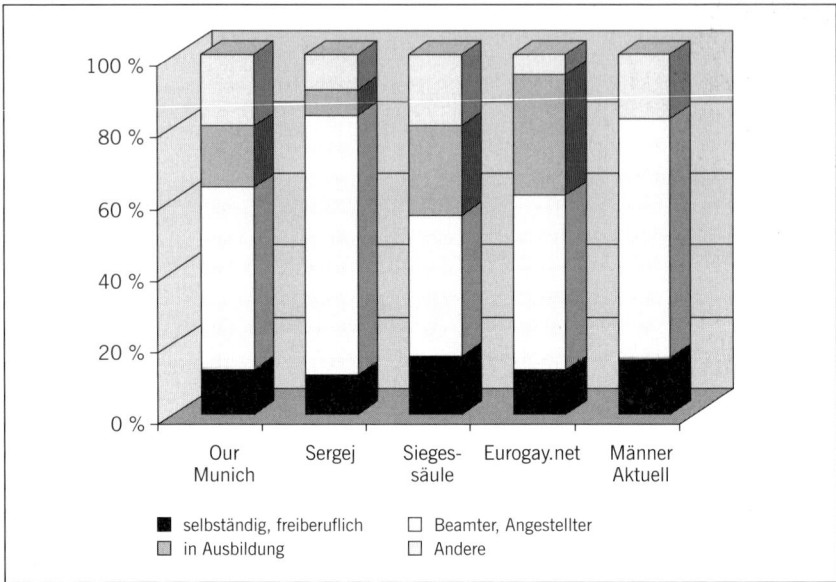

Abb. 4.8: Vergleich „Berufe". Ein Abgleich mit dem Bundesdurchschnitt ist hier nicht möglich, da in den Befragungen Schüler und Auszubildende, anders als im öffentlichen Datenmaterial, eine gemeinsame Kategorie bilden.

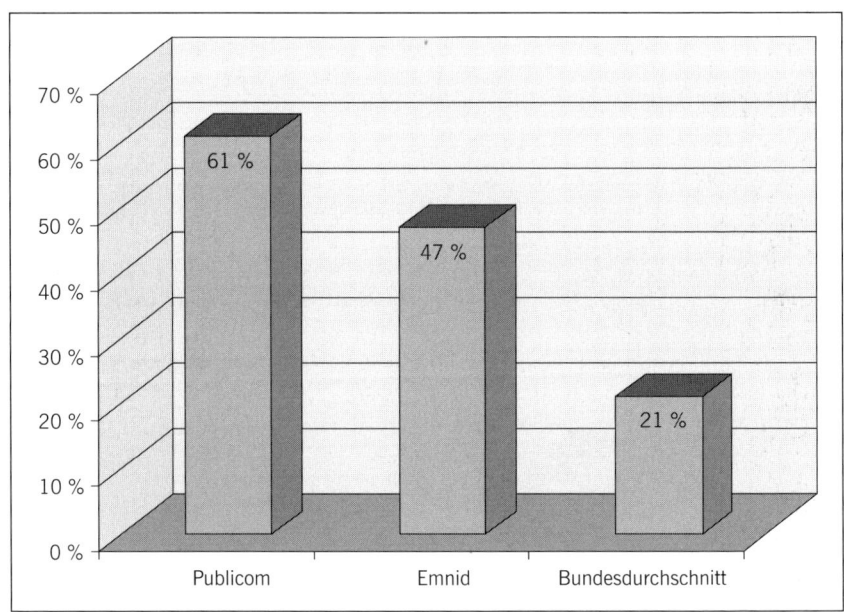

Abb. 4.9: Vergleich „Privater Internetzugang"

Abb. 4.8). Wie schon in anderen sozialwissenschaftlichen Umfragen ist weiterhin der hohe Anteil von Selbständigen und Freiberuflern markant. In der Tat sprechen Spezialisten davon, dass hoch qualifizierte Frauen und Minderheiten eine besonders hohe Affinität zur Selbständigkeit aufweisen, da sich ihnen in mono-kulturell geprägten Organisationen häufig keine ausreichend attraktiven Perspektiven bieten.

Zwei Studien untersuchten die Verbreitung von privaten Internetzugängen. Die beiden Ergebnisse unterscheiden sich immerhin um 14 %. Beide Werte liegen jedoch ganz erheblich über dem Bevölkerungsdurchschnittswert von 21 %.

Aus den Ergebnissen wird vor allem klar: Sie fallen sehr unterschiedlich aus und sind nicht in gleicher Weise wie Marktforschungsergebnisse aus dem Mainstream verwendbar. Dies hängt vor allem mit den Vorurteilen zusammen, die jede Art von Umfrage im schwul-lesbischen Bereich beinhaltet. Allein die Auswahl der Kontaktaufnahme (via Internet-Portal, auf einem Gay-Event oder als Leserin eines Print-Mediums) beinhaltet eine Vorselektion, die jede Repräsentativität zunichte macht. Die Problematik jeder quantitativen Studie in diesem Bereich liegt in der Tabuisierung von Homosexualität begründet. Bei vielen anderen Themen stellt die Zufallsauswahl von Teilnehmern keine Schwierigkeit dar. Außerdem liegen für die meisten relevanten Daten wie Alter, Wohnort, Haushaltsgröße etc. bei den statistischen Ämtern Vergleichsdaten vor. Für sexuelle Orientierung ist dies nicht der Fall und angesichts der „Rosa Listen", die zu Repressionszwecken in Deutschland auch nach 1945 geführt wurden, bis auf weiteres nicht denkbar. In Australien, Großbritannien und Kanada gibt es dagegen Bestrebungen, auch die Gesamtheit der Homosexuellen in der Sozialberichterstattung abzubilden, um sie besser im Rahmen politischer Konzepte berücksichtigen zu können.

Zusammenfassung Demographie und Messbarkeit

Das homosexuelle Segment weist eine bei weitem ausreichende, für das Marketing relevante Größe auf. Darin spiegeln Schwule und Lesben praktisch die gesamte Vielfalt der Gesellschaft wider. Entsprechend fallen Befragungen eines bestimmten Zielpublikums jeweils unterschiedlich aus. Auch wenn repräsentative Umfragen nicht möglich sind, so bestehen doch ausreichende Möglichkeiten, Marketing-Maßnahmen zu evaluieren und den Erfolg von Gay-Kampagnen insofern messbar zu machen.

4.3 Erreichbarkeit?

Eine homogene, konsumkräftige Gruppe kann erst einen lukrativen Markt darstellen, wenn sie effizient erreichbar ist. Dies stellt gleichsam eine Grundvoraussetzung für die Existenz einer Zielgruppe dar. Erreichbarkeit bedeutet zunächst, dass das Medienverhalten oder auch das Freizeitverhalten des Segmentes bekannt ist. Um eine effiziente Ansprache zu ermöglichen, sollte die Zielgruppe zudem auf möglichst direkten Wegen und mit geringen Streuverlusten ansprechbar sein. Erst dadurch lassen sich die Kostenvorteile des Zielgruppenmarketing wirklich ausschöpfen.

Wie im vorausgegangenen Kapitel errechnet, liegt die Größe des gesamten schwul-lesbischen Marktes in Deutschland, Österreich und der Schweiz bei ca. 5,25 Millionen. Weiterhin haben wir dargelegt, dass aufgrund unterschiedlicher Coming-out-Prozesse und Umfeldbedingungen die Selbstidentifikation und der persönliche Umgang mit der eigenen Homosexualität bei Menschen individuell verschieden ist. Für das Marketing und die Frage der Erreichbarkeit erscheint eine Unterscheidung besonders relevant: Die Aufteilung in positiv selbst-identifizierte, überwiegend offen lebende Homosexuelle und in jene, die ihre sexuelle Orientierung nicht völlig akzeptieren, sie verdrängen, verbergen oder versteckt ausleben. Sozialwissenschaftler gingen bislang davon aus, dass die beiden Gruppen ungefähr gleich groß sind, das heißt den Markt hälftig teilen. Wir argumentieren jedoch, dass die deutlich zugenommene Offenheit in der Gesellschaft dazu geführt hat, dass die ansprechbare Teilmenge inzwischen einen größeren Anteil ausmacht.

Eine weitere Berechnung wurde von mi•st [Consulting im Jahre 2000 durchgeführt. Alle nennenswerten Kommunikationsplattformen der Gay Community in Deutschland wurden erhoben und analysiert. Aus ihrer Gesamtheit wurde eine maximale Nettoreichweite pro Jahr errechnet, die in der Summe rund 1,4 Millionen Kontakte ergab.

Schließlich ist zu bedenken, dass nicht alle Homosexuellen unmittelbar an der Gay Community partizipieren. Aus sozialwissenschaftlichen Erhebungen und Marktforschungen ist bekannt, dass vor allem Schwule und Lesben in festen Partnerschaften nur sehr sporadisch einschlägige Einrichtungen der Szene aufsuchen oder spezielle Zielgruppenmedien nutzen. Sie leben offen homosexuell, jedoch nicht als Teil der Gay Community, sondern integriert in die Mainstream-Gesellschaft.

Aus diesen drei Überlegungen leiten wir ein vereinfachtes, plausibles Modell zur Struktur und Erreichbarkeit von schwulen und lesbischen KonsumentInnen ab.

Hervorzuheben ist, dass die im Mainstream integriert lebenden Schwulen und Lesben im Prinzip erreichbar sind. Da diese per Definition zwar eine positive Selbst-Identifikation als Homosexuelle aufweisen, ihr (Freizeit-)Verhalten jedoch nicht an der Community ausrichten, eignen sich typische Szene-Plattformen nicht, sie anzusprechen. Stattdessen müssten Massenmedien zum Ein-

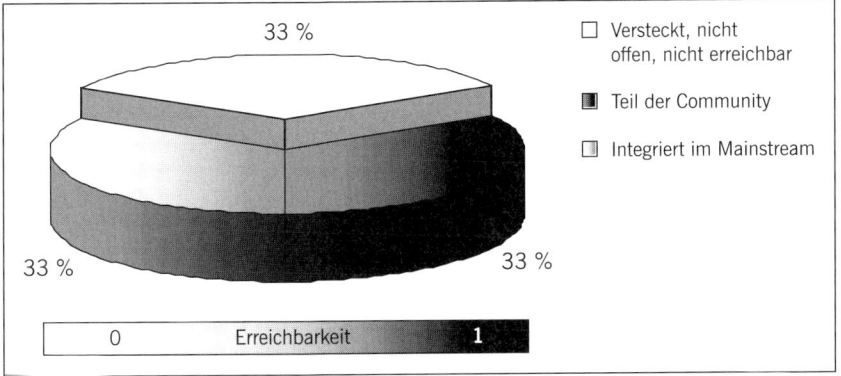

33 %

☐ Versteckt, nicht offen, nicht erreichbar

▥ Teil der Community

▦ Integriert im Mainstream

33 %   33 %

| 0 | Erreichbarkeit | 1 |

Abb. 4.10: Struktur und Erreichbarkeit der homosexuellen Zielgruppe

satz kommen. Hier wird die erhebliche (auch zahlenmäßige) Bedeutung der in Kapitel 2 beschriebenen Diversity- und der codierten Ansätze deutlich: Mit ihnen kann im Massenmarkt effektiv kommuniziert werden, wobei die dort integriert lebenden Homosexuellen bewusst berücksichtigt und erreicht werden. Dieser Zielgruppe, die weder durch heterosexuelle Kommunikation, noch durch Community- oder Szene-Marketing angesprochen wird, wurde bislang kaum Beachtung geschenkt. Sie stellt eine gänzlich vernachlässigte Marktgröße – und insofern ein außergewöhnliches Potenzial – dar.

Weiterhin mag bedacht werden, dass auch gänzlich versteckt lebende Homosexuelle über schwul-lesbische, teilweise auch durch codierte, Kommunikationsinhalte erreicht werden können. Sie dürften sich nur in Ausnahmefällen oder in einem begrenzten Teil ihres Lebens für so genannten „symbolischen Konsum" von Produkten mit homosexuellem Bezug entscheiden. Im Zusammenhang mit klassischem Konsumgütermarketing können sie dennoch eine relevante Größe darstellen.

In der praktischen Anwendbarkeit spielt jedoch der Marktanteil der Community eine herausragende Rolle. Hier muss zunächst darauf hingewiesen werden, dass es in praktisch keinem anderen großen Marktsegment überhaupt möglich ist, ein Drittel der Zielgruppe direkt und praktisch ohne Streuverluste zu erreichen. Dieser Umstand verleiht dem homosexuellen Markt ein herausragendes Alleinstellungsmerkmal, das wir im Folgenden näher beleuchten.

Die Bildung der Gay Community manifestiert sich neben den beschriebenen Symbolen, Ritualen und Sprachcodes über das Entstehen einer eigenen Infrastruktur. Diese umfasst Medien, gastronomische Betriebe, Freizeitgruppen und -vereine, Einzelhandelsgeschäfte, Dienstleistungsunternehmen, Kulturbetriebe, politische Organisationen und vieles mehr. Gemäß der historischen Entwicklung haben viele Teile dieser „Szene" ihre Wurzeln in der schwul-lesbischen

Emanzipations-Bewegung und somit im politisch motivierten Bürgerrechts-Umfeld. In den letzten Jahren beobachtet man jedoch eine deutliche Professionalisierung, die unter anderem dem Marketing entgegenkommt. Diese zeigt sich nicht nur in einer Veränderung der Veranstaltungen und Szene-Angebote, sondern auch im Entstehen und in der Ausweitung von Fachverbänden aller Art. Im wirtschaftlichen und im Marketing-Kontext sind hierbei vor allem Organisationen wie der Völklinger Kreis e.V. (Bundesverband Gay Manager – Das Netzwerk schwuler Führungskräfte), die IGLTA (International Gay and Lesbian Travel Association – der weltweite schwul-lesbische Reisefachverband) oder andere berufsständische Organisationen für JournalistInnen (BLSJ – Bund lesbischer und schwuler JournalistInnen), PsychologInnen (VLSP – Verein lesbischer und schwuler PsychologInnen) zu nennen.

Medien

Während noch in den Nachkriegsjahren homosexuelle Publikationen nur verdeckt entstehen konnten und unter der Hand verbreitet wurden, hat sich inzwischen ein breites Angebot von Medien herausgebildet.

Allein in Deutschland gibt es heute mehr als vierzig hauptsächlich schwule Zeitschriften und Zeitungen. Bei den meisten handelt es sich um kostenlose Stadt- oder Regionalmagazine bzw. -zeitungen mit monatlicher Erscheinungsweise. Das Anzeigenaufkommen stieg in allen Titeln während der letzten Jahre kontinuierlich an – und damit auch die Auflagen. Anders als in anderen Zielgruppen verfügen die Gratismedien über eine hohe Leser-Blatt-Bindung, was in der besonderen Natur der Gay Community und der Herkunft vieler Medien (politische Sprachrohre) begründet sein dürfte. Diese Marktsituation trägt zu der im internationalen Vergleich ungewöhnlichen Situation bei, dass in Deutschland kein homosexuelles Lifestyle-Medium vorhanden ist, das ohne Erotik-Strecken arbeitet.

Da die meisten Print-Medien vor allem über die Infrastruktur der schwullesbischen Szene oder im Abonnement vertrieben werden, selektiert sich die Leserschaft selbst. So entstehen für Inserenten praktisch keine Streuverluste.

Events

In fast jeder größeren Stadt finden regelmäßig schwul-lesbische Veranstaltungen statt. Dazu gehören kulturelle Events wie Filmfestivals, Theater, Ausstellungen oder Sportveranstaltungen aber auch zahlreiche unterschiedliche Partys. Solche Anlässe bieten vielfältige Möglichkeiten, die schwul-lesbische Zielgruppen in der Community zu erreichen. Große Veranstaltungen wie der CSD stoßen auch bei heterosexuellen BesucherInnen zunehmend auf Interesse. Diese Events bieten insofern breitere Ansatzpunkte für die Below-the-Line-

Kommunikation, die im Sinne eines Lifestyle- oder Szenemarketings bewusst die Zielgruppe „Gays & Friends" ansprechen kann.

Organisationen

Eine Großzahl von Gruppen, Vereinen und Verbänden bildet einen weiteren Kernteil der Gay Community. Trotz vermehrter Professionalisierung und Kommerzionalisierung ist der ideologische Aspekt der Community nicht verloren gegangen. Das Zusammengehörigkeitsgefühl und das Wissen um die Verbundenheit in einer Solidargemeinschaft besteht weiter, wenn es auch nicht allzeit präsent ist. Viele Organisationen bauen auf die Mitwirkung von ehrenamtlichen Mitarbeiterinnen und Mitarbeitern. Die Existenz dieses großen, nichtkommerziellen Bereiches trägt ebenfalls zur Erreichbarkeit der Kernzielgruppe bei. Über Kooperationen oder Sponsoring kann das jeweilige Umfeld zielgenau angesprochen werden.

Internet-Portale

Neben den beiden großen Web-Portalen EuroGay.de und GayForum.de entstanden eine Reihe kleinerer regionaler oder Special-Interest-Internet-Projekte, die zur fokussierten Erreichung der homosexuellen Zielgruppe genutzt werden können. Praktisch die gesamte Bandbreite des Online-Marketings kann hier ähnlich wie im Mainstream eingesetzt werden.

Weitere Kommunikationsplattformen

Auch die kommerziellen Bereiche der Gay Community bieten vielfältige Möglichkeiten, schwule und lesbische KonsumentInnen direkt anzusprechen. Über Kooperationen mit Unternehmen, die praktisch ausschließlich homosexuelle Kunden bedienen oder mittels Promotion-Aktivitäten in der „Szene"-Gastronomie werden Mitglieder der Kernzielgruppe – und einige wenige ihnen nahe stehende Freunde – erreicht.

Zusammenfassung

Insgesamt erscheint die schwul-lesbische Zielgruppe besser erreichbar zu sein als viele andere Segmente. Dabei wird jedoch allzu häufig die Gesamtheit der Homosexuellen mit der Community bzw. mit der Szene gleichgesetzt. Weder die versteckt lebenden Schwulen und Lesben noch die im Mainstream integriert lebenden werden so berücksichtigt. Die Erreichbarkeit der verschiedenen Subsegmente unterscheidet sich sowohl nach ihrer Art (z.B. die verwendbaren Botschaften) als auch nach den zur Verfügung stehenden Plattformen.

4.4 Wirtschaftlichkeit?

Ein weiteres Zielgruppenkriterium, das gerade in Zeiten knapper Budgets Anwendung findet, betrifft den ökonomischen Ertrag einer Segment(aus)wahl. Wirtschaftlichkeit ist dann gegeben, wenn der erzielbare Nutzen die Kosten einer gesonderten Ansprache deutlich übersteigt. Diese Betrachtung unterscheidet sich je nach Unternehmen, Produkt und möglicher Kampagne recht stark. Daher können im Rahmen dieses Buches nur wenige, allgemein gültige Aussagen gemacht werden. Es werden dabei die im Bezug auf die homosexuelle Zielgruppe relevanten Einflussfaktoren untersucht. Der Kosten-Nutzen-Aspekt muss dann nur noch im Einzelfall operationalisiert werden.

Kosten

Die Kosten, die durch eine differenzierte Ansprache der homosexuellen Zielgruppe entstehen, setzen sich aus dem (meist erforderlichen) Aufwand einer Umpositionierung des Produktes und der Anpassung der Kommunikation zusammen. Da viele schwule und lesbische Konsumentinnen und Konsumenten gut erreichbare Unterzielgruppen bilden, lassen sich Streuverluste in der Kommunikation weitgehend vermeiden. Da die Kontakt-Preise in Gay-Medien, bei Zielgruppen-Events etc. mit denen im Mainstream vergleichbar sind, die Kontakt-Qualität im vorgenannten Sinne jedoch wesentlich höher ist, liegt der Kostenaufwand einer Segmentbearbeitung unter dem der meisten anderen vergleichbaren Segmente.

Wie sich die Kosten einer Anpassung der Positionierung gestalten, muss im Einzelfall geprüft werden. Im Allgemeinen gilt, dass dies für die meisten offenen Marken (multi-kulturell, zeitgemäß, trendy, modern) keinen großen Aufwand darstellt.

Nutzen

Der Benefit, der aus einer differenzierten Ansprache von Schwulen und Lesben generiert wird, hängt unter anderem von der Größe und Kaufkraft des konkret erreichten Teilsegmentes sowie von der Affinität der Zielgruppe zu dem angebotenen Produkt bzw. der Dienstleistung ab.

Im Hinblick auf die Kaufkraft werden Homosexuelle in den Medien immer wieder als interessante, gutverdienende Zielgruppe beschrieben. Vier Studien zeigen jedoch uneinheitliche Ergebnisse. Auf die Frage nach ihrem Nettoeinkommen gaben zwischen 1 % (EuroGay/Emnid) und 44 % (Gayforum.de) mehr als 6.000 DM an. Dies unterstreicht einmal mehr, dass zumindest die Reliabilität von quantitativer Marktforschung im homosexuellen Bereich sehr schwer zu erreichen ist (vgl. Abb. 4.11).

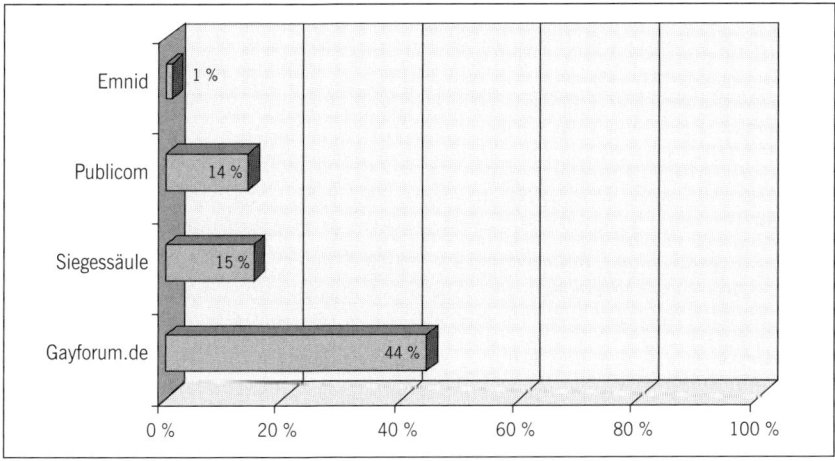

Emnid	1 %				
Publicom	14 %				
Siegessäule	15 %				
Gayforum.de		44 %			

0 %   20 %   40 %   60 %   80 %   100 %

Abb. 4.11: Persönliches Nettoeinkommen über 6.000 DM pro Monat

Ebenfalls auffallend fallen die Ergebnisse im Bereich der niedrigen Einkommen aus. 85 % der Befragten der Emnid Studie gaben an, netto weniger als 3.000 DM monatlich zu verdienen; bei Gayforum.de waren es nur gerade 29 %. (vgl Abb. 4.12)

Wir fügen diesen unterschiedlichen Ergebnissen einige Überlegungen hinzu, die der Frage nach Wirtschaftlichkeit mehr Klarheit verleihen. Insbesondere die

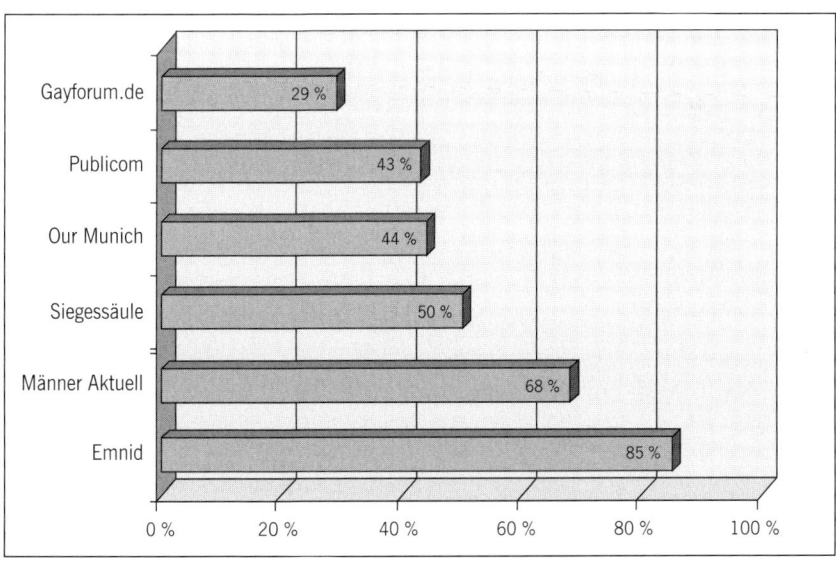

Gayforum.de	29 %				
Publicom	43 %				
Our Munich	44 %				
Siegessäule	50 %				
Männer Aktuell		68 %			
Emnid		85 %			

0 %   20 %   40 %   60 %   80 %   100 %

Abb. 4.12: Persönliches Nettoeinkommen unter 3.000 DM pro Monat

berufliche Situation mag mehr Aufschluss darüber geben, ob Homosexuelle ein ökonomisch besonders interessantes Marktsegment darstellen, oder nicht.

So kann argumentiert werden, dass sich Schwule und Lesben durch Ehrgeiz und Fleiß in Schule und Beruf Anerkennung verschaffen, die ihnen anderweitig verwehrt wird. Der Vermutung eines überdurchschnittlichen Karriere-Erfolges steht die Erfahrung von begrenzten Aufstiegschancen (siehe oben) entgegen, von denen sowohl schwule Männern als auch lesbische Frauen immer wieder berichten. Dies mag dadurch begünstigt werden, dass viele Homosexuelle bestrebt sind, ihr Privatleben und den Beruf zu trennen. Daher umgehen bzw. vermeiden sie immer wieder soziale Events, wodurch ihnen Gelegenheiten für Kontakte und Networking entgehen. Dies wiederum wirkt sich negativ auf die Karrierechancen aus.

Relativ klar erscheint dagegen die Abwägung nach den beruflichen Umfeldern. Keine der bekannten Studien fand einen nennenswerten Anteil von Homosexuellen im Arbeiter-Umfeld. Wir gehen davon aus, dass in diesen Bereichen ein Coming-out ungleich schwieriger sein dürfte als in anderen gesellschaftlichen Umfeldern und insofern zumindest bei den offen lebenden Homosexuellen ein klarer Schwerpunkt unter den „Besser-Situierten" zu finden ist.

Ein weiterer wirtschaftlich relevanter Faktor besteht in der Kinderfrage. Schwule und Lesben haben meist keine eigenen Kinder oder sie erziehen sie nicht selbst. Ihnen kommt insofern häufig der Status von unabhängigen Singles oder DINKs (Double Income no Kids) zu. Vor einer allzu einseitigen Sicht dieser Frage muss jedoch gewarnt werden. Einerseits ist es nicht unüblich, dass Homosexuelle eigene Kinder aus früheren heterosexuellen Beziehung versorgen, andererseits wächst der Wunsch nach eigenen Kindern bei schwulen und vor allem bei lesbischen Paaren.

Die Einkommensfrage stellt sich überdies auch geschlechtsspezifisch. Dabei dürfte zunächst der Vorteil bei schwulen Männern zu sehen sein, während Lesben als Frauen weniger verdienen. Dem steht das Klischee gegenüber, Schwule seien häufig Flugbegleiter, Friseure, Balletttänzer oder Verkäufer. All diese Berufsgruppen gehören zu den ausgesprochen gering verdienenden (Angestellten-)Bereichen.

Obwohl kein eindeutiges Bild bezüglich der ökonomischen Situation gezeichnet werden kann, wird doch klar, dass es keine schwer wiegenden Hinweise dafür gibt, dass das homosexuelle Segment weniger wirtschaftlich zu bearbeiten ist als andere Segmente. Die Argumente für eine gute Situierung überwiegen die gegenteiligen und die Kosten einer Erschließung liegen tendenziell unter denen anderer Zielgruppen.

4.5 Gefahren des Gay Marketing?

Erfolgreiche Beispiele aus der Praxis zeigen, dass die spezifische Ansprache von Homosexuellen als Zielgruppe lukrativ sein kann (vgl. Beispiele am Ende des Buches). Trotzdem zögern viele Marketingfachleute noch immer, Schwule und Lesben als Marktsegment zu berücksichtigen. Es liegt nahe, dass diese Menschen selbst ein ambivalentes Verhältnis zu dem Stigma haben, das der Homosexualität anhaftet, oder dies bei anderen vermuten. Aus Sicht des Unternehmens mag die Sorge bestehen, die angestammte Kundschaft zu verprellen, wenn es sich dieser „Randgruppe" zuwendet. Aber auch andere „Stakeholder" sind Gegenstand solcher Überlegungen.

In diesem Zusammenhang stellt die Einstellung der Gesellschaft gegenuber Homosexuellen wiederum eine wichtige Größe dar. In vorangegangenen Kapiteln wurde bereits dargelegt, dass diese in den letzten Jahren stetig positiver wurde und sich im Übrigen kein gegenläufiger Trend abzeichnet.

Indes glauben viele heterosexuelle Menschen, keine Schwulen oder Lesben zu kennen. Dies ist angesichts der anzunehmenden statistischen Verteilung von sieben Prozent über die Gesamtbevölkerung sehr unwahrscheinlich. Es zeigt jedoch, dass immer noch (beidseitig) Berührungsängste bestehen und viele Homosexuelle einen fundamentalen Teil ihrer Persönlichkeit verbergen. Paradoxer Weise trägt dies dazu bei, dass gleichgeschlechtliche sexuelle Orientierung für viele heterosexuelle Menschen weiterhin unbekannt bleibt, was negative Rückwirkungen auf die Gruppe der Homosexuellen mit sich bringt.

Unbekanntes macht Angst, und je nachdem wie eine Person mit ihrer Angst umgeht, kann daraus Mitleid, Widerwille oder im schlimmsten Fall auch Hass entstehen. Geschieht dies in Bezug auf Homosexuelle, spricht man von Homophobie. Neben der Angst vor dem Unbekannten birgt sie als weitere Ursache oft die Angst vor eigenen schwulen oder lesbischen Zügen. Diese kann begründet sein oder auch nicht. In jedem Fall löst sie eine starke Abwehrreaktion aus, die sich in negativen Einstellungen oder auch in Form von Gewalt gegenüber Homosexuellen äußert. Eine andere Ursache bildet die Angst vor der Infragestellung zentraler Normvorstellungen. Dies hängt wiederum mit der allgemeinen Aversion gegenüber Unbekanntem, Neuem und Unsicherem zusammen. Sie führt dazu, dass alles abzuwenden versucht wird, was traditionelle Werte in Frage stellt und somit eine Neuerung mit sich bringen könnte. Homosexualität stellt traditionelle Normvorstellungen zweifelsohne in Frage, da die althergebrachten Rollen der Geschlechter und der Ehe ergänzt werden.

Homophobe Menschen gibt es und wird es wahrscheinlich immer geben. Inwieweit ein Unternehmen darauf eingehen sollte, ist jedoch fraglich, da auch andere Einstellungen nicht grundsätzlich und zu jeder Zeit beachtet werden.

Stattdessen geht der Trend hin zu einer aktiven wertegestaltenden Unternehmenspolitik. Hier definiert eine Firma, wofür sie steht und verbindet im Allgemeinen auch ihre Markenwerte mit dieser Corporate Identity. Die meisten Leitbilder weisen offene, moderne Attribute auf, die es nicht erlauben, auf die Homophobie eines Teils der Gesellschaft einzugehen.

Im Übrigen hat sich die allgemeine Einstellung der Gesellschaft unter anderem durch die Massenmedien stark zugunsten der Schwulen und Lesben verändert. Seit herausragende Persönlichkeiten wie vor Jahren Alfred Biolek oder vor kurzem Klaus Wowereit öffentlich als Homosexuelle leben und arbeiten, kann jedermann zumindest einige Personen mit den abstrakten Begriffen „schwul" oder „lesbisch" verbinden.

Nun aber zu möglichen Gefahren und Fallstricken des Gay Marketings, die wir anhand des Stakeholder-Modells differenziert betrachten wollen. Nach dem gesellschaftlichen Umfeld werden die wichtigsten weiteren Anspruchs- bzw. Bezugsgruppen eines Unternehmens näher beleuchtet: Kunden (unterteilt in homo- und heterosexuelle), Mitarbeiter und Aktionäre.

Homosexuelle Kunden

Es mag zunächst erstaunen, dass ein Teil der Zielgruppe selbst unter dem Aspekt „Gefahren" betrachtet wird. Neben einer stringenten Vorgehensweise ist dies jedoch in der besonderen Situation von Schwulen und Lesben begründet, wie wir sie bereits in diesem Kapitel dargestellt haben.

Tatsächlich sind nicht alle Homosexuelle einem Gay Marketing gegenüber positiv eingestellt. Insbesondere viele Mitglieder der schwul-lesbischen Bürgerrechtsbewegung stehen diesen Aktivitäten zumindest kritisch gegenüber. Nachdem sie sich jahrelang für eine Nicht-Diskriminierung und Öffnung einsetzten soll nun die Wirtschaft einen Nutzen aus der erreichten Integration ziehen? Zumindest ein politisches Bewusstsein wird in diesem Zusammenhang von Unternehmen erwartet.

Eine zweite potenzielle Gefahr leitet sich aus der kritischen Grundhaltung und dem politischen Bewusstsein von Schwulen und Lesben ab, die sie durch ihre Erfahrung mit oder ihr Bewusstsein für Diskriminierung und Ausgrenzung erlangt haben. Unternehmen tun insofern gut daran, ihr Engagement in der Zielgruppe nicht nur auf kurzfristige Erträge auszurichten. Vielmehr bedarf es einer integrierten Strategie, die politische und soziale Aspekte nicht unberücksichtigt lässt und der Community etwas „zurückgibt". Ansonsten kann sich ein anfängliches Interesse ins Gegenteil umkehren. Diese Erfahrung mussten beispielsweise die Brauereien Coors und Miller in den USA machen, die sich zwar intensiv um die Gunst der Homosexuellen bemüht hatten, gleichzeitig jedoch eine Gruppe unterstützten, die sich gegen die Gleichstellung von Homosexuellen einsetzte. Dieser Widerspruch sprach sich in der Gay Community schnell herum, die Unternehmen verloren das Vertrauen und wurden aktiv von der Community boykottiert. Die Ergebnisse einer Publicom Studie aus dem Jahr 2000 zeigen eine ähnliche Grundhaltung in Deutschland. Gemäß dieser Umfrage würden mehr als 85 % der Befragten sicher oder ziemlich sicher bei einem Boykott gegen ein homophobes Unternehmen teilnehmen.

Von konsistenten Gay-Marketing-Aktivitäten sind indes keine negativen Erfahrungen bekannt. Die Zielgruppe steht nämlich einem positiv motivierten Engagement ganz überwiegend positiv gegenüber – dies belegen eine Reihe von (meist internen) Evaluations-Studien. Die zunehmende Akzeptanz und Integration der vergangenen Jahrzehnte haben dazu geführt, dass Schwule und Lesben zu stolzen und selbstbewussten KonsumentInnen wurden. Wenn es einem Unternehmen gelingt, sich glaubhaft in der Zielgruppe zu positionieren, so kann es dort loyale Kunden gewinnen.

Heterosexuelle Kunden

Wie bereits erwähnt besteht eine Befürchtung von Unternehmen darin, bestehende heterosexuelle Kunden durch die gezielte Ansprache von homosexuellen Zielgruppen zu verlieren.

Es eignet sich ohnehin von Natur aus nicht jede Positionierung dazu, im homosexuellen Markt Anklang zu finden. Traditionell positionierte Produkte mit einer eher konservativen Kernzielgruppe können kaum ohne den Verlust bisheriger Kunden so umpositioniert werden, dass die schwul-lesbische Zielgruppe gleichermaßen angesprochen wird. Auch ältere Leute sind Homosexuellen gegenüber statistisch eher negativ eingestellt. Das mag daran liegen, dass über lange Zeit ein negatives Bild vorgeherrscht hat und sie ihre Meinung nicht so schnell ändern: Bei einer Befragung aus dem Jahre 1997 gaben über 60 % der 18–29-Jährigen Deutschen an, für eine Heirat von Homosexuellen zu sein, währen der Anteil der Befürworter bei den über 60-Jährigen nur noch bei 20 % lag.

In eine ähnliche Richtung geht die Toleranzverteilung bei Männern und Frauen. Frauen zeigen sich in Umfragen bezüglich Homosexualität grundsätzlich aufgeschlossener. Daher eignen sich Produkte, die eine traditionell „männliche" Positionierung einnehmen, weniger. Männer, die sich mit dem traditionellen Rollenbild identifizieren, sehen in Homosexuellen eine Gefahr, da diese das gängige Ideal in Frage stellen.

Diese Punkte zeigen, dass die Frage nach der Gefahr des Verlustes von Kunden nicht abschließend beantwortet werden kann. Es hängt hauptsächlich von der Positionierung des Produktes ab, ob ein zielgruppenspezifisches Marketing Erfolge bringt.

Eine gesonderte Betrachtung soll den Aktivisten gelten. Denjenigen Kunden, die sich durch die gleichberechtigte Behandlung einer „Randgruppe" derart angegriffen fühlen, dass sie aktiv dagegen vorgehen. Sie glauben, im Sinne der Moral und der Werte der gesamten Menschheit zu handeln, wenn sie sich für traditionelle Normen und Werte einsetzen. Dazu gehören hauptsächlich religiös motivierte Gruppen. Levi's, United Airlines und Disney wurden beispielsweise von Vertretern solcher Gruppen in den USA angesprochen, als sie sich im Rahmen unterschiedlicher homosexueller Projekte engagierten. In allen Fällen machte das Top-Management deutlich, dass es die Gay-Aktivitäten ebenso wie andere Maßnahmen zur Erreichung vielfältiger Kundengruppen weiterführen wird. Während nicht bekannt ist, dass anti-schwule Boykott-Maßnahmen jemals zu einem Erfolg geführt hätten, gibt es mehrere Hinweise darauf, dass homosexuelle Boykott-Maßnahmen sehr wohl die gewünschten Effekte hatten. Mehrere US-Konzerne wurden von Schwulen und Lesben wegen ihrer homophoben Haltung (oder der Unterstützung von homosexuellen-feindlichen Personen) boykottiert. Diese haben inzwischen alle eine Diversity-freundliche Haltung eingenommen.

In Deutschland ist kein einziger Fall bekannt, in dem es eine nennenswerte, negative Auswirkung von Gay Marketing gab.

Personal

Aufgrund der Globalisierung und sozialen, kulturellen und politischen Veränderungen in den letzten Jahren gab es in Unternehmen einen signifikanten Wechsel von Mono-Kulturen hin zu einem offenen, multikulturellen Arbeitsumfeld. Diversity prägt die Diskussion im Personalmanagement und Arbeitnehmerinnen und Arbeitnehmer sind – auch geprägt durch den gesellschaftlichen Wandel, zunehmend offener und toleranter. Aus diesem Grund scheint aus dem Inneren einer Unternehmung keine große Gefahr aus der spezifischen Ansprache von Homosexuellen hervor zu gehen. Trotzdem empfiehlt es sich, die Mitarbeiter auf die Thematik vorzubereiten und zu sensibilisieren. Mehr dazu im Kapitel 6 – Personalstrategien.

Aktionäre

Für private Aktionäre ist das Hauptkriterium, eine geplante Maßnahme zu unterstützen, die Rentabilität. Der Wert einer Strategie wird am Aktienkurs und an den freien zukünftigen Cashflows gemessen. Demzufolge sind von dieser Seite keine negativen Reaktionen zu erwarten, wenn es gelingt, durch die zielgruppenspezifische Ansprache von Schwulen und Lesben ein neues und rentables Segment zu erschließen.

Sind die Aktien mehrheitlich in staatlichem Besitz, so kann sich die Perspektive in eine mehr politische Richtung bewegen. Je nachdem, welche Partei an der Macht ist, werden Projekte im Gay Marketing unterstützt oder nicht. Es könnte natürlich auch ein Zufall sein, aber die British Tourist Authority begann sich im Gay Marketing zu engagieren, nachdem Tony Blair und mit ihm die Sozialisten im „Vereinigten Königreich von Nordirland und Großbritannien an die Macht gekommen waren.

Zusammenfassung Kriterien-Check

Die Überprüfung gängiger Kriterien für Zielgruppen ergibt, dass sich Homosexuelle grundsätzlich als Marktsegment eignen. Die Betrachtungen machen auch deutlich, dass zahlreiche Klischees über Schwule und Lesben (jung, reich, Single) zu falschen Vorstellungen der Zielgruppenspezifika führen. Homosexuelle gibt es natürlich in allen demographischen Gruppen und Konsumtypologien. Dennoch unterscheidet sie vieles vom Mainstream-Markt und diese Besonderheiten werden vom Gay Marketing genutzt.

Es bleibt die Frage, weshalb nicht mehr Unternehmen die Zielgruppe bearbeiten. Neben der vielerorts vertretenen Annahme, die jeweilige Kernzielgruppe würde durch einen solchen Schritt verschreckt, wird in zahlreichen Fällen die Notwendigkeit einfach nicht gesehen. Beide Argumente erscheinen offensichtlich vorgeschoben; sie wurden in diesem und den vorangegangenen Kapiteln widerlegt. Eine Umfrage, die im Rahmen einer Diplomarbeit unter vierzig Lebensmittelunternehmen durchgeführt wurde, legt eine unerwartete Erklärung nahe: Die meisten Marketing-Verantwortlichen verfügen nicht über die erforderlichen Informationen, um sich für eine Segmentbearbeitung zu entscheiden. Die Untersuchung ergab nämlich, dass vier der fünf wichtigsten Zeilgruppen-Kriterien – nach denen die Unternehmen generell Marktsegmente auswählen – gleichzeitig die vier ausgeprägtesten Informationsdefizite über den Gay-Markt darstellten.

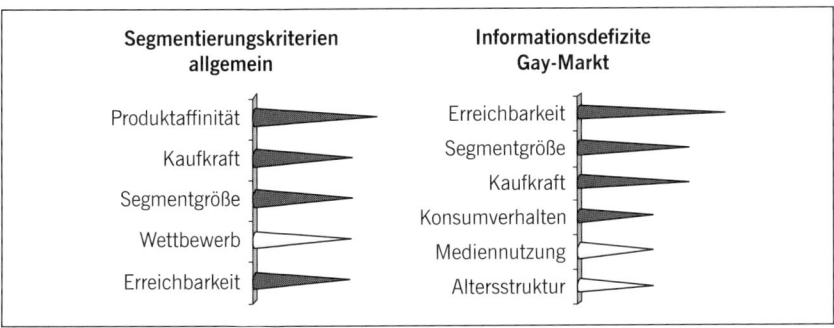

Abb. 4.13: Untätigkeit aus Unwissenheit.
Quelle: Umfrage bei 40 Unternehmen (Food), Diplomarbeit Fett

Die Zielgruppe der Schwulen und Lesben erfüllt die gängigen Kriterien für Marktsegmente. Ihre Gesamtheit spiegelt praktisch die gesamte Vielfalt der Gesellschaft wider. Die direkt erreichbare „Community" stellt ein überaus attraktives Teilsegment des Gay-Marktes dar. Es existiert jedoch kein einheitliches homosexuelles Konsumverhalten. Stattdessen finden wir mehrere Typologien. Für Unternehmen ist es von besonderer Bedeutung, objektive, relevante Grundlageninformationen für eine Entscheidung für oder gegen Gay Marketing heranzuziehen.

Kapitel 5

Wie sehen homosexuelle KonsumentInnen aus?

Die bisherigen Ausführungen haben sich immer gleichermassen auf Schwule und Lesben bezogen. Doch liegt es nahe, dass es auch Unterschiede zu berücksichtigen gibt, insoweit die Ansprache der Zielgruppe – bzw. verschiedener Teilzielgruppen – betroffen ist. Die Verschiedenheit von schwulen Männern und lesbischen Frauen basiert indes nicht nur auf der geschichtlichen Entwicklung, sondern auch auf den grundsätzlichen Unterschieden zwischen Männern und Frauen. Daher soll im Folgenden auf einige Spezifika der beiden Segmente eingegangen werden. Für homosexuelle Männer wurden bereits Konsum-Typologien erforscht und beschrieben. Für lesbische Frauen gibt es noch keine solche Studien, weshalb wir uns bei den Ausführungen auf Psychologie, Geschichte und eigene Erkenntnisse beziehen. Weiterhin zeigen wir mögliche homosexuelle Zielgruppen in Deutschland auf, die sowohl die Gemeinsamkeiten, die in den vorherigen Kapiteln beschrieben wurden, als auch die unterschiedlichen Konsumtypen und geschlechtsspezifische Besonderheiten berücksichtigen.

5.1 Schwule Konsumenten

von gofelix/BBDO

In diesem Kapitel soll versucht werden, den schwulen Mann als Konsumenten, aber auch als Individuum darzustellen und zu beschreiben: Lebenswelten, Einstellungen und Werte, aber auch Konsumverhalten, Freizeitgestaltung und seine Meinungen gegenüber Produktgruppen und Marken. Welche unterschiedlichen Typen gibt es innerhalb der heterogenen schwulen Zielgruppe? Gibt es einen schwulen Mainstream? Welche Konsumeigenschaften unterscheiden den schwulen signifikant vom heterosexuellen Konsumenten? Inwiefern hat das persönliche Coming Out, also das mehr oder weniger öffentliche Bekenntnis zur eigenen sexuellen Identität, einen Einfluss auf Konsum und Einstellungen? Diese Fragen sollen hier auf Basis der ersten umfassenden und repräsentativen Verbraucherforschung beantwortet werden, die sich mit dem schwulen Konsumenten in Deutschland beschäftigt. Die Grundlagenstudie „Der schwule Konsument", die von der Marketingberatung gofelix, der Unternehmensberatung BBDO Consulting und dem führenden europäischen Kondomhersteller condomi 2001 durchgeführt wurde, bietet einen umfassenden Einblick in schwule Lebenswelten. Ihre Ergebnisse können durch einen umfangreichen Fragenansatz und das große, repräsentative Sample in weiten Teilen mit gängigen Marktforschungsdaten wie der Verbraucheranalyse (VA) oder der Typologie der Wünsche Intermedia (TdWI) direkt verglichen werden.

Die Methodik

Erhebungsmethode: Persönliche paper & pencil Inhome-Interviews mit einer Länge von 60–70 Minuten

Stichprobe: 822 schwule Männer im Alter von 16–49 Jahren, rekrutiert in Zusammenarbeit mit dem größten Feldforschungsinstitut Deutschlands

Quotierung: Nach Alter und Ortsgröße in Anlehnung an die repräsentative Verteilung der Männer in Deutschland

Der Fragebogen umfasste die folgenden Themenbereiche:

❏ Körperpflege und Kosmetik
❏ Essen, Trinken und Haushalt
❏ Unterhaltungselektronik, PC und Telekommunikation
❏ Internet und E-Commerce
❏ Geldanlagen und Versicherungen
❏ Reisen und Mobilität
❏ Lese- und TV-Verhalten und Informationsinteressen
❏ Freizeitverhalten, Meinungen und Einstellungen
❏ Soziodemographie

Bei der Fragebogenkonzeption wurde darauf geachtet, dass verschiedene Items aus der Verbraucheranalyse (VA) und Typologie der Wünsche Intermedia (TdWI) eingearbeitet wurden, um signifikante Abweichungen zu heterosexuellen Männern und der Gesamtbevölkerung zu identifizieren.

Die Typologie

Die Entwicklung der Typologie erfolgte mit Hilfe multivariabler Analyseverfahren. Zunächst wurden die Ergebnisse der 159 Items umfassenden Einstellungsfragen faktorenanalytisch untersucht und auf 20 relevante Faktoren reduziert. Mittels Clusteranalyse erfolgte dann die Ermittlung in sich möglichst homogener, untereinander jedoch möglichst heterogener Typen über die zuvor errechneten 20 Faktoren. Die 5-Cluster-Lösung stellte dabei die statistisch und inhaltlich beste Lösung dar. Eine Diskriminanzanalyse zur Bestimmung der am stärksten die Unterschiede zwischen den Faktor- und Clusterzentren erklärenden Funktionen legte die Positionierung der Typen auf den Achsen Trendsetter vs. Traditionalisten und hohes Markenbewusstsein vs. hohes Preisbewusstsein fest (vgl. Abbildung 5.2). Aus den fünf Clustern wurden abschließend unter Hinzuziehung demographischer Daten Profile zur weiteren Beschreibung der in den Analysen bestimmten Typen erstellt.

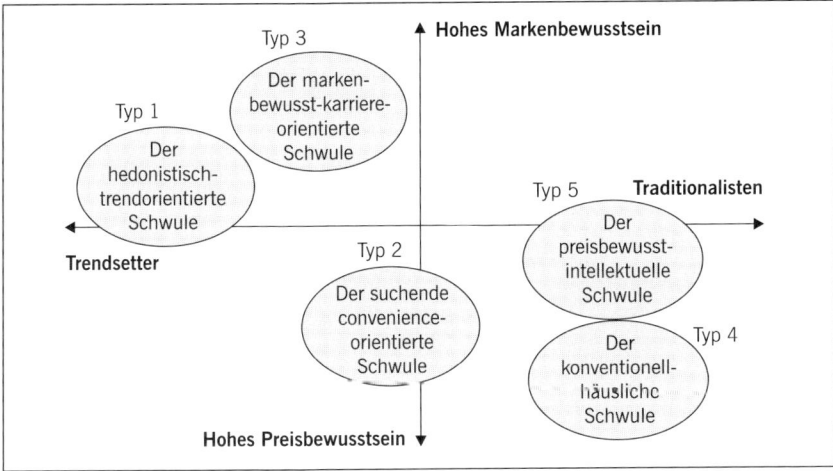

Abb. 5.1: Typologie „Der schwule Konsument"
Quelle: gofelix/BBDO, Köln/Düsseldorf 2001

Die Typenprofile

Die Auswertung der Clusteranalyse und die anschließende Interpretation unter Hinzuziehung weiterer Fragestellungen führte zu folgenden fünf Typen:

Typ 1 – Hedonistisch und trendorientiert
Typ 2 – Suchend und convenience-orientiert
Typ 3 – Markenbewusst und karriereorientiert
Typ 4 – Konventionell und häuslich
Typ 5 – Preisbewusst und intellektuell

Typ 1 – Hedonistisch und trendorientiert (20 %)

Dieser Typ ist ein Trendsetter, sein Leben ist eine große Inszenierung. Er interessiert sich sehr für die neuesten Moden, kauft sehr markenbewusst und gibt überdurchschnittlich viel Geld für Konsum aus. Obwohl er über ein gehobenes Einkommen verfügt, ist er durchaus preissensibel (Schnäppchenjäger bei Designermode). Er achtet sehr auf sein Äußeres und tendiert dabei zu einem stark ausgeprägten Körper- und Pflegekult. Er lebt überwiegend als Single, nutzt intensiv das Internet und ist extrovertiert und sehr kommunikativ. Seine starke soziale und kommunikative Orientierung äußert sich aber nicht nur in einem ausgeprägten Ausgehverhalten, seine Wohnung ist ein überaus wichtiger Ort, um Freunde zu treffen. Als Hedonist braucht er die entsprechende urbane Umgebung.

Typ 2 – Suchend und convenience-orientiert (15 %)

Dieser Cluster stellt die Coming-out-Gruppe dar, er befindet sich noch auf der Suche nach seiner sexuellen Identität. Der eher junge schwule Typ interessiert sich kaum für Mode und Marken. Sein Gesundheits- und Körperbewusstsein ist bislang wenig entwickelt, und auch seine Wohnung pflegt er nicht übermäßig. Er verfügt nur über eine (noch) geringe Kaufkraft und bevorzugt preisgünstige Körperpflegeprodukte und Fastfood. Sein Verhalten ist bequem und zurückhaltend, aber nicht unkommunikativ. Deshalb ist er Neuem und Werbung gegenüber generell aufgeschlossen. Zu finden ist er eher in Städten unter 500.000 Einwohnern. Meist noch in Ausbildung bzw. als einfacher Angestellter verfügt er über ein geringes bzw. gar kein Einkommen.

Typ 3 – Markenbewusst und karriereorientiert (21 %)

Dieser Schwule ähnelt in seinem Marken- und Konsumbewusstsein stark Typ 1, verhält sich aber gegenüber den neuesten Trends etwas zurückhaltender und lebt auch keinen übersteigerten Körper- und Pflegekult. Stattdessen legt er mehr Wert auf Qualität, Stil und Eleganz. Er ist sehr konsumfreudig und verfügt über das höchste Einkommen der schwulen Typen. Sein Verhalten ist kommunikativ und aufgeschlossen. Allerdings sind ihm Beruf und Karriere wichtiger als sein Privatleben, folgerichtig ist er besonders häufig in leitender Position zu finden und weist den höchsten Single-Anteil der fünf Cluster auf. Über 80 % dieses Typs verstecken ihre Homosexualität in ihrer Berufswelt. Umso stärker beeinflusst ihre sexuelle Orientierung das Privatleben: Der Freundeskreis besteht fast nur aus Schwulen. Sie halten einen starken Bezug zur schwulen Szene.

Typ 4 – Konventionell und häuslich (21 %)

Dieser Typus ist ein Modemuffel. Er hat kein Marken- und Trendbewusstsein und legt kaum Wert auf sein Äußeres. Seine Konsumausgaben sind sehr gering, und er verfügt nur über ein recht niedriges Einkommen. Sein Verhalten ist introvertiert, häuslich und weniger kommunikativ als das der anderen Typen. Er tendiert in Richtung traute Zweisamkeit und hat nicht den sozialen und kommunikativen Charakter wie die anderen Typen. Auch für das Internet zeigt er wenig Interesse. Nach außen hin versteckt er sein Schwulsein, er lebt es in der Paarbeziehung. Von allen Schwulen hat er den Freundeskreis mit den meisten Heteros. Er ist eher älter, lebt überdurchschnittlich oft in kleineren Städten und verfügt über ein niedriges Bildungsniveau. Schwule diesen Typs sind eher Facharbeiter und einfache Beamte.

Typ 5 – Preisbewusst und intellektuell (23 %)

Dieser Typ – die größte Gruppe – liebt Kochen, Häuslichkeit und seine Rolle als Gastgeber – ähnlich wie Typ 1. Er ist aber kein Mode-, Lifestyle- und

Marken-Typ oder pflegt einen starken Körperkult. Er ist preisbewusst und kauft spontan. Seine Konsumausgaben sind trotz seines mittleren Einkommens nur unterdurchschnittlich. Dennoch ist er der größte Globetrotter unter den fünf Typen. Sein Bildungsniveau ist mittel bis hoch und er lebt überdurchschnittlich häufig in Paarbeziehungen. Bei diesem Typ ist der Anteil der Selbständigen mit 21 % und der Hausbesitzer mit 16 % besonders hoch. Zu finden ist er wie der Durchschnitt vor allem in Städten über 100.000 Einwohnern. Er ist mittleren Alters bzw. älter (ab 26 Jahren).

Bei der Betrachtung der Typologie wird schnell deutlich, dass es keine dominierende Gruppe und keinen eindeutigen Mainstream gibt. Der Anteil des eher introvertierten Typ 4 ist zum Beispiel genau so groß wie der seines extrovertierten Gegenpols Typ 1. Interessant ist, dass der Quadrant „Markenbewusster Traditionalist" nicht besetzt ist. Marke und Qualität werden offensichtlich eher mit Trend als mit Tradition in Verbindung gebracht. Die hier gewählte grafische Darstellung anhand von Trend vs. Tradition und Preis vs. Marke entspricht einer sehr konsumorientierten Sichtweise und stellt entsprechend kein abschließendes Bild der Typen dar. Die Abstände zwischen den Clustern variieren bei einem Wechsel der Perspektive, beispielsweise liegen Typ 1 und Typ 5 bei allen Fragen des Coming-outs bzw. des Auslebens der schwulen Identität sehr nah beieinander. In zahlreichen Fragen des Konsumverhaltens und der Mediennutzung lässt sich insbesondere zwischen den Clustern 1,3 und 5 – die immerhin 64 % aller Schwulen in Deutschland ausmachen – ein breiter Konsens finden.

Coming-out und Konsumverhalten

Bei Betrachtung der verschiedenen Typen lässt sich klären, inwiefern eine Korrelation zwischen einer offen ausgelebten schwulen Identität und einem spezifischen Lifestyle und Konsumverhalten besteht. Das Item „Ich lebe offen schwul" ging als eines von 159 in die Faktorenanalyse mit ein. 26 % der Probanden haben diesem Punkt weniger oder gar nicht zugestimmt. Diese Zahl ist natürlich nicht aussagekräftig für die Anzahl der schwulen Männer in Deutschland, die nicht geoutet leben. Sie bietet aber die relative Sicherheit, dass das Sample nicht nur die Schwulen umfasst, die in den urbanen Szenen anzutreffen sind. Betrachtet man die Verteilung der nicht offen lebenden Schwulen in der Typologie, wird die starke Verbindung zwischen vollzogenem Coming-out und einem ganz spezifischen Konsumverhalten augenscheinlich. Fast 50 % der nicht offen lebenden Befragten fallen auf Grund ihres Konsumverhaltens dem Typus 4 zu – dem mit der geringsten Affinität zu Lifestyle und Konsum. Hingegen geht der Eintritt in die schwule Infrastruktur und Szene mit einer ausgeprägten Konsumneigung und Kommunikativität einher. Je stärker die persönliche Bindung an die urbanen Szenen empfunden wird, desto augenscheinlicher ist dieses Verhalten.

Schwules vs. heterosexuelles Konsumverhalten

Der Vergleich der schwulen Typen untereinander gibt einen guten Einblick in die Struktur der schwulen Zielgruppen. Er zeigt deutlich, dass die allen gemeinsame sexuelle Orientierung nicht ausreicht, um eine homogene Gruppe abzuleiten. Die Beschreibung des schwulen Konsumenten hat aber erst dann eine Relevanz für Marketingentscheidungen, wenn man sie direkt mit der des heterosexuellen Konsumenten vergleichen kann. Nun wurde noch keine Studie über ausschließlich heterosexuelles Konsumverhalten aufgelegt, die Zahlen der VA oder TdWI, die den deutschen Durchschnitt beschreiben, bieten aber ein gutes Vergleichspotenzial, auch wenn der schwule Konsument in diesen Studien mit befragt worden ist. Wir werden im Folgenden einige Branchen, Produkte und Dienstleistungen darstellen, bei denen die Unterschiede besonders signifikant ausfallen. Die Vergleichszahlen beziehen sich immer auf die gleiche Altersgruppe aus VA oder TdWI.

Dass die Bereiche Mode und Kosmetik für schwule Männer eine hohe Bedeutung haben, ist nicht wirklich neu und soll deshalb hier nur kurz dargestellt werden. Für 73 % gehört das Eau de Toilette mindestens mehrmals wöchentlich zur Pflegeroutine, nur 33 % der heterosexuellen deutschen Männer greifen so oft zum Flakon. 65 % der Schwulen kaufen ihren Duft in der Parfümerie, sehr zu Lasten des Kaufhauses, was die Vorliebe zu persönlicher Beratung und Service beschreibt. Der Marktanteil von Parfümerien beim Eau de Toilette-Kauf beträgt im Vergleichsmarkt unter 50 %. 51 % stylen ihr Haar täglich bzw. mehrmals pro Woche mit Haargel/Stylingcreme/Haarwachs, im Vergleich zu 11 % der männlichen Gesamtbevölkerung.

Der Haushalt und die eigene Wohnung sind die Domäne schwuler Männer: Sie sind im Vergleich die größeren Saubermänner, die passionierteren Köche und achten mehr auf gesunde Ernährung. Bei dem Punkt „Ich mag es, wenn alles sauber und ordentlich ist", schlagen sie im Schnitt sogar die deutschen Frauen (86 % stimmen voll und ganz bzw. überwiegend zu, ca. 77 % der Frauen). Fast zwei Drittel kochen sehr gerne – nur etwa ein Viertel der Männer behauptet dies – relativ häufig mit Freunden (56 %) und für Gäste (61 %). 65 % achten auf gesunde Ernährung, nur 52 % der Männer tun dies im Vergleich. Aber auch die Wohnungseinrichtung und -gestaltung ist sehr wichtig: 62 % beschäftigen sich häufig mit der Verschönerung der eigenen Wohnung (36 % im Vergleich).

Die Bereiche Unterhaltungselektronik und Telekommunikation zeigen, dass modernste Technik ein wichtiger Bestandteil des privaten Umfeldes schwuler Konsumenten ist und das tägliche Leben stark beeinflusst.

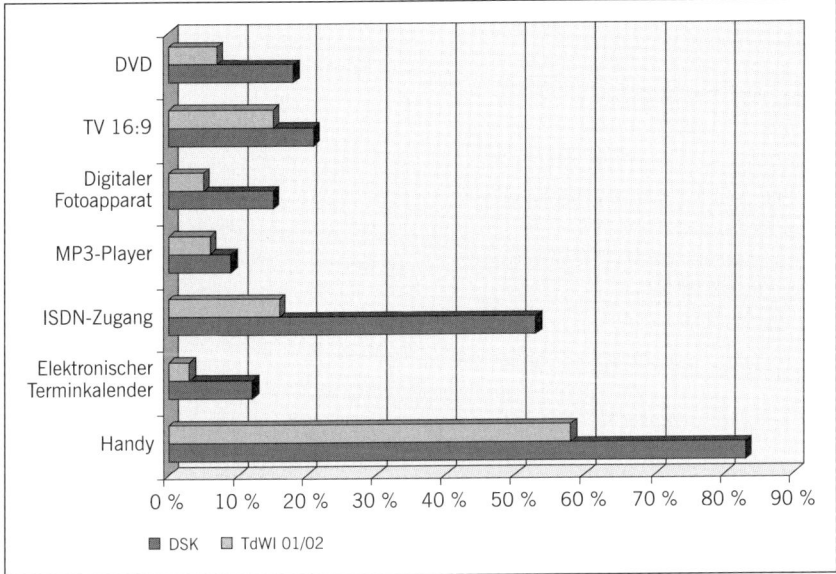

Abb. 5.2: Besitz Unterhaltungselektronik und Telekommunikationsgeräte
Quellen: gofelix/BBDO, Grundlagenstudie „Der schwule Konsument" (DSK) Köln/
Düsseldorf 2001 sowie Vergleichszahlen Typologie der Wünsche (TdW Interme-
dia, Offenburg, 2001/2002)

Der Bereich Finanzdienstleistungen stellt ebenfalls eine Branche dar, in der
man von einem wirklich anderen Grundbedürfnis schwuler Männer sprechen
kann. So nennt der deutsche Anleger, wenn er nach seinen Anlagezielen gefragt wird, mit großer Mehrheit „Sicherheit" als wichtigstes Ziel. Schwule Männer entscheiden anders: Nicht hohe Sicherheit ist gefragt, die schnelle Verfügbarkeit des Kapitals ist aufgrund der unterschiedlichen Lebensplanung für
47 % das wichtigste Anlageziel. Und dass sich dies sehr stark auf die Anlage-
strategie auswirkt, zeigt das Portfolio schwuler Männer: 31 % verfügen über
Fonds (verglichen mit 11 % im Männerdurchschnitt), 28 % über Aktien (verglichen mit 8 %). Jeder zweite Schwule vermisst spezifische Versicherungsange-
bote für schwule Partnerschaften.

Die Zahlen aus dem Bereich Reisen und Mobilität belegen: Schwule Touristen
sind eine attraktive Zielgruppe. 64 % der Befragten unternahmen im vorangegangenen Jahr mehr als eine Kurzreise, nur 20 % des Männerschnitts fährt so
häufig übers Wochenende weg. Mehr als ein Drittel fahren mehrfach im Jahr
in einen längeren Urlaub, im Vergleich sagen dies nur 10 % der männlichen
Bevölkerung. Und sie bleiben in den schönsten Wochen des Jahres auch gerne
unter sich: Die Attraktivität der klassischen schwulen Reiseziele ist ungebro-
chen. Die Top 10 der geplanten Reiseziele in den kommenden ein bis zwei

Jahren umfassen mit den US-Metropolen, London, Gran Canaria, Mykonos, Amsterdam und Ibiza die wichtigsten Destinationen mit starkem schwulen Angebot.

Fazit

Die Ergebnisse der Studie zeigen, dass das Konsumentenverhalten innerhalb der schwulen Zielgruppe durchaus nicht anhand von altgedienten Klischees erklärt werden kann, sondern einer differenzierten Betrachtung unter Einbeziehung der beschriebenen Typologie bedarf. Darüber hinaus konnte belegt werden, dass Schwule in ihren Verhaltensmerkmalen zahlreiche signifikante Unterschiede zur Gesamtbevölkerung bzw. zur heterosexuellen männlichen Bevölkerung aufweisen. Da die Studie die Interessen und Einstellungen der verschiedenen Schwulen-Typen beleuchtet, kann sie als Grundlage dienen, um Marketingkonzepte auf die spezifischen Bedürfnisse schwuler Konsumenten hin auszurichten. Gerade deren starkes Markenbewusstsein, die hohe Konsumbereitschaft und Offenheit für Trends und neue Technologien gekoppelt mit einer überdurchschnittlich hohen Kaufkraft zeigen, dass hier noch Raum für die Erschließung vielfältiger Marktpotenziale vorhanden ist.

5.2 Lesbische Konsumentinnen

Zu lesbischem Konsumverhalten oder zu lesbischen Zielgruppen des Marketing bestehen bis heute keine relevanten Studien- oder Forschungsergebnisse. Lesben wurden häufig „mitberücksichtigt", wenn es um die Ansprache der Zielgruppe der Homosexuellen insgesamt ging, oder aber sie wurden explizit nicht eingeschlossen. Dies wird besonders dann offensichtlich, wenn Werbemotive nur Männer zeigen oder Kommunikationsplattformen lediglich Schwule erreichen (einige Printmedien, Vereine, Web-Portale oder Events). Auch die Massenmedien oder die Fachpresse thematisieren bei „Gay Marketing" ganz überwiegend schwule Männer als Zielgruppe. Dies kann einerseits damit zusammenhängen, dass Frauenpaare und „beste Freundinnen" für viele kaum zu unterscheiden sind. Andererseits, und wohl bedeutender, dass dem Klischee zufolge Lesben ein nicht annähernd so interessantes und glamouröses Marktsegment darzustellen scheinen wie schwule Männer.

Wie wir bereits im Kapitel zur schwulesbischen Geschichte erörtert haben, bestehen in der geschichtlichen Entwicklung von Schwulen und Lesben einige Unterschiede, die sich jedoch in der jüngeren Vergangenheit etwas nivelliert haben und insofern heute weniger sichtbar und relevant sind. Die heutige Lesbenbewegung hat ihren Ursprung im „Frauenkampf". So genannte „Kampflesben" prägen dabei immer noch das Vorurteil über lesbische Frauen. Wie alle Klischees zeigt auch dieses freilich kein Spiegelbild der Realität, wird aber dennoch nur selten in der Öffentlichkeit widerlegt und hält sich daher wohl weiterhin. Dass das Bild von burschikosen Frauen in der Öffentlichkeit einen so festen Platz eingenommen hat, kann auf mehrere Ursachen zurückgeführt werden:

❑ Lesbische Frauen, die nicht dem Klischee entsprechen, werden nicht als Lesben erkannt und wahrgenommen.

❑ Diejenigen Frauen, die sich für die Gleichberechtigung von Homosexuellen politisch und öffentlich einsetzen, entsprechen relativ häufig dem Klischee.

❑ Lesbische Frauen, die dem Klischee nicht entsprechen, dürften vergleichsweise gut im Mainstream integriert leben. Inwieweit eine Wechselwirkung zwischen einer Nähe zu heterosexuellen Frauen und einer Annäherung an deren Erscheinungsbild besteht, kann nur spekuliert werden.

❑ Weiterhin wird das Image von Lesben durch jene homophobe Menschen bestärkt, die unattraktiven Frauen stets ein Lesbischsein „nahe legen".

Warum sehen viele Lesben so aus, wie das Klischee es besagt? Dazu gibt es mehrere Theorien – vielleicht liegt die Wahrheit irgendwo dazwischen. Verhaltensforscher behaupten, dass Männer grundsätzlich bei der PartnerInnenwahl mehr Wert auf das Äußere legen als Frauen. Daher mag es zur stereotypischen Geschlechtsrolle der Frau gehören, einem männlichen Partner gefallen zu wollen: Sie schminken und kleiden sich so, wie es Männern gefällt. Dieser Mechanismus trifft angeblich auch auf schwule Männer zu, die oft besser aussehen (möchten) als andere Männer, weil sie Männern gefallen wollen. Lesbische Frauen hingegen wollen und müssen diesen Erwartungen nicht genügen, schließlich wollen sie von Frauen begehrt werden. Da diesen angeblich innere Werte wichtiger sind, kleiden sie sich so, wie es ihnen bequem ist, tragen kein Make-up, stattdessen ihre Haare praktisch und kurz.

Eine andere Theorie besagt, dass lesbische Frauen sich absichtlich, teils zu Erkennungszwecken, teils, damit sie nicht von Männern angesprochen werden und in ihrem Lesbischsein ernst genommen werden, äußerlich von heterosexuellen Frauen abgrenzen wollen.

Sicherlich existieren noch weitere Erklärungsmodelle. Tatsache ist, dass dieses, wie alle anderen Klischees, weder aus dem Nichts entstanden ist, noch allgemeine Gültigkeit hat. Gerade in den letzten Jahren haben die so genannten „Lipstick Lesbians" eine deutliche Öffentlichkeit erreicht und stellen einen Gegenpol zum derben Klischee dar. Wir gehen jedoch davon aus, dass – wie bei den schwulen Männern – der weitaus größte Teil der lesbischen Frauen überhaupt keine äußerlichen Besonderheiten aufweist.

Weder das bestehende „Image" noch die Erklärungsmodelle hierfür sind der Attraktivität lesbischer Zielgruppen förderlich. Insbesondere lassen sich, solange dieses Bild noch in den Köpfen der Menschen fixiert ist, keine positiven Synergieeffekte durch eine Positionierung im lesbischen Markt erreichen. Lesben scheinen nicht so „in" zu sein wie schwule Männer, sie prägen angeblich keine Trends und gelten auch nicht als Early-Adopters. Zudem schneiden sie auch im Einkommensvergleich mit ihren männlichen Kollegen schlechter ab, da sie die allgemeine Benachteiligung von Frauen bei der Vergütung trifft. Schließlich gilt auch ihre Erreichbarkeit im Vergleich zu Schwulen als weniger gut. Es gibt deutlich weniger (professionelle) Printmedien für Lesben, die eine Ansprache durch klassische Werbung ermöglichen, weniger Treffpunkte wie Bars und Clubs, die sich für Below-the-Line-Massnahmen eignen und nicht zuletzt sind Lesben auch an den meisten „gemischten" Homosexuellen-Events unterrepräsentiert. Zu einem großen Teil dürfte dies an der Nähe vieler Lesben zur Frauen-Szene liegen. Andererseits gibt es Hinweise darauf, dass Lesben längere Beziehungen führen als schwule Männer und insofern tendenziell weniger Aktivitäten unternehmen, die auf das Knüpfen neuer Kontakte ausgerichtet sind.

Obwohl diese Gründe eine spezifische Ansprache der lesbischen Zielgruppe nicht unmittelbar nahe legen, sollte dieser Ansatz nicht verworfen werden. Es gibt eine Reihe lohnenswerter Ansätze, das Marktpotenzial lesbischer Frauen auszuschöpfen.

Die wichtigste Möglichkeit besteht in dem integrierten Gay-Marketing-Ansatz für Schwule und Lesben. Ein solcher basiert auf der Tatsache, dass Schwule und Lesben während der letzten Jahre zunehmend einen gemeinsamen Weg in Richtung Integration beschritten haben und im Kern eine großes Maß an Gemeinsamkeit aufweisen (vgl. Kapitel 5). Die wesentlichen Werte der Gay Community gelten für homosexuelle Männer und Frauen gleichermaßen: Offenheit, Akzeptanz, Solidarität, ein erweiterter Familienbegriff, Freundschaft etc. Insofern arbeiten viele codierte Ansätze von vorneherein mit Symbolen, die für alle Homosexuellen gleichermaßen oder aber ähnlich relevant sind. Weiterhin kann in integrierten Ansätzen zusätzlich zwischen der schwulen und der lesbischen Teilzielgruppe unterschieden werden.

Ford hat gezeigt, wie so etwas aussehen kann. Im Jahr 2000 entstand das erste spezifisch schwulesbische Werbemotiv „Let every day be a street day". Dieses bezog sich – unterstützt durch Regenbogenfarben – auf den Christopher Street Day. Ein Jahr später trat Ford als Sponsor für den CSD in Köln auf. Dieser Event wird von homosexuellen Frauen und Männern besucht. Als begleitende Maßnahme schaltete Ford im Umfeld des CSD in Zielgruppenmedien ein männliches und ein weibliches Motiv.

Die bereits dargestellten LeserInnen-Statistiken der großen Gay-Medien zeigen im Übrigen, dass die Leserschaft teilweise einen hohen, fast repräsentativen Frauenanteil enthält.

Ein spezifischer Ansatz besteht darin, in ausschließlich lesbischen Printmedien Anzeigen zu schalten, die im Kommunikationsstil und von den Motiven her den Besonderheiten der Leserinnen gerecht werden. Eine solche Strategie kann sich besonders dann lohnen, wenn die beworbenen Produkte im lesbischen Segment sinnvoll positioniert werden können und dem Konsumverhalten von lesbischen Leserinnen entsprechen. Ein Beispiel hierfür mag FemSecure® oder die Rosa Rente®/Lila Rente sein.

Um die im Mainstream Integrierten Lesben zu erreichen, die sich in ihrem Konsumverhalten teilweise heterosexuellen Frauen gleichen, bieten sich Mainstream-Medien an. Hier wiederum können spezifische oder offene Motive zur Ansprache verwendet werden. Asti Cinzano schaltete beispielsweise eine Anzeige, in der ein Frauenpaar gezeigt wurde, bei dem die Interpretation „gute Freundinnen" bemüht erscheint. Ein weiteres Beispiel stellt das lesbische Paar der bereits dargestellten Kampagne „Happynese" dar. Dieses Motiv wurde großflächig als Außenwerbung platziert (vgl. Abb. 5.3). Ein solches Vorgehen bedeutet im Markt der „Frauen" im Übrigen kein Risiko, da unterschiedliche Studien zeigen, dass Frauen dem Thema Homosexualität allgemein offener gegenüber stehen als Männer. Eine weitere Möglichkeit, lesbische Frauen im Mainstream anzusprechen, ist die Verwendung von nicht-heterosexuellen Motiven, die Frauen als eigenständige, selbstbewusste Menschen zeigen. Diese Vorgehensweise erscheint angesichts eines sich wandelnden Geschlechterverständnisses von Frauen ohnehin zunehmend zeitgemäß. Derartige Ansätze unterstützen zudem viele offene, moderne Markenpositionierungen.

Abb. 5.3: Langnese Werbe-Kampagne „Happynese" (2001) – Fotomotiv „Cornetto"
für Plakatwerbung.
© Langnese-Iglo GmbH

5.3 Homo-gen oder regenbogen-bunt?

Die beiden zurückliegenden Kapitel haben gezeigt, dass die zahlreichen, widersprüchlichen Klischees über Homosexuelle der schwulesbischen Zielgruppe nicht gerecht werden. Stattdessen vermittelt ein Basis-Modell, das sich an den psycho-sozialen Grundgegebenheiten aller Homosexueller orientiert, ein fundiertes Verständnis für die Gemeinsamkeiten der Zielgruppe. Aus diesem Modell lassen sich für Schwule und Lesben grundsätzliche Affinitäten, Konsumpräferenzen und Kommunikationsmuster ableiten. Diese werden im Prinzip von der Marktforschung für schwule Männer bestätigt. Es spricht nichts dagegen, die grundlegenden Mechanismen auch auf den lesbischen Markt zu übertragen – insbesondere, wenn dabei einige Spezifika des Frauenmarktes Berücksichtigung finden. Innerhalb verschiedener Teil-Zielgruppen vermischen sich die schwule und die lesbische Zielgruppe. Insgesamt überwiegen heute die Gemeinsamkeiten aller Homosexuellen – entweder in diesen Teil-Zielgruppen oder auf der Meta-Ebene – gegenüber dem heterosexuellen Mainstream. Diese Erkenntnis bildet mithin das Fundament für Gay Marketing und legt nahe, homosexuelle Frauen und Männer nach Möglichkeit gemeinsam zu umwerben, wie dies zum Beispiel von der British Tourist Authority (BTA) realisiert wurde (vgl. Abb. 5.4).

Entscheidend für dessen Erfolg ist die Vermeidung jeglicher homosexueller Klischees und die Anerkennung der Vielfalt der Zielgruppe in vielerlei Hinsicht. Den gemeinsamen Nenner schlechthin stellt die sexuelle Orientierung und die mit ihr zusammenhängenden Faktoren (Coming-out etc.) dar.

Praktisch alle Zielgruppen des Mainstream (z.B. Angler, Brillenträger, Fertigsuppenverwender etc.) finden sich auch im homosexuellen Markt. In manchen Fällen lohnt es sich, sie dort zusätzlich anzusprechen, in manchen Fällen wird

Abb. 5.4: Printmotiv BTA (2000)
© British Tourist Authority

dies praktisch unmöglich sein. Die sorgfältige Betrachtung des jeweiligen Einzelfalles gewährleistet, dass Marktpotenziale nicht leichtfertig verschenkt werden.

Weiterhin weisen die dargestellten Erkenntnisse darauf hin, dass die deutliche Betonung schwulesbischer Aspekte, wie dies im Gay Marketing in den USA üblich, teilweise sogar erforderlich ist, zumindest im deutschsprachigen Europa keinen überragenden Erfolg verspricht. In Amerika besteht ein wesentlich ausgeprägteres Denken in Gruppen mit eigenen Interessen und das Sicheinsetzen für dieselben stellt einen Teil der Kultur dar. „Standing up for your case" ist ein gefragter Mechanismus, der auch auf Firmenseite ein Positionbeziehen erforderlich macht. Erst die Diversity-Bewegung hat dazu geführt, dass die vielen Einzelgruppen nach und nach ein gemeinsames thematisches Dach erhalten. In Europa besteht bereits eine relative Nähe diverser Gesellschaftsgruppen, da die Segmentierung nie so drastisch vollzogen und kultiviert wurde wie in den USA. Außerdem besteht hier ein grundsätzliches, in der Kultur verankertes Bestreben nach Harmonie und Gemeinsamkeiten. Im Kontext mit der historischen Entwicklung der Situation Homosexueller wird erkennbar, dass tatsächliche Normalität und sichtbare Integration in allen Bereichen – auch im Marketing – den für diesen Kulturkreis passenden und Erfolg versprechenden Ansatz darstellt.

Lektion 5 Schwule und Lesben unterscheiden sich sehr deutlich von der Mainstream-Gesellschaft und sind in vielerlei Hinsicht von ihr getrennt zu betrachten. Gleichzeitig weisen sie etliche Unterschiede untereinander auf, die nur zum Teil geschlechtsspezifisch sind. Aus den Gemeinsamkeiten aller Homosexuellen lassen sich Konsumtypen und Szenen ableiten, die für das Marketing sehr geeignet sind.

Kapitel 6

Fünf Ps: Welche Gay-Marketing-Strategien sind möglich?

Nachdem wir uns mit den Grundlagen, den Voraussetzungen sowie den Chancen und Risiken eines Zielgruppen-Marketings für Homosexuelle befasst haben, soll es jetzt um die Möglichkeiten der Umsetzung von Gay Marketing gehen. Dabei bedienen wir uns des klassischen Modells der drei bis fünf Ps. Dies zeigt im Übrigen, dass eine Entwicklung von Gay-Marketing-Strategien dieselben professionellen Schritte möglich und erforderlich macht, wie dies sonst im Marketing üblich und angebracht ist.

Um einen erfolgreichen Marketing-Mix zu produzieren, bedarf es einer sinnvollen Kombination und Abstimmung der einzelnen Elemente. Diese dürfen nicht einzeln und additiv bewertet werden, sondern es müssen vielmehr auch die Wechselwirkungen zwischen den einzelnen Instrumenten Berücksichtigung finden. Schließlich entscheidet die eingesetzte Kombination über den Erfolg oder Nichterfolg einer Strategie. Die Instrumente müssen dabei nicht zwingend alle spezifisch auf die Zielgruppe ausgerichtet werden. Oftmals genügt schon die zielgruppenspezifische Anpassung der Marketing-Kommunikation, um dieses neue Segment zu erschließen.

Im Folgenden stellen wir fünf Teilstrategien des Marketings vor:

Product: Die Produktstrategie

Price: Die Preisstrategie

Place: Die Absatz-, Verkaufs- und Vertriebsstrategie

People: Die Personalstrategie

Promotion: Die Kommunikationsstrategie

In jedem Fall zeigen wir unterschiedliche Ausprägungen und die damit zusammenhängenden Chancen, Risiken und Auswirkungen einer Differenzierung. Insoweit dies möglich und sinnvoll erscheint, illustrieren wir die Ausführungen anhand von Beispielen aus der Praxis.

Eine grundlegende Systematik besteht in diesem Kapitel darin, dass innerhalb jeder Teilstrategie die Möglichkeit besteht, einen Standard-Ansatz zu verfolgen, das heißt denselben Mechanismus wie im Massenmarkt oder im Mainstream. Im Sinne unseres Kapitel 1 wird ersichtlich, dass eine Beibehaltung der Standard-Ansätze in allen Teilstrategien selbstverständlich kein Gay Marketing ergibt.

6.1 Product: Die Produktstrategie

Das Produkt steht meist an erster Stelle – schließlich stellt es gewissermaßen den Kern einer Marktleistung dar. Ohne ein Produkt, das den Nutzenanforderungen der Konsumenten entspricht, können die weiteren Marketing-Maßnahmen nicht langfristig erfolgreich sein. Diese und die folgenden Ausführungen gelten freilich im Wesentlichen auch für Dienstleistungen.

Für die Gestaltung eines Produktes gibt es im Zielgruppenmarketing grundsätzlich drei unterschiedliche Strategien, die wir näher beleuchten wollen:

❑ spezielle Produkte für eine Zielgruppe

❑ Produktvariationen

❑ Standardprodukte

Der ausschlaggebende Faktor, der einen Konsumenten dazu bewegt, ein Produkt oder eine Dienstleistung zu konsumieren, ist der subjektiv empfundene Nutzen, der mit dem Konsum einhergeht. Dieser Nutzen aus Sicht des Konsumenten muss daher der zentrale Punkt bei der Konzeption einer Leistung sein. Dies führt für die oben genannten Möglichkeiten zu unterschiedlichen Abwägungen.

Spezielle Produkte

Wenn aus den Eigenschaften der Zielgruppe ein spezielles Bedürfnis hervorgeht, das durch herkömmliche Produkte nicht oder nur unzureichend erfüllt wird, bietet es sich an, eine spezielle Marktleistung einzuführen, die diese „Nische" bedient. Tatsächlich gibt es durchaus Bereiche, in denen homosexuelle Männer und Frauen Bedürfnisse haben, die sich aus ihrer speziellen Lebenssituation ergeben. So existieren beispielsweise in den Bereichen Tourismus, Medien und Finanzdienstleistungen zahlreiche Möglichkeiten, den Nutzen für homosexuelle KonsumentInnen durch eine zielgruppenspezifische Leistung zu erhöhen.

Als Tourismus-Beispiele dienen hier Reisen zu Gay-Events, lesbische Kreuzfahrten oder schwule Skiwochen. Im Bereich Medien sind die bestehenden einschlägigen Printmedien ebenso zu nennen wie die nicht-besetzte Nische eines hochwertigen Gay-Lifestyle-Magazins. Im Bereich Finanzdienstleistungen gibt es Versicherungen für gleichgeschlechtliche Paare (von der Haftpflicht- bis zur Rentenpolice).

All dies sind Marktleistungen, die ausschließlich oder zumindest hauptsächlich von Schwulen und Lesben konsumiert werden. Um ein spezielles Produkt zu rechtfertigen, bedarf es natürlich einer ausreichend großen Nachfrage, die wiederum nur zustande kommt, wenn der subjektiv empfundene Zusatznutzen groß genug ist. Es bleibt zum Beispiel höchst fraglich, ob ein Kühlschrank für Schwule einen ausreichend großen Markt finden würde. Dies wurde unter Verweis auf das klischeehaft angenommene Konsumverhalten (Präferenz für Sekt und frisches Gemüse) tatsächlich diskutiert.

Bei diesen Überlegungen gilt zu beachten, dass Homosexuelle aufgrund ihrer Erfahrung mit oder ihres Bewusstseins für Diskriminierung und Ausgrenzung unter Umständen negativ auf allzu spezifische Ansätze reagieren, da sie den

Abb. 6.1: Prospekttitelseite Atlantis Travel
© T.O.M. Communication,
Thomas Bömkes, München

Charakter einer desintegrierenden Sonderbehandlung oder einer Ausbeutung aufweisen.

Meistens werden daher spezielle Gay-Angebote von Mitgliedern der Community selbst auf den Markt gebracht. Dabei sei beispielsweise auf schwule Buchläden, lesbische Finanzberatung, homosexuelle Reiseveranstalter oder lesbische Printmedien verwiesen. Diese Beispiele müssen jedoch keinesfalls bedeuten, dass nur interne Anbieter für diese Art von Produkten opportun sind. Vielmehr kann man sich gut vorstellen, dass auch Mainstream-Anbieter spezielle Produkte in ihr Angebot aufnehmen, wie dies zum Beispiel für das bereits erwähnte, in Deutschland fehlende Lifestyle-Printmedium der Fall sein könnte.

Die Strategie, spezielle Produkte für die Zielgruppe zu entwerfen, bringt Vor- und Nachteile. Der gewichtigste Vorteil besteht sicherlich im Neuigkeitsgehalt. Ein bisher nicht oder nur unzureichend bedientes Bedürfnis kann durch ein spezielles Produkt wesentlich befriedigt werden. Der hohe Spezialisierungsgrad mag sich aber auch nachteilig auf die Größe des potenziellen Marktes auswirken – trifft das Produkt tatsächlich nur die speziellen Bedürfnisse von (einigen) homosexuellen Konsumenten, so lässt sich der Markt kaum ausweiten und die Stückkosten bleiben relativ hoch.

Produktvariationen

Eine andere Strategie kann es daher sein, ein Produkt für das Marktsegment nicht neu zu entwerfen, sondern es lediglich zielgruppenspezifisch anzupassen. Eine solche Strategie ist sinnvoll, wenn das Kernprodukt den Bedürfnissen der Zielgruppe grundsätzlich entspricht und eine Anpassung der Leistung den Nutzen in einem relevanten Maße erhöht.

Die Rosa Rente®, für die der Gerling Konzern entsprechende Versicherungsprodukte zur Verfügung stellt, bildet beispielsweise eine zielgruppenspezifische Produktvariation. Die Kernleistungen der Assekuranzbausteine bleiben dabei dieselben, wie sie im Gesamtmarkt angeboten werden. Lediglich die Kombination verschiedener Verträge/Tarife zu einem neuen Produkt geht auf manche spezifischen Bedürfnisse von Homosexuellen ein.

In ähnlicher Weise stellen sich die Versicherungs-Vermittlungsleistungen der ComVers GmbH dar, die unter den Marken GaySecure® und FemSecure® eine breite Palette von Assekuranzprodukten für homosexuelle Frauen und Männer anbieten. Auch hier finden wir praktisch ausschließlich Standard-Produkte, die durch ein verändertes Packaging für die Zielgruppen besonders relevant gemacht werden. Weiterhin bietet das Unternehmen Hintegrund- und Detailinformationen darüber an, welche Produkte bzw. Unternehmen inwiefern „diskriminierungsfrei" sind.

Auch im Tourismus-Bereich, insbesondere im Destinationen-Marketing, finden sich Beispiele von Produktvariationen. So bleibt beispielsweise das Kernprodukt der Touristen-Information für alle Touristen grundsätzlich das selbe. Eine spezielle Broschüre kann die schwul-lesbische Zielgruppe aber auf für sie besonders interessante Möglichkeiten hinweisen und sie explizit als Besucher willkommenheißen. Darüber hinaus besteht die Möglichkeit, über ein spezielles Welcome-Package oder über eine besondere Gay-Info-Line zusätzliche Informationen für homosexuelle Reisende bereitzuhalten. Eine Destination, die als „gay-friendly" positioniert wird, stellt selbst eine Produktvariation dar: Im Mainstream-Markt mag eine Region allgemeine Attraktivität durch die Eigenschaften „son-

Die Versicherungslösung für Frauen und Ihre Partnerinnen

- Bedarfsgerechte und diskriminierungsfreie Versicherungsprodukte
- Partnerinnentarife für eheähnliche Lebensgemeinschaften
- Gutes Preis – Leistungsverhältnis
- Prämienvorteile exklusiv für LSVD-Mitglieder

FemSecure

Mehr Sicherheit für Frauen

Abb. 6.2: Informations-Flyer FemSecure
© ComVers GmbH

nig" und „Natur" aufweisen. Mit Blick auf homosexuelle Marktsegmente weisen dagegen die Attribute „offen" und „multi-kulturell" zusätzliche Vorteile auf.

Die Stadt Basel hat beispielsweise im Sommer 2001 ein solches Produkt auf den Markt gebracht. Interessierte Schwule und Lesben können in der Tourismuszentrale ein eigens für sie zusammengestelltes Package anfordern, in dem nicht nur die allgemeinen Informationen über Basel enthalten sind, sondern auch andere für die Zielgruppe möglicherweise besonders relevante Informationen. Die Tourismus-Zentrale Hamburg hat dagegen bereits im Jahr 2000 über die Durchwahl 4-2-9 (Vanity G-A-Y) eine schwul-lesbische Info-Line eingerichtet, die gewährleistet, dass der Call-Center-Agent die Herkunft des Anrufes einschätzen und einseitig heterosexuelle Informationen zugunsten allgemeiner Hinweise in den Hintergrund treten lassen kann. Ein ungefragtes Anbieten spezifischer homosexueller Informationen ist dagegen in diesem Zusammenhang nicht sinnvoll.

Die Möglichkeit einer Produktvariation schwächt die Nachteile einer spezifischen Produktstrategie weitgehend ab. Außerdem bietet sie zusätzliche Vorteile mit Blick auf die von der Zielgruppe angestrebte Normalität (Selbstverständlichkeit) bei gleichzeitigem Wunsch nach klarer, eindeutiger Berücksichtigung.

Standardprodukte

Insbesondere in den klassischen Massenmärkten (Nahrungs- und Genussmittel, FMCG, Gebrauchsgüter, Automobil, Energie etc.) ist dies die am häufigsten verfolgte Produktstrategie. Meist bietet sich auch im Bereich Gay Marketing nur die zielgruppenspezifische Positionierung von Standardprodukten (identische Produkte für homo- und heterosexuelle KonsumentInnen) an. Eine solche Strategie ist außerdem immer dann sinnvoll, wenn sich aus den Eigenheiten der Zielgruppe keine auf das Produkt oder die Dienstleistung übertragbare Besonderheit ableiten lässt.

Die zielgruppenspezifische Vermarktung von Standardprodukten kann natürlich dennoch sinnvoll sein und einen Vorteil gegenüber dem Massenmarketing ergeben, etwa durch die Anpassung der Kommunikation. Dabei tritt die Bedeutung der Zielgruppenkompatibilität besonders in den Vordergrund. Nicht nur die Produkt-Features müssen für Schwule und Lesben genauso relevant und gut sein wie für heterosexuelle KundInnen. Auch die Markenwerte sollten für den Fall einer zielgruppen-spezifischen Positionierung für Homosexuelle eine ähnlich hohe Bedeutung aufweisen wie für den Mainstream. Wenn insoweit eine Passgenauigkeit vorliegt, steht der Positionierung eines Standard-Produktes im Gay-Markt nichts im Wege.

Das wohl bekannteste Beispiel aus diesem Bereich ist die Marke Jacobs Krönung light, die seit 1998 auch im schwulen Markt positioniert ist. Dies wird als ausführliche Case Study im Kapitel 7 präsentiert. Hier wird besonders deutlich, dass es kaum eine sinnvolle Möglichkeit noch einen Grund gibt, das Produkt „Röstkaffee" zielgruppenspezifisch anzupassen oder gar speziell für homosexuelle Männer zu produzieren – vielmehr kann durch ein Standardprodukt von der Möglichkeit eines insgesamt vergrößerten Marktes profitiert werden.

Auch im Falle der Barclay Card Gold ergab die Überprüfung aller Produktfeatures und der allgemeinen Positionierung eine hohe Kompatibilität mit der homosexuellen Zielgruppe. Eine minimal angepasste Kommunikation diente zur Ansprache der schwulen Zielgruppe.

Des Weiteren bieten sich Standard-Produkt-Strategien auch in bestimmten Dienstleistungsbereichen an. So erreicht zum Beispiel die überregional tätige Rechtsanwalts- und Steuerberatungs-/Wirtschaftsprüfungssozietät Roggelin, Witt, Wülfing, Dieckert (RWWD) durch Anzeigen in unterschiedlichen regionalen Gay-Medien nicht nur eine Präsenz in der jeweiligen Stadt, sondern durch Wiedererkennungseffekte auch überregional.

Besonders markant erscheinen Standard-Produktstrategien, wenn die Positionierung im schwulesbischen Umfeld öffentlich vorgenommen wird (vgl. Kapitel 1 und Abschnitt „Promotion" in diesem Kapitel). Dieses Beispiel finden wir unter anderem in Hamburg, wo der Energieanbieter HeinGas in einer mehrjährigen Kampagne immer wieder ungewöhnliche Motive verwendet hat, um über Print- und Außenwerbung vielfältige Gruppen der Gesellschaft pointiert, nicht jedoch sensationalistisch, im Rahmen des Slogans „Für mehr menschliche Wärme" einzusetzen. In diesem Zusammenhang wurden Dominas, alte oder dicke Menschen eingesetzt. Anfang 2002 entstand in dieser Reihe das in Abbildung 6.3 gezeigte Motiv.

Zusammenfassend kann festgestellt werden, dass es eine Reihe sinnvoller Ansätze gibt, Produktvariationen oder Spezialprodukte für die schwul-lesbische Zielgruppe auf den Markt zu bringen. Diese sollten jedoch einen echten Mehrwert für die Zielgruppe darstellen und sich nicht in einem Marketing-Gag erschöpfen. Ansonsten dürfte es häufig effizienter sein, ein Standardprodukt auf seine Kompatibilität mit dem homosexuellen Markt zu überprüfen und es mittels angepasster Marketing-Instrumente zielgruppenspezifisch zu positionieren.

Abb. 6.3: Plakatwerbung Hein Gas
Photo: Alexandra Klever. © HEIN GAS Hamburger Gaswerke GmbH

6.2 Price: Die Preisstrategie

Die Preisbildung wird allgemein durch drei Faktoren beeinflusst: Kundennutzen, Konkurrenz und Kosten. Dies stellt sich auch im Gay Marketing nicht anders dar. Im folgenden Abschnitt wollen wir ausgehend von diesen Einflussfaktoren die preisstrategischen Möglichkeiten im schwul-lesbischen Markt aufzeigen. Grundsätzlich unterscheiden wir vier unterschiedliche Preisstrategien im Gay Marketing:

❑ höhere Preise als für vergleichbare Produkte aus dem Massenmarkt
❑ tiefere Preise
❑ Standardpreise
❑ Benefiz-Modelle

Höhere Preise

Der Preis, der ein Konsument für eine Leistung zu bezahlen gewillt ist, ergibt sich aus dem subjektiven Nutzen, der ihm oder ihr aus dem Konsum erwächst. Somit ergibt sich die Möglichkeit, Preise für Produktvariationen, die dem Kunden im Vergleich zum Standardprodukt einen entsprechend höheren Nutzen bringen, höher anzulegen. Diese Option wird aber erst nach genauer Analyse des tatsächlichen Mehrwertes genutzt. Ist der Mehrwert aus der Produktdifferenzierung für den Konsumenten nicht deutlich spürbar, oder wird sogar versucht, ein Standardprodukt zu einem höheren Preis abzusetzen, so werden die aufgeklärten Kunden der heutigen Zeit kaum zu gewinnen sein.

Wie wir schon verschiedentlich dargelegt haben, sind gerade Homosexuelle durch ihre Erfahrungen mit Diskriminierung und Ausgrenzung zu einem aufmerksamen und kritischen Klientel geworden. Die wenigsten würden für eine Leistung mehr bezahlen als anderen Konsumenten, nur weil das Unternehmen sie speziell anspricht. Im Gegenteil, sie würden sich (zurecht) ungerecht behandelt fühlen.

Stellt sich jedoch ein relevanter Zusatznutzen dar, so kann der Preis durchaus höher angesetzt werden, wobei dann die Vergleichbarkeit mit dem Standardprodukt nicht mehr gegeben sein muss. Ein Zusatznutzen kann beispielsweise darin bestehen, dass dem Konsumenten ein subjektiver Nutzen in Form von Prestige oder Status erwächst. Dieser muss jedoch klar kommuniziert werden. Die allgemein als „Snob-Effekt" bekannte Wertschätzung eines Produktes aufgrund eines hohen Preises kann – in Einzelfällen – auch im homosexuellen Markt beobachtet werden.

Über Marktforschung erhielten wir weiterhin Hinweise darauf, dass selbst ein Unternehmen oder eine Marke, die als einzige ihrer Branche homosexuellenfreundlich auftritt, dieses Alleinstellungsmerkmal nicht zur Durchsetzung höherer Preise nutzen kann. Gay-Friendliness wird vom Markt tatsächlich als allgemeiner Mehrwert, nicht jedoch als echter Zusatznutzen angesehen.

Tiefere Preise

Ist ein Produkt noch unbekannt, kann der potenzielle Konsument den Nutzen noch nicht genau bestimmen und ist daher unter Umständen preissensibler. Die risikobedingte Hürde, die mit dem Kauf eines noch unbekannten Produktes für den Konsumenten entsteht, lässt sich eventuell durch die Festsetzung eines tieferen Einführungspreises überwinden. Er oder sie kann dadurch eher dafür gewonnen werden, das Produkt auszuprobieren.

Auch dieser Mechanismus findet sich hin und wieder im Gay-Markt. Ein tieferer Einführungspreis wird festgelegt, um Erstkäufer im schwul-lesbischen

Segment zu gewinnen. Da häufig beobachtet wurde, dass von diesem Marktsegment Trendsettingeffekte ausgehen, stellt das Überzeugen homosexueller KundInnen gegebenenfalls ein strategisches Marktziel dar.

Eine Anpassung des Preises nach unten kann auch dann angezeigt sein, wenn der Zielgruppe kommuniziert werden soll, dass sie besonders wertgeschätzt wird, und insofern durch einen tieferen Preis „belohnt" wird.

Auch spezielle Promotionangebote für homosexuelle Konsumenten können Anlass für einen tieferen Preis sein. So hat etwa Lufthansa USA Rabatte auf Standard-Flugtarife für TeilnehmerInnen der schwul-lesbischen Fußball-Weltmeisterschaft 2000 in Köln angeboten. Wird eine solche Aktion gut kommuniziert, kann sie ausgesprochen imagefördernd in der Zielgruppe wirken. Die Kunden nehmen (Wert-)Schätzung wahr und zusätzlich zeigt das Unternehmen, dass es die Werte oder Interessen (oder in diesem Fall die Events) der Gay Community nicht nur kennt, sondern auch unterstützt.

Standardpreise

Die vermutlich am häufigsten verwendete Preisstrategie ist die der Standardpreise. Der wichtigste Grund hierfür liegt in der Natur der Massenmärkte, in denen Preisdifferenzierungen marktstrategisch und logistisch schwierig umzusetzen sind. Auch ist die Unterscheidung homosexueller Kunden vom Restmarkt der heterosexuellen oft nicht einfach und legt eine einheitliche Preisstrategie nahe. Weiterhin dürfte in vielen Fällen die Kommunikation einer abweichenden Preispolitik für schwul-lesbische KonsumentInnen recht kompliziert sein. Standardpreise kommunizieren im Übrigen eine im Allgemeinen erstrebenswerte Normalität und Integration.

Benefiz-Modelle

Ein im schwul-lesbischen Markt besonders akzeptierter Ansatz stellt die Benefiz-Preisstrategie dar. Der Grundgedanke besteht darin, einen Teil der erzielten Gewinne an eine Non-Profit-Organisation weiterzugeben. Dabei können als Basis entweder die Deckungsbeiträge eines Geschäftsbereiches, eines Produktes oder das Business mit der Zielgruppe dienen. Das Modell ist aus mehreren Gründen erfolgversprechend:

❑ Schwule und Lesben fühlen sich (oft unbewusst) aufgrund ihrer Erfahrungen mit Diskriminierung einer Solidargemeinschaft zugehörig. Sie weisen tendenziell eine hohe Bereitschaft auf, Benachteiligten zu helfen oder allgemein „Gutes zu tun". Schließlich wissen sie, was es heißt, einer Randgruppe anzugehören. Entsprechend hoch schätzen sie viele Arten des sozialen Engagements auch auf Unternehmensseite.

❑ Ein besonderer Mechanismus besteht darin, eine der Community nahe stehende Organisation zu begünstigen. Dies zeigt besonders glaubwürdiges Interesse an und ehrliches Engagement für die Zielgruppe. Es beweist auch, dass sich das Unternehmen ernsthaft mit der Community auseinander gesetzt hat. Die Schwulen und Lesben werden nicht nur in ihrer Funktion als Konsumenten gesehen, sondern man interessiert sich auch für ihre Besonderheiten und Belange. Wenn ein Unternehmen einen Teil seiner Gewinne an eine Non-Profit-Organisation abgibt, zeigt dies auch, dass es an nachhaltigen Kundenbeziehungen mit der Community und nicht nur am schnellen Euro interessiert ist.

Unterschiedliche Modelle finden hier Anwendung: Die jeweilige Spende kann vom Deckungsbeitrag des Unternehmens abgezogen werden oder vom Kunden zusätzlich zum eigentlich Produktpreis bezahlt werden. Während letzteres unüblich ist und nur in Ausnahmefällen auf Akzeptanz stoßen dürfte, ist eine Kombination der beiden Modelle gut denkbar – dies findet vor allem bei Spendensammelaktionen häufig Anwendung.

Weiterhin gilt es abzuwägen, welche Organisationen mit dem erwirtschafteten und zur Verfügung stehenden Benefit bedacht werden. Die karitative Grundidee führt in Kombination mit dem Thema „Homosexualität" meist zu dem Bereich HIV & AIDS. Sowohl die Prävenentionsarbeit (meist AIDS-Hilfen) als auch die Einzelfallhilfe (z.B. Deutsche AIDS-Stiftung) oder auch regionale Pflegeprojekte sind beliebte Kooperationspartner für das Benefiz-Marketing. Hierbei ist die Frage zu stellen, ob der direkte Bezug von Gay Marketing zu HIV und AIDS immer so glücklich und in jedem Fall offensichtlich ist. Hier sollte auch berücksichtigt werden, dass lesbische Frauen von dem HI-Virus, der Immunschwächekrankheit und ihren Folgen anders betroffen waren und sind als schwule Männer. Andererseits kann in der Zielgruppe der Eindruck entstehen, das jeweilige Unternehmen assoziiere HIV und AIDS mit Homosexuellen oder sehe sie noch als Schwulenthemen an. Dem gegenüber steht die allgemeine Einsicht, dass der HIV/AIDS-Bereich weiterhin von überragender Bedeutung für die gesamte Gesellschaft ist und eine besonders deutliche Unterfinanzierung aufweist.

Im Rahmen eines Benefiz-Gay-Marketings sollte ein Anbieter in erster Linie eine Kohärenz mit anderen Sponsoringaktivitäten und mit den jeweiligen Markenwerten anstreben. In diesem Kontext liegt es nahe, in der Zielgruppe bestehende Bürgerzentren, Sportvereine, Kultureinrichtungen oder eigeninitiierte Projekte in relevanten Themen-Umfeldern zu unterstützen. Außerdem besteht die Möglichkeit, die Kunden in die Entscheidung einzubeziehen, welche Empfänger begünstigt werden.

Das wichtigste Beispiel aus diesem Bereich findet sich im Finanzdienstleistungssektor. VISA hat in den USA die Rainbowcard eingeführt – eine spezielle Kreditkarte hauptsächlich für die Zielgruppe der Schwulen und Lesben. Martina Navratilova dient dem Projekt als Schirmfrau. Ein bestimmter Prozentsatz der getätigten Umsätze geht an eine gemeinnützige Stiftung. Ähnliche Kartenkonzepte wurden in Großbritannien (Red Ribbon Card) und in Deutschland (Visa-Card der AIDS-Hilfe) realisiert. Der Vorteil bei diesen Produkten besteht in der besonders einfachen Kopplung von Spendenaufkommen an Umsätze.

Abb. 6.4: Anzeigenmotiv Visa-Card der Deutschen AIDS-Hilfe
© Deutsche AIDS-Hilfe e.V.

In Deutschland wählte auch Bässler Sekt diesen Ansatz, um ein besonders gebrandetes Produkt im Gay-Markt zu positionieren. Beim Kauf einer speziellen Flasche mit dem Red Ribbon geht ein Teil des Gewinns an die Deutsche Aidshilfe. Der Sekt ist gemäß der Werbe-Anzeige erhältlich „in allen Clubs, Bars und Restaurants, die Solidarität nicht nur zeigen, sondern auch praktizieren". Er wurde auf Zielgruppenevents gezielt angeboten und ausgeschenkt.

Die Firma NetCologne führte im Rahmen des Welt-AIDS-Tages wiederholt Sonderaktionen durch, im Rahmen derer pro Vertragsabschluss eine vordefinierte Spende an die AIDS-Hilfe Köln ausgelöst wurde.

Besonders hervorgehoben werden muss in diesem Zusammenhang außerdem das Geschäftsmodell der PRIDE-Firmengruppe. Dieses beinhaltet seit dem Marktstart von PRIDE Telecom ein konzeptionell verankertes Benefiz-Element, das vielen Produkten und Dienstleistungen gemein ist, die im Rahmen der Pride-Markenfamilie abgesetzt werden. Während es anfänglich im Bereich „Mobilfunk" ein fester Teil einer jeden Monats-Grundgebühr war, bestand der Benefit bei PRIDE Finance in einer einmaligen Spende bei jedem Vertragsabschluss.

Wenn auch das Benefiz-Preis-Modell nicht zum Standard im Gay Marketing erklärt werden kann, stellt es dennoch eine besonders effektive Möglichkeit dar, eine deutliche Zielgruppenorientierung zu zeigen und Glaubwürdigkeit aufzubauen. Die Variabilität dieses Modells wurde in den bisherigen Gay-Marketing-Konzepten im Übrigen noch bei weitem nicht ausgeschöpft, so dass hier künftig markante Innovationen möglich sind. Wie schon im vorigen Abschnitt muss hier erneut darauf verwiesen werden, dass auch schwule und lesbische Konsumenten den Regeln der Marktwirtschaft folgen und in erster Linie bestrebt sind, das Preis-Leistungsverhältnis unter Berücksichtigung ihrer individuellen Präferenzen zu optimieren.

6.3 Place: Die Absatz-, Verkaufs- und Vertriebsstrategie

Mit der richtigen Distributionsstrategie wird die Erhältlichkeit und somit der mögliche Konsum eines Produktes garantiert. Je mehr Vertriebs- oder Verkaufskanäle kombiniert werden, desto größer ist die Wahrscheinlichkeit, dass ein potenzieller Konsument mit dem Produkt in Kontakt kommt und es erwirbt. Natürlich besteht ein Trade Off zwischen der Verfügbarkeit und den Kosten, die durch die Erschließung und das Management unterschiedlicher Distributionswege anfallen. Die Wahl der Vertriebskanäle beeinflusst im Übrigen umgekehrt das Produktimage.

Im Zusammenhang mit Gay Marketing können im Wesentlichen drei unterschiedliche Distributionsstrategien unterschieden werden:

❑ die herkömmliche Distribution über Mainstream-Strukturen

❑ die Distribution über zielgruppenspezifische Kanäle

❑ eine Kombination von zielgruppenspezifischen und Mainstream-Wegen

Distribution über Mainstream-Strukturen

Für Güter des täglichen Bedarfs empfiehlt sich eine Distribution über die breiten Vertriebskanäle des Einzelhandels oder eigene Verkaufsorganisationen. Dadurch kann gewährleistet werden, dass die schwulen und lesbischen Konsumenten mit dem Produkt bei ihren täglichen Einkäufen in Kontakt kommen. In den meisten Fällen dürften ohnehin nur wenige Konsumenten bereit sein, für den Erwerb eines bestimmten Produktes ein spezielles Geschäft aufzusuchen. Hierbei besteht eine Korrelation zwischen „Product" und „Place": Je spezifischer das Produkt auf eine Zielgruppe angestimmt ist, desto spezieller stellen sich die relevanten Vertriebswege dar.

Ein für viele unerwartetes Beispiel bietet die Firma Kamps, die in vielen Bäckereien zum CSD 2001 eine Sonderaktion durchgeführt hat. Zwei Backwaren mit den Namen „Rosamunde" und „Rosalinde" wurde über Aufsteller und Anzeigen beworben und in einem entsprechenden Aktionszeitraum rund um die Gay Pride Events abgesetzt. Die Codierung über die Farbe Rosa sowie die ungewöhnliche Natur der Maßnahme erweckte sicherlich mehr Aufsehen als „übliche Backwarenangebote" und brachte dem Großbacker wertvolle Sympathiepunkte ein.

Abb. 6.5: Display vor einer Kamps-Filiale in Köln zum CSD 2001
Photo: Michael Stuber. © mi•st [Consulting

Distribution über zielgruppenspezifische Kanäle

Wenn wir zielgruppenspezifische Kanäle im Bereich des Gay Marketing definieren, gibt es im Wesentlichen zwei Abgrenzungskriterien:

❑ geographische Abgrenzung

❑ inhaltliche Abgrenzung

Die mikrogeographische Marktsegmentierung bietet ein mögliches Kriterium zur Eingrenzung der Distributionskanäle. Die Untergliederung eines Landes in kleine, geographisch zusammenhängende Gebiete ergibt sich aus der so genannten Neighbourhood-Affinität. Diese besagt, dass Menschen mit ähnlichem sozialem Status und Lebensstil dazu neigen, in benachbarten Gebieten zu wohnen. Dies trifft auch für Homosexuelle zu: In Großstädten finden sich oftmals bestimmte Viertel, die von Homosexuellen bevorzugt bewohnt werden. In diesen Umfeldern findet sich auch ein Großteil der schwul-lesbischen Infrastruktur, wie Einzelhandelsgeschäfte mit homosexuellen Inhabern, Bars und Clubs.

So erscheint es sinnvoll, die Distribution in geographisch abgegrenzten Gebieten zu intensivieren oder gar darauf zu beschränken. Innerhalb dieser Gebiete sind wiederum verschiedene Vertriebsmechanismen einsetzbar. Die Chance, mit den Mitgliedern der Gay Community (im engeren Sinne) in Kontakt zu kommen, ist dort besonders groß – unabhängig davon, ob es sich um einen zielgruppenspezifischen Distributionskanal handelt oder nicht. Dieser Ansatz fand bislang kaum Beachtung, obwohl er in der Gastronomie, im Einzelhandel, in Kiosken, Kinos oder auch Dienstleistern wie Reisebüros, Fitness- oder Sonnenstudios Anwendung finden kann.

Die inhaltliche Abgrenzung zielt auf das die Angebotspalette oder den Inhaber eines Vertriebskanals ab. Im Zusammenhang mit Gay Marketing bieten sich entsprechend Distributionswege an, die hauptsächlich Produkte für die Gay Community anbieten (z.B. ein schwuler Buchladen) oder deren Inhaber der homosexuellen Zielgruppe angehört und insofern häufiger schwule und lesbische KundInnen bedient. Ebenfalls ein inhaltlicher Ansatz stellt der Kooperationsvertrieb in Zusammenarbeit mit schwul-lesbischen Organisationen dar.

Die Distribution ausschließlich über zielgruppenspezifische Kanäle empfiehlt sich hauptsächlich bei Spezialprodukten und Produktvariationen für die homosexuelle Zielgruppe. Sie bringt den Nachteil mit sich, dass die Zahl der möglichen Kontakte eingeschränkt ist und nur Kunden fokussiert erreicht werden, die „einschlägige" Umfelder frequentieren.

Allerdings bestehen auch sinnvolle Möglichkeiten, Standardprodukte ausschließlich über zielgruppenspezifische Kanäle zu verteilen, beispielsweise zur Markteinführung eines neuen Produktes. Dabei kann der schwul-lesbische Markt entweder als Testmarkt dienen, um im Erfolgsfall die Distribution auf weitere Märkte oder den Mainstream auszuweiten, oder aber man nutzt die Funktion schwul-lesbischer KonsumentInnen als Trendsetter, die im Massenmarkt einen Consumer Pull auslösen.

Ein besonderer Ansatzpunkt im homosexuellen Markt besteht in der Möglichkeit einer Vertriebs-Kooperation. Hierbei nutzt ein Anbieter Community-interne Strukturen, Organisationen oder Unternehmen, um sein Produkt in die jeweiligen Kanäle einzuspeisen. Beispiele für eine derartige Abwicklung sind die Rosa Rente®, die über einen zielgruppen-spezifischen Makler vertrieben wird, oder aber Teile der PRIDE-Unternehmensgruppe, die Anbietern über ein Co-Branding Zugang zu ihrem Kundenpotenzial ermöglichen. Gerade Marketing-Strategien mit Benefiz-Preis-Modellen eignen sich gut für den Kooperations-Vertrieb, da der Partner in der Community ein gewisses Eigeninteresse an den jeweiligen Sales-Aktivitäten hat. So hat Beispielsweise die Stena-Line ein spezielles Promotion-Angebot in Zusammenarbeit mit der AIDS-Hilfe NRW gestartet, das zu einem großen Teil von dieser bekannt gemacht wurde. Gegen eine Mindestspende, die komplett an den Benefiz-Partner weitergereicht wurde, konnten Kunden die Fähre nach Göteborg und zurück nutzen (nur in Verbindung mit einem sehr kurzen Aufenthalt). Die Stena-Line dürfte dabei wohl über den

Abb. 6.6: Angebots-Flyer „Göteborg", Stena-Line (Detail)
© Stena-Line

sonstigen Konsum der TeilnehmerInnen einen gewissen Ertrag erwirtschaftet haben – die positive Publicity für das Unternehmen entstand dagegen quasi kostenlos.

Insbesondere bei der Vermarktung von Spezialprodukten bietet sich weiterhin der (Direkt-)Vertrieb über Kataloge an. Dadurch bleibt die Anonymität des Kunden beim Kauf gewahrt. Nicht geoutete Schwule und Lesben und solche, die in ländlichen Gegenden leben, können so als KäuferInnen gewonnen werden. „Shocking Gay" brachte 1991 als eine der ersten Firmen in den USA einen Direct-Mail-Katalog speziell für Schwule und Lesben heraus. Offensichtlich mit Erfolg – sie berichten von einer Responserate von 3–8 Prozent. Solche Beispiele aus den USA können allerdings nicht ohne weiteres auf den Europäischen Markt übertragen werden – zu groß sind die Unterschiede im Konsumverhalten. Aufgrund der attraktiven Kostenstruktur stellt der Katalogverkauf dennoch eine Option dar, die es zu prüfen gilt. Im deutschen Sprachraum

Abb. 6.7: Pro-Fun Katalog
© PRO-FUN.de

stellt das seltene Adressmaterial für Direct Mail einen Engpass dar. Einfache Kataloge können jedoch in „der Szene" ausgelegt oder zielgruppenspezifischen Publikationen beigelegt werden.

In Deutschland existieren vor allem in den Bereichen „Medien" und „Mode" Geschäftsmodelle, die ausschließlich oder überwiegend über den Katalog-Vertrieb Videofilme, Bücher und Bekleidung an homosexuelle KundInnen vertreiben, so zum Beispiel das Video-Label Pro-Fun (vgl. Abb. 6.7).

Eine zeitgemäße Alternative bietet auch im Gay Marketing das Internet. Schwule und Lesben zeigen in vielen Umfragen eine besonders hohe Affinität zum Online-Shopping. Da sich diese Art der Distribution ohnehin immer stärker verbreitet, bietet sich der „Gay-Vertrieb" vielfältiger Produkte über das Internet an.

In Zukunft dürfte es weniger notwendig sein, Produkte über zielgruppenspezifische Kanäle anzubieten, da die Integration von Schwulen und Lesben voranschreitet. Damit sinkt auch die Bedeutung der Anonymität beim Kauf via Direkt-Marketing.

Kombination von zielgruppenspezifischen und Mainstream-Wegen

Aus Image-Gründen bietet es sich in einigen Fällen an, Produkte des täglichen Bedarfs zusätzlich zu den Mainstream Kanälen gezielt über schwul-lesbische Kanäle zu vertreiben. Dadurch wird ein Imagetransfer ermöglicht und das schwul-lesbische Klientel wird das Produkt womöglich auch beim nächsten Einkauf in einem Mainstream-Kanal nachfragen. So erscheint es beispielsweise im Markt „Getränke" wichtig, ein Produkt nicht nur in Supermärkten zum Kauf anzubieten, sondern auch in schwul-lesbischen Cafés, Bars und Clubs besonders zu platzieren (Außer-Haus-Konsum).

Eine Kombination der verschiedenen Distributionskanäle bringt zudem den Vorteil, dass die Wahrscheinlichkeit eines mehrfachen Kontaktes der Zielgruppe mit dem Produkt erhöht werden kann. Diesem Vorteil stehen überschaubar erhöhte Distributionskosten entgegen, da zielgruppenspezifische Vertriebswege gut identifizierbar und recht isoliert aktiviert werden können. Als Beispiel sei hier die Pride Card von American Express genannt. Diese Affinity-Card wird einerseits über zielgruppenspezifische Wege der Pride-Firmengruppe vertrieben, andererseits im Rahmen des Cross-Sellings über Vertriebsmechanismen von American Express angeboten.

6.4 People: Die Personalstrategie

In Zeiten des immer wichtiger werdenden Customer Focus und des optimierten Customer-Relationship-Managements steht das Gesicht, das dem Kunden gezeigt wird (Face to the Customer), immer mehr im Mittelpunkt von Marketing-überlegungen. Insofern stellt das Personal, insbesondere das mit Kundenkontakt, zunehmend einen Erfolgsfaktor dar. Die Mitarbeiterinnen und Mitarbeiter in Shops, in Call Centern oder im Außendienst stehen für den Auftritt eines Unternehmens und tragen somit zum Image bei. Daher gilt es, diese Komponente des Gay Marketing genauso sorgsam zu planen und abzustimmen wie die anderen Instrumente des Marketing-Mix. Am weitesten fortgeschritten erscheinen entsprechende Erkenntnisse im Dienstleistungsmanagement, obwohl auch dort Wunsch und Wirklichkeit teilweise noch weit auseinander liegen.

Sobald ein Unternehmen direkt mit homosexuellen Kunden in Kontakt tritt, sei es bei Promotions, im Rahmen der ersten Beratung, bei Vertragsabschluss, bei einer Reklamation oder über eine Informationshotline, muss gewährleistet sein, dass die Kommunikation in jeder Hinsicht optimal verläuft. Dieser „Moment of Truth" ist wichtig und prägt das Image des Unternehmens im Kopf der Konsumenten nachhaltig. Es wäre beispielsweise inkonsistent, wenn die Produkte offene, moderne Erlebniswelten kommunizieren, während das Personal geschlechter-stereotypisch agiert. Dies soll keinesfalls heißen, dass nur betont unkonventionelle Mitarbeiter beschäftigt werden sollten. Es stellt sich eher die Frage, ob nicht das Training und Briefing dahingehend ausgerichtet sein sollte, dass ein offener und moderner Umgang gepflegt wird – passend zum Image der verkauften Produkte.

Im Zusammenhang mit dem Zielgruppenmarketing für Homosexuelle hat die Mitarbeiterkomponente eine besondere Relevanz. Wie wir in den vorangegangenen Kapiteln beschrieben haben, sind Schwule und Lesben durch ihre Erfahrungen mit Ausgrenzung und Diskriminierung besonders sensibilisiert. Dies betrifft vor allem den Umgang anderer Menschen mit dem Thema sexuelle Orientierung. Aus diesem Grunde wäre es verheerend, Mitarbeiter im Kundenkontakt mit der homosexuellen Zielgruppe einzusetzen, die mit diesem Thema nicht routiniert und unverkrampft umgehen. Probleme entstehen meistens durch Unsicherheiten und Unwissen oder durch übertriebene Betonung; dem kann durch gezieltes Training abgeholfen werden.

Grundsätzlich unterscheiden wir drei mögliche Personal-Strategien im Rahmen des Gay Marketings:

❑ homosexuelle Mitarbeiter

❑ heterosexuelle Mitarbeiter

❑ eine Mischung aus homo- und heterosexuellem Personal

Homosexuelle Mitarbeiter

Ausschließlich oder vorwiegend schwule und/oder lesbische Mitarbeiter zu beschäftigen stellt eine ungewöhnliche Vorstellung und sicherlich ein Extrem dar. Beim Verkauf von Spezialprodukten oder Produktvariationen an homosexuelle Zielgruppen können sich jedoch Vorteile bieten, da sichergestellt werden kann, dass die Kunden – in diesem Falle überwiegend Schwule und Lesben – in der Verkaufssituation keine Stigmatisierung aufgrund ihrer sexuellen Orientierung erfahren werden. Insbesondere wenn der Vertrieb über zielgruppenspezifische Kanäle erfolgt, bietet sich diese Strategie an. Die Mitarbeiter können gezielt auf die Wünsche der Kunden eingehen, da sie mit deren Bedürfnissen grundsätzlich vertraut sind. Zudem werden sich die Kunden wohler damit fühlen, manche ihrer Bedürfnisse offen anzusprechen. Beispielsweise beim Verkauf spezieller Ferienarrangements für die schwule Zielgruppe über schwule Reisebüros sind homosexuelle Mitarbeiter zumindest nicht abwegig.

Aber auch für den breiten „Mainstream-Einsatz" kommen spezielle Personalstrategien in Betracht. So hat die Firma Sox (Sox Mec Textilien GmbH) in den ersten Jahren ihrer Geschäftstätigkeit ausschließlich schwule Männer sowie Frauen jeglicher sexuellen Orientierung beschäftigt. Nach einem Start als klassischer Einzelhandel wuchs das Unternehmen durch eigene Produktion und die Hinzunahme von Großhandelsgeschäften. Schwule und Lesben waren indes zu keiner Zeit die ausschließliche Zielgruppe von Sox und gerade nach der Expansion außerhalb der Kölner Innenstadt und nach der Aufgabe des Direkt-Vertriebs wohl auch keine überproportional vertretene mehr.

Innerhalb des Gay Marketings besteht die Gefahr, dass eine spezifische Personalstrategie einen ausgrenzenden oder ghettohaften Charakter vermittelt. Zudem kann der vertrauliche Umgang innerhalb der Community (z.B. das Duzen) zu einer unscharfen Kundenbeziehung führen, bei der die Professionalität nicht zu jeder Zeit optimal gewährleistet ist. Schließlich ist nicht selten zu beobachten, dass Homosexuelle im Umgang mit anderen Schwulen und Lesben allzu häufig von ihrem eigenen Lebensentwurf und ihren persönlichen Präferenzen ausgehen. Homosexuelle KundInnen erwarten im Übrigen auch kein Personal, das ihre eigene sexuelle Orientierung widerspiegelt – schließlich sind sie aus praktisch allen Lebenssituationen den Umgang mit dem heterosexuellen Mainstream gewohnt.

Eine Besonderheit besteht im Zusammenhang mit der Planung und Durchführung der eigentlichen Marketing-Aktivitäten. Hier ist zu verzeichnen, dass in den USA fast ausschließlich homosexuelle MitarbeiterInnen innerhalb der Marketing-Abteilungen das Thema Gay Marketing verantworten. So kommt es, dass zum Beispiel im Rahmen von amerikanischen Spezial-Verbänden oder von Fachveranstaltungen praktisch nur Schwule und Lesben „unter sich" arbeiten. In Deutschland dürfte dies alleine schon aufgrund der deutlich kleineren

Abteilungsgrößen und der damit verbundenen Nichtverfügbarkeit homosexueller Spezialisten im jeweiligen Bereich kaum infrage kommen. Auch würde dieser „Special-Interest-Ansatz" der deutschen (Business-)Kultur weniger entsprechen als der amerikanischen. Schließlich ist auch die Effektivität dieses Ansatzes sehr fraglich. Wir haben beispielsweise beobachtet, dass eine Produktpromotion (Take-one-Boxes) für ein Unternehmen auf Anregung eines schwulen Marketing-Mitarbeiters in schwulen Saunabetrieben durchgeführt wurde. Im betreffenden Fall erschien uns diese Maßnahme ausgesprochen ungeeignet – sie wurde möglicherweise aus der persönlichen Präferenzstruktur des fraglichen Kollegen abgeleitet. Ähnlich fragwürdige Aktionen entstehen entsprechend im heterosexuellen Umfeld. Auch dort wird allzu häufig beobachtet, dass Marketing-Maßnahmen direkt an die Vorlieben der jeweiligen Verantwortlichen angepasst werden.

Heterosexuelle Mitarbeiter

Dass ein Unternehmen ausschließlich heterosexuelle Mitarbeiter beschäftigt, ist aufgrund der statistischen (Normal-)Verteilung aller sexueller Orientierungen sehr unwahrscheinlich. Dagegen liegt nahe, dass die meisten Personalverantwortlichen nicht um die (gleichgeschlechtliche) sexuelle Orientierung einzelner MitarbeiterInnen wissen, während die der Norm entsprechende heterosexuelle Orientierung der Mehrzahl offen kommuniziert wird und von daher bekannt ist.

Der Einsatz heterosexueller MitarbeiterInnen im Rahmen des Gay Marketings ist wie bereits angedeutet grundsätzlich unkritisch. Allerdings muss gewährleistet sein, dass dieses Personal unverkrampft, offen und dennoch korrekt mit Homosexuellen umgeht. Dies betrifft vor allem sprachliche Fragen, zum Beispiel mit Blick auf (Lebens-)Partnerschaften, Freundschaften oder die Verwendung von männlichen und weiblichen Wortformen. Außerdem ist es von Bedeutung, dass das Personal jede Art von klischeehaften Bemerkungen oder Vorannahmen über Homosexuelle vermeidet. Wie in jedem anderen Fall von Zielgruppen- und Kundenorientierung sollten auch für die Bearbeitung schwullesbischer Zielgruppen Briefings in allen betroffenen Abteilungen durchgeführt werden. Dabei gilt es auch, über Codes und Symbole der Community zu informieren und den jeweiligen Marketing-Ansatz (für den Fall von Nachfragen) transparent zu machen.

Ein großer Vorteil der „Standard-Personal-Strategie" besteht darin, dass der Zielgruppe ein klares Gefühl von Integration vermittelt wird. Und heterosexuelle Mitarbeiter, die routiniert auf homosexuelle Themen und Bedürfnisse eingehen, sind allemal Sympathieträger eines Unternehmens oder einer Marke.

Besteht diese Offenheit und Klarheit jedoch nicht zu jeder Zeit, so kann daraus ein nachhaltiger Schaden entstehen. Im Jahre 2000 wurde zum Beispiel vom

CSD Hamburg berichtet, dass einige Promotoren, die im Rahmen des Gay Marketing eingesetzt waren, immer wieder betonten, sie selbst seien ja nicht schwul, sondern würden nur einen Job machen. Diese heterosexuelle Personalstrategie brachte offensichtlich keinen Erfolg.

Einen konstruktiven Weg ging die Berlin Tourismus Marketing GmbH, die ihre MitarbeiterInnen, insbesondere mit Kundenkontakt, in Workshops über Besonderheiten der Kundengruppe informierte. Dies erfolgte im Rahmen vielfältiger Marketing-Maßnahmen für schwul-lesbische Marktsegmente. Schwerpunkt der Briefings waren das eigene Call Center sowie das Tourist Info Center. Weiterhin fanden intensive Schulungen zum Thema Gay/Lesbian Tourismus statt.

Die Mischung aus homo- und heterosexuellem Personal

Eine gesunde Mischung stellt in den meisten Fällen die optimale Strategie dar, da sie im Idealfall den offenen Umgang des Unternehmens widerspiegelt. Diversity-Management ist hier das Stichwort. Der Grundgedanke folgt der Erkenntnis, dass eine vielfältige Belegschaft einen größeren Erfolg in einem vielfältigen Markt erzielt als eine monokulturelle Belegschaft dies vermag. Der Mechanismus beruht allerdings nicht darauf, dass weibliche Mitarbeiter weiblichen Kunden, ausländische Mitarbeiter ausländischen Kunden oder homosexuelle Mitarbeiter homosexuellen Kunden gegenüberstehen. Die interne Arbeit an Diversity bewirkt vielmehr, dass die gesamte Belegschaft aus der Vielfalt der Märkte Potenzial schöpft und jede Art von Unterschiedlichkeit auf Kundenseite wertschätzt. Darüber hinaus ist längst bekannt, dass heterogene Teams kreativer arbeiten als homogene, und auf Synergien zurückgreifen können, die in homogenen Teams gar nicht erst entstehen.

Auf der homosexuellen Marktseite zeigt der Vielfalts-Ansatz, dass das Unternehmen Schwule und Lesben als eine Facette von Diversity wertschätzt und diese unter Anerkennung ihrer Unterschiedlichkeit integriert.

Mitarbeiter ohne Kundenkontakt

Da Gay Marketing immer noch einen vergleichsweise neuen und ungewöhnlichen Ansatz darstellt, ist in diesem Zusammenhang stets an die Information und Einbeziehung aller Mitarbeiter zu denken – unabhängig davon, ob sie in direktem Kontakt mit dem Endkunden stehen oder nicht. Die konkreten Gründe dafür sind vor allem in den vielfältigen Kontakten zu sehen, die homosexuelle KundInnen potenziell mit einem Unternehmen haben können – und in den vielfältigen Außenwirkungen, die grundsätzlich alle Mitarbeiter eines Unternehmens potenziell entfalten.

Das Bekanntwerden von Gay Marketing in der Gay Community oder in der breiten Öffentlichkeit führt auch dazu, dass insbesondere Schwule und Lesben, die mit dem betreffenden Unternehmen in Kontakt kommen, eine besonderes Augenmerk auf Art und Inhalt von Botschaften legen werden. So kann es vorkommen, dass Bewerbungsunterlagen oder Personal-Image-Material kritisch nach angebotenen Benefits für gleichgeschlechtliche Lebenspartner überprüft werden. Ebenso mag erwartet werden, dass Anfragen bei der Presse- oder Werbeabteilung bezüglich der zielgruppenspezifischen Kampagne offene und klare Informationen nach sich ziehen.

Davon unabhängig erscheint es sinnvoll, dass sämtliche Mitarbeiter über die schwul-lesbischen Marketing-Aktivitäten, deren Bezug zu Unternehmens- und Markenwerten sowie deren Verankerung in der Marketing-Strategie informiert werden. Schließlich ist es wichtig, dass sie diesen Ansatz – genau wie andere Maßnahmen – grundsätzlich mittragen. Die Identifikation mit dem Unternehmen und seinen Produkten spielt seit längerem eine wichtige Rolle und steht in direktem Zusammenhang mit dem Markterfolg und der Qualität der Kundenbeziehungen. Dagegen könnte es überaus negative Auswirkungen haben, wenn sich Mitarbeiter beispielsweise öffentlich negativ über Schwule und Lesben oder das Gay Marketing äußern, während das Unternehmen gerade eine betont offene und vielfaltsorientierte Positionierung vornimmt.

Die interne Verbreitung von Gay-Marketing-Maßnahmen erfolgte beispielsweise bei den Firmen Ford und NetCologne. Im Rahmen der jeweiligen internen Kommunikation wurden Informationen über Aktionen zum Beispiel über E-Mail, Artikel in Mitarbeiterzeitschriften, das Hausfernsehen oder in Workshops diffundiert.

Auswahl von Prominenten oder Testimonials

Die Überlegungen zu Personalstrategien lassen sich im Prinzip auch den Einsatz von prominenten Personen im Rahmen des Marketing übertragen. Obwohl dies eher ein Thema des folgenden Kapitels zur Marktkommunikation ist, wollen wir hier ein Beispiel geben, das diesen Punkt gut veranschaulicht.

Der Schuheinzelhändler Görtz führte anlässlich eines Firmenjubiläums eine breite Testimonial-Kampagne durch. Dabei fungierten Prominente als Werbeträger und spendeten ihre Honorare an ein jeweils zu bestimmendes Projekt. Ein Motiv dieser Reihe war für die schwule Zielgruppe von besonderer Relevanz. Der Schauspieler Dirk Bach posierte für die Schuhmode, wobei er (aus der Anzeige ersichtlich) sein Honorar an das Lebenshaus Netzwerk Köln spendete (Hospiz-Projekt für an AIDS erkrankte Menschen).

ICH GEBE ALLES!
AUSSER MEINE SCHUHE.

GÖRTZ
125 JAHRE

DIRK BACH

Abb. 6.8: Printanzeige Görtz mit Schauspieler Dirk Bach
© LUDWIG GÖRTZ GMBH

Entgegen des ersten Eindruckes lässt sich Gay Marketing keineswegs nur mittels Gay Kommunikation realisieren. In vielen Fällen bieten sich Spezial-Produkte oder Produktvariationen für Schwule und Lesben an. Auch über verschiedene Preis-, Personal- oder Distributionsstrategien lässt sich effektives Gay Marketing umsetzen. Vor allem Benefiz-Modelle, Diversity-Management und Vertriebskooperationen stellen viel versprechende Optionen dar.

6.5 Promotion: Die Kommunikationsstrategie

Promotion als der mit „P" beginnende Überbegriff für verschiedene Instrumente und Strategien der Marketing-Kommunikation stellt einen bedeutenden Faktor im Zielgruppenmarketing allgemein und insbesondere im Gay Marketing dar. Dies wurde bereits dadurch deutlich, dass in Kapitel 1 mehrere Definitionen von Gay Marketing mittels verschiedener Botschaften unterschieden wurden. Durch die Kommunikation signalisiert ein Anbieter der Zielgruppe, dass das Unternehmen ein klares Interesse an homosexuellen Kunden hat. Dass dies nicht selbstverständlich ist, haben wir in den ersten Kapiteln dieses Buches ausführlich dargestellt. Markant in diesem Zusammenhang sind auch zwei Marktforschungsergebnisse von Lloyds TSB, die im Rahmen einer Diversity-orientierten Kundenbefragung gewonnen wurden: „All the mailshots I receive have pictures of typical white middle-class families – you know the same ones we see in holiday brochures – are these the only customers you want business from?" und „Why is it when I'm in the Bank discussing my business, I frequently get asked about my husband's views on something? I don't have a husband and I don't want a husband – would the Bank think better of me if I did have a husband?"

Um ein Zielgruppenmarketing zu gewährleisten wird häufig nur die Kommunikation variiert, während die anderen Teilstrategien für alle Zielgruppen identisch sind. Tatsächlich prägt der Kommunikationsstil eine Marke nachhaltig und trägt damit zu ihrem Wert und somit zum gesamten Unternehmenswert bei. Dies erscheint besonders wesentlich in einer Zeit, in der Produkte und Dienstleistungen weitgehend austauschbar wurden. Kommunikation stellt oftmals das einzige Mittel zur Differenzierung dar. Gleichzeitig besteht allerdings das Problem einer deutlichen Informationsüberlastung – der größte Teil der Informationen geht auf dem Weg zum Empfänger verloren. Diese Tatsache stellt eine weitere Herausforderung für die externe Unternehmenskommunikation dar. Es gilt, Produktinformationen so geschickt zu kommunizieren, dass beim potenziellen Konsumenten wenigstens ein (großer) Teil aufgenommen wird und möglichst eine Handlung auslöst. Dafür stellt das Marketing eine breite Palette an unterschiedlichen Kommunikations-Instrumenten zur Verfügung. Diese sollten immer wieder neu – und mit Blick auf unterschiedliche Zielgruppen – zum bestmöglichen Kommunikations-Mix kombiniert werden.

Mit Blick auf schwul-lesbische Zielgruppen stehen praktisch alle klassischen Instrumente der Markt-Kommunikation zur Verfügung. Allerdings weisen sie bei Anwendung auf homosexuelle Zielgruppen oft andere Mechanismen als im Mainstream auf. Außerdem bildet Markt-Kommunikation für Schwule und Lesben insgesamt immer noch eine Ausnahme, so dass die Aufmerksamkeit entsprechender Aktivitäten ungleich höher ist als im Massenmarkt. Anderererseits gilt es, stets auch jene homosexuellen Zielgruppen im Auge zu behalten, die integriert im Mainstream leben und nicht über Community-Plattformen erreichbar sind. Um sie nicht auszuschließen, darf die Mainstream-Kommunikation nicht hetero-sexistisch sein, oder es müssen spezielle Botschaften (offen oder codiert) für Homosexuelle im Maintream verbreitet werden.

In den folgenden Abschnitten werden die wichtigsten Kommunikations-Instrumente und ihre Funktionsweise im Kontext des Gay Marketing vorgestellt. Es werden jeweils unterschiedliche Strategien mit Beispielen aus der Praxis illustriert. Aufgrund ihrer Relevanz und den Unterschieden zum Mainstream-Marketing besprechen wir:

Above-the-Line (klassische Werbung)

❑ Print-Anzeigen oder Außenwerbung

❑ Radio, TV, Kino

Below-the-Line

❑ Sponsoring

❑ Event-Marketing

❑ Internet-Marketing

❑ Kooperations-Marketing

❑ Presse- und Öffentlichkeitsarbeit

❑ Promotion (Sampling)

❑ Direct Mail

Above-the-Line (klassische Werbung)

Klassische Werbung verfolgt bei schwulen und lesbischen Konsumenten das gleiche Ziel wie im Mainstream: Die Bekanntheit der Marke, des Produktes oder der Dienstleistung soll erhöht werden. Aufgrund der Informationsüberlastung gelingt dies allerdings nicht immer gleich gut. Werbekontext, Bilder und Sprache beeinflussen nachhaltig, ob und wie intensiv sich der potenzielle Konsument angesprochen fühlt und die Werbung beachtet. Da in den Zielgruppenmedien bislang wenige großformatige Anzeigen von Markenartiklern geschaltet werden, gehen wir dort von einer geringen Informations-Überlastung und von einem besonders guten Werbekontext aus. Außerdem stellt die Kontakt-Qualität – es werden praktisch ausschließlich (selbstselektierte) homosexuelle LeserInnen erreicht – einen unschlagbaren Vorteil gegenüber Anzeigenwerbung in Mainstream-Medien dar.

Die klassischen Kommunikationskanäle umfassen Print, Plakat, TV- und Radiowerbung. Im Gay Marketing stellen Print-Medien den wichtigsten Kommunikationskanal Above-the-Line dar. Daher beziehen sich die folgenden Ausführungen hauptsächlich auf diesen Bereich. Grundsätzlich unterscheidet man im Gay Marketing drei mögliche Ansätze der klassischen Kommunikation, die bereits im Zusammenhang mit unterschiedlichen Gay-Marketing-Definitionen vorgestellt wurden:

❑ Homosexuelle Motive

❑ Neutrale Motive

❑ Kommunikation mit Codes

Da nicht alle Schwule und Lesben einschlägige Publikationen lesen, bedarf es unter anderem einer Entscheidung darüber, ob zielgruppenspezifische oder Mainstream-Medien als Kommunikationskanäle verwendet werden. Diese Entscheidung beeinflusst die Motivwahl. Je nachdem, ob eine Anzeige für die schwul-lesbische Zielgruppe in einer Szene-Publikation oder einem Mainstream Medium platziert wird, bieten sich unterschiedliche Inhalte an. Während es in einer zielgruppenspezifischen Publikation bereits durch den Kontext klar wird, welcher Zielgruppe die Werbebotschaft gilt, so bedarf es im Mainstream einer deutlicheren Ansprache des homosexuellen Zielsegments.

Homosexuelle Motive

Motive mit einem eindeutig schwul-lesbischen Bezug zeigen (meist) am deutlichsten, welche Zielgruppe angesprochen wird. Und die Chance, dass sich Homosexuelle angesprochen fühlen, ist enorm groß. Ein solches Motiv muss aber nicht zwingend die Darstellung eines gleichgeschlechtlichen Paares beinhalten. Auch der Ansatz, schwule Männer mit erotischen Männerbildern, und lesbische Frauen über entsprechende Images anderer Frauen zu umwerben, stellt nur eine Möglichkeit unter vielen dar. Die Kampagne von Jacobs Krönung light zeigt, dass auch andere (kreative) Wege bestens funktionieren (siehe Kapitel 7). Der Pharma-Konzern GlaxoSmithKline verwendet in seiner aktuellen Imagekampagne sowohl homosexuelle als auch neutrale Motive, die jedoch durch die HIV-Thematik (bedauerlicherweise) eine relativ hohe Aufmerksamkeit in schwulen Zusammenhängen erreichen.

Die Verwendung solcher schwul-lesbischer Motive stellt in einschlägigen Publikationen grundsätzlich eine geeignete Strategie dar. Der Erfolg hängt dabei natürlich von der Wahl des Motivs ab. Klischeehafte Bilder werden unter Umständen mit Humor aufgenommen, können aber auch anbiedernd oder ausgrenzend wirken. Plumpe, sexualisierte oder allzu „gestellte" Motive stoßen offensichtlich auch nicht auf Zustimmung. Schrille, skurile oder anderweitig witzige Anzeigen kommen dagegen meist sehr gut an.

Abb.6.9: Anzeigenmotiv Imagekampagne GlaxoSmithKline (2002)
© GlaxoSmithKline GmbH & Co. KG

Vielschichtiger gestaltet sich dagegen der Einsatz explizit schwul-lesbischer Anzeigenmotive in Mainstream Medien. Die werbliche Umsetzung stellt dabei eine Gratwanderung dar – einerseits muss das Motiv explizit genug sein, um die Gay-Zielgruppe innerhalb des Massenmarktes zu erreichen, andererseits sollte es andere KonsumentInnen nicht vor den Kopf stoßen, wie dies für das lesbische Motive der QueerCompany in London der Fall war. Allerdings zeigen einige Beispiele aus der Fernsehwerbung der vergangenen Jahre, dass es gut möglich ist, Botschaften zu kreieren, die sowohl homo- wie auch heterosexuelle Kunden ansprechen. Dabei sind es vor allem „offene" Situationen, die der jeweilige Betrachter in seinem Sinne interpretieren kann: Zwei Männer, die durchaus ein Paar sein können, dies aber nicht explizit gemacht wird oder

Ähnliches. Der AUDI TT Roadster Spot „Party" (1999) oder der WASA Spot „Bacon Academy" (2001) sind nur zwei dieser Beispiele. Auch in einem IKEA-Katalog fand sich ein Bild zweier sympathischer Männer, die gemeinsam in einer IKEA-Küche hantierten. Von Schwulen wurden diese als Paar wahrgenommen – andere Menschen (und IKEA Deutschland selbst) – beharrten darauf, es handele sich um heterosexuelle Männer, deren Frauen oder Freundinnen sich im Esszimmer befänden.

Neutrale Motive

Die Verwendung neutraler Motive zur Ansprache der Zielgruppe kann in einem schwul-lesbischen Kontext durchaus Wirkung zeigen. Die Wahl des Mediums allein zeigt die positive Einstellung des Unternehmens zu homosexuellen Zielgruppen. Unter Umständen kann es sogar von Vorteil sein, mit neutralen Motiven zu kommunizieren. Erstens fallen Werbungen großer Unternehmen in schwul-lesbischen Zeitschriften und Zeitungen auf, zweitens fühlen sich die LeserInnen nicht auf ihre Homosexualität reduziert, wenn im jeweiligen Umfeld auch mit „normalen" Motiven geworben wird. Weiterhin fällt ein neutrales Motiv in einem redaktionell klar schwul-lesbisch geprägten Umfeld besonders auf – zeigen doch schon die meisten sonstigen Motive in diesem Medium Homosexuelle. Schließlich baut eine Schaltung neutraler Mainstream-Anzeigen in Gay-Medien auf den Wiedererkennungseffekt, der sich häufig einstellt, da Schwule und Lesben selbstverständlich auch Massenmedien nutzen. Seagram hat mit der Marke Absolut Vodka wie in Kapitel 2 erwähnt in den USA schon sehr früh den Einstieg in den Gay Markt vollzogen. Dort entstand auch das mittlerweile berühmte Konzept von Absolut Art – seinerzeit kreiert von Andy Warhol. Dieser empfahl Mitte der 1980er Jahre Keith Haring als einen weiteren Künstler für die Gestaltung von Werbemotiven. Dass dieser (schwule) Künstler im Jahre 1986 im Rahmen der Art-Kampagne ein Werbemotiv für Absolut gestaltete, wirkte sich mit Blick auf homosexuelle Zielgruppen als codierte Kommunikation aus. Die Schaltung dieses Motivs in Gay-Medien erzeugte freilich weitere deutliche Sympathien. In Deutschland schaltet Absolut Vodka im Rahmen des Media-Split passende Motive in schwul-lesbischen Medien (vgl. z.B. Abb. 6.10).

Die Eignung neutraler Motive für das Gay Marketing variiert natürlich. So sind zum Beispiel viele Motive, die nur eine Person zeigen, klar mit traditionellen Geschlechterrollen unterlegt. Diese zeigen bei Schwulen und Lesben nur sehr begrenzt Wirkung. Dasselbe gilt für Motive, deren Text sich eindeutig auf stereotypische Männer- oder Frauenbilder bezieht. So wurde ein neues Pkw-Modell (Kleinwagen) mit der Tagline „der Rivale" eingeführt. Nicht nur, dass diese Sprachwahl kaum Attraktivität für die wichtige Zielgruppe der Frauen beinhaltet – sie spricht auch Schwule kaum an. Für sie hat das Sich-messen und eine Rangordnung zu bilden anscheinend weitaus weniger Bedeutung als

Abb. 6.10: Anzeigenmotiv Absolut Piercing
© Maxxium Deutschland GmbH

im heterosexuellen Umfeld. Soziologen und andere Experten gehen davon aus, dass die biologisch-genetische Disposition von heterosexuellen Männern in dieser Hinsicht mit Blick auf die erstrebte Reproduktion besonders ausgeprägt ist. So mag sich auch die Begeisterung für eine bestimmte Art von Sport (Fußball, Boxen, Formel 1, Eishockey) erklären, bei der der Kampf Mann-gegen-Mann ausgeprägt ist. Bei Schwulen und Lesben dagegen finden wir eine andere Art von Sportbegeisterung, die sich mehr an der olympischen Idee „Dabeisein ist alles" orientiert. Das Gemeinschaftserlebnis und der Fitness-aspekt stehen hier eher im Vordergrund.

Natürlich gibt es auch neutrale Motive, die im homosexuellen Bereich eine gleichgroße oder besondere Relevanz aufweisen. So weisen zum Beispiel die Kampagnen von Basic, Levi's, Nike, Absolut Vodka und Benson & Hedges eine hohe Kompatibilität mit schwul-lesbischen Werten oder Lebenswirklichkei-ten auf.

Es ist unbedingt zu empfehlen, die Tauglichkeit neutraler Motive für den Gay-Markt mit einem Spezialisten für homosexuelle Kommunikation zu besprechen und sich nicht auf die singuläre Einschätzung homosexueller KollegInnen oder

FreundInnen zu verlassen. Eine solche Vorgehensweise findet schließlich auch bei anderen Zielgruppen nur begrenzt bzw. ergänzend Anwendung.

Obwohl es einleuchtend erscheint, wollen wir in diesem Zusammenhang darauf hinweisen, dass heterosexuelle Bilder im Gay-Marketing-Kontext grundsätzlich fehl am Platze sind. Nicht, dass Schwule und Lesben negativ gegenüber Heterosexuellen eingestellt seien, aber mit explizit heterosexuellen Werbebotschaften können sie sich nicht identifizieren. Eine Zigarillomarke schaltete vor einigen Jahren ein Motiv, das ein heterosexuelles Pärchen in sexualisierter Pose am Strand verwendet, in einem schwul-lesbischen Magazin. Die Zielgruppe nahm dies – zurecht – mit Unverständnis zur Kenntnis. Dies gilt für stereotypische, traditionelle Geschlechterrollen in gleicher Weise.

Kommunikation mit Codes

Codierte Botschaften eignen sich sowohl für den Einsatz in zielgruppenspezifischen wie auch in Mainstream-Medien. Die Werbung wird so codiert, dass die Zielgruppe erkennt oder zumindest erahnt, dass sie besonders angesprochen wird, während der außenstehende Betrachter die besondere Botschaft nicht wahrnimmt. Als Codes können ganz unterschiedliche Bilder oder Worte verwendet werden. Meist entsteht eine Codierung durch eine bestimmte Kombination von Text und Bild, die im homosexuellen Umfeld andere Assoziationen auslöst als im Mainstream. Weiterhin existieren zahlreichen Symbole der Gay Community, deren Bedeutung heterosexuellen teilweise unbekannt ist, und bestimmte „Reizwörter", die für Schwule und Lesben besondere oder andere Bedeutung aufweisen als für den Mainstream.

Regenbogen-Flagge

Die sechs Farben setzten sich aus den Spektralfarben des Regenbogens zusammen. Mit ihnen soll die Zusammengehörigkeit und Lebensfreude von Schwulen und Lesben symbolisiert werden. Erstmals aufgetaucht ist die Regenbogenfahne 1978 bei einer Homosexuellendemonstration in San Francisco. Inzwischen gilt sie weltweit als das bekannteste schwul-lesbische Symbol.

Rosa Winkel

Die Nazis kennzeichneten die Häftlinge in den Konzentrationslagern mit verschiedenfarbigen Dreiecken, die diese auf ihrer Kleidung befestigen mussten. Homosexuelle mussten einen rosa Winkel tragen. Die deutsche Schwulenbewegung in den 70er Jahren übernahm das Zeichen als ihr Symbol. Damit wollte man überall und öffentlich zeigen, dass man schwul ist. Inzwischen erinnert der rosa Winkel weltweit an die Unterdrückung und

Verfolgung der Homosexuellen. Die Farbe Rosa hat aus diesem Zusammenhang weiterhin eine schwule Konnotation.

Lambda

Die New Yorker Schwulengruppe Gay Activists Alliance bestimmte 1970 den griechischen Buchstaben L als Symbol für die amerikanische Schwulenbewegung. 1974 wird dieses Zeichen, das für „Liberation" (Befreiung) stehen soll, auf einem Kongress in Edinburgh als Zeichen der internationalen Homosexuellenbewegung bestätigt. Heute wird es kaum noch verwendet.

Red Ribbon

Die kleine rote Schleife ist ein Zeichen der Solidarität mit Menschen, die mit HIV infiziert oder an Aids erkrankt sind, und zugleich der Trauer für die Verstorbenen. Das Symbol geht auf den Vietnamkrieg zurück. Dort gedachte man in den USA mit gelben Schleifen der Gefallenen. Während des Golfkrieges waren die Bänder weiß.

Spezielle Begriffe

Unabhängig von ihrem individuellen Erscheinungsbild scheren Schwule und Lesben deutlich aus dem traditionellen Geschlechterverständnis aus. Entsprechend weisen die meisten Begriffe, die geschlechtlich unterlegt sind, im homosexuellen Kontext besondere Bedeutungen auf. Am offensichtlichsten wird dies bei der Partnerbezeichnung – für Lesben hat der Begriff „Freund" grundsätzlich keine sexuelle Konnotation, die es für heterosexuelle Frauen geben kann (nicht muss!). Schwule und Lesben kultivieren gelegentlich ihre Position jenseits des traditionellen Geschlechterverständnisses – zum Beispiel, indem sie ihre eigenen Geschlechtsbezeichnung ändern (Schwule sprechen dann von „ihr", wenn ein männlicher Bekannter gemeint ist etc.). Besonders markant tritt dieser Aspekt im Bereich der Transvestiten und der Travestie hervor. Hier sind die Begriffe (Drag) King und (Drag) Queen zu Hause. Eine Anzeige von Benson & Hedges Lights „Imagine Queens without Silver" spielt hierauf an und gewinnt im Gay-Kontext zusätzliche Relevanz. Die häufig zitierte Kampagne von Jacobs Krönung light stellt diesen Aspekt gleichsam in den Mittelpunkt, indem ein männliches Model „Kaffeetante" genannt wird. Aufgrund der nicht ungewöhnlichen Schwierigkeiten mit der eigenen (biologischen) Herkunftsfamilie bilden Homosexuelle (auch zusammen mit Heterosexuellen) häufig so genannte Wahlfamilien. Auch wegen der Nicht-Anerkennung ihrer Partnerschaften als Ehe (feste Partnerschaft) oder Familie (mit eigenen oder adoptierten Kindern) weisen alle Begriffe dieses Themenkreises für Schwule und Lesben besondere Bedeutung auf: Familie, Beziehung, Partnerschaft, Freundschaft. Insofern lässt sich mit diesen auch Gay Marketing gestalten. Die Firma PRIDE Telecom wählte zu ihrem Marktstart als schwul-lesbische Telefongesellschaft zum Beispiel die Tagline „Wir gehören zur Familie". Diese Aussage erhielt im homosexuellen Mobilfunk-Markt eine grundlegend andere Bedeutung als die Verwendung des selben Satzes durch SIEMENS (Bosch-Siemens Hausgeräte), die ihre Spülmaschinen und dergleichen gerne zur (traditionellen) Familie gehörig sahen. Die Firma Siemens erwirkte übrigens in einem vielbeachteten Gerichtsverfahren, dass PRIDE Telecom diese Tagline nicht weiter verwenden durfte.

Die Verwendung von Codes in der Kommunikation signalisiert dem homosexuellen Betrachter zudem, dass das Unternehmen sich soweit mit der Zielgruppe auseinander gesetzt hat, dass es mit speziellen Symbolen oder Begriffen vertraut ist.

Zahlreiche Gay-Marketing-Aktivitäten arbeiten mit Codierungen, die oft zusätzlich zu einer spezifischen Ansprache eingesetzt werden. Schon das angeblich erste Gay-Marketing-Motiv, das Keith Haring für Absolut Vodka gestaltete, beinhaltete eine Codierung in der Person Keith Harings, der als prominenter schwuler Künstler bekannt, beliebt und erfolgreich war. In Großbritannien setzte Ford in schwul-lesbischen Medien eine Mainstream-Anzeige ein, die ein Sondermodell mit Lederausstattung mit den Worten „Surround yourself with black leather" umwarb. Auch die Kampagne von Jacobs Krönung light basiert auf einer Codierung, nämlich dem Spiel mit Geschlechterrollen (Mann – (Kaffee-)Tante). Schließlich basiert die Kampagne von NetCologne auf der Codierung Keith Haring und auf dem Begriff Community in Verbindung mit Communication, wobei das „Unity" in der Wortmitte durch die Schreibweise CommUnityCation zusätzlich hervorgehoben wird.

In vielen Fällen besteht auch die einfache Möglichkeit, durch einen Motiv-, Farb- oder Copy-Wechsel eine schwul-lesbische Codierung zu erreichen. Die Anzeige „Flauschangriff" von M-Net (regionale Telefongesellschaft in München) zeigte beispielsweise in ihrer Mainstream-Version ein Telefon, das mit grünem Flausch überzogen war. Für schwul-lesbische Medien wurde die Farbe des Überzugs in Rosa geändert. Die Firma MSD änderte für ihr Produkt Pro-Haar den Anzeigentext und erreichte durch den Baustein „geoutet" eine klare Relevanz und somit Ansprache für homosexuelle Zielgruppen (vgl. Abb. 6.11).

Abb. 6.11: Printanzeige ProHaar (Propecia) in Mainstream und zielgruppenspezifisch codierten Varianten.
© MSD Sharp & Dohme

Die Medienwahl

Bei der Wahl der zu verwendenden klassischen Kommunikationskanäle sind grundsätzlich drei Faktoren ausschlaggebend:

❑ Reichweite

❑ Zielgruppenaffinität zum Medium – Übereinstimmung der Zielgruppe mit den Werbeberührten

❑ werbliche Eignung

Printmedien

In Deutschland erscheinen zwölf kostenlose Monatszeitungen und -zeitschriften mit vorwiegend homosexuellem Zielpublikum, vier davon werden bundesweit vertrieben. Fünf weitere Titel, darunter das einzige ausschließlich lesbische Magazin, erscheinen als Kauftitel. Hinzu kommen zahlreiche semi-kommerzielle Publikationen wie Vereinszeitschriften oder regionale Titel (eine Übersicht finden Sie im Service-Teil). Über die Kombination unterschiedlicher Titel entsteht eine relativ große Reichweite, die eine Durchdringung des Segmentes zu über 15 Prozent erreicht. In der Kernzielgruppe der „Community" wird eine Durchdringung von 45 Prozent erzielt. Dies wird durch eine Umfrage der Publicom GmbH bestätigt, die herausfand, dass 77 Prozent der von ihr befragten Homosexuellen häufig regionale Gay-Magazine lesen.

Die Übereinstimmung der Zielgruppe mit den Werbeberührten liegt für Anzeigen in zielgruppenspezifischen Publikationen fast bei 100 Prozent. Streuverluste wie sie bei der Kommunikation über Massenmedien unausweichlich sind, existieren praktisch nicht.

Die werbliche Eignung geht aus der Qualität des Mediums hervor. Diese setzt sich zusammen aus Anmutungsqualität, das heißt zum Beispiele Prestige und Glaubwürdigkeit, sowie der äußeren Gestaltung wie Heftumfang, Farbe und redaktionellem Umfeld. In Deutschland scheint dieser Punkt noch viele Inserenten davon abzuhalten, Anzeigen in schwul-lesbischen Publikationen zu schalten. Mit Blick auf die Gratis-Titel besteht hier gewissermaßen ein Teufelskreis aus fehlenden Werbeeinnahmen, fehlenden finanziellen Mitteln für die weitere Professionalisierung und der von den Werbekunden erwarteten Qualität. Es bleibt fraglich, ob kostenlose Printmedien überhaupt die Anmutungsqualität erreichen können, die von vielen Marketing-Fachleuten erwartet wird. Aber auch der Heftumfang (überwiegend unter 100 Seiten bei den Monatsmagazinen) und das redaktionelle Umfeld (fast ausschließlich spezifisch schwul-lesbische Themen, hoher politischer und kultureller Anteil sowie Programm/Terminhinweise) bieten für viele Werbekunden keine ausreichenden Anknüpfungspunkte. Schließlich besteht in einigen Redaktionen kein geschärfter Blick für den erzielbaren Leserbenefit und die vielen Möglichkeiten kooperativer Zusammenarbeit mit externen (auch kommerziellen) Partnern.

von Dr. Christian Beese, MATTEI Medien GmbH, Köln

Im Jahre 1999 haben sich fünf kostenlose schwule Metropolenmagazine zur „GayCityCom" zusammengeschlossen. „sergej" wird in Berlin und in einigen großen Städten Ostdeutschlands verbreitet. Der „hinnerk" erscheint in Hamburg und ganz Norddeutschland. München wird von „sergej.

München" erschlossen. Die „rik" aus Köln ist in Nordrhein-Westfalen erhältlich. Und die „GAB" aus Frankfurt deckt den Rhein-Main-Neckar-Raum ab.

Mit diesen fünf Titeln wird die Szene in Deutschland weitgehend abgedeckt: 62 Prozent der Schwulen leben ohnehin in Städten mit über 500.000
Einwohnern, aber auch die übrigen besuchen häufig die Metropolen und
orientieren sich am dortigen Lebensstil. Die GayCityCom ist die einzige
schwule Media-Kombi, die sich über das gesamte Bundesgebiet erstreckt.

Alle Titel der GayCityCom sind durchgehend vierfarbig und auf 80g-Papier
mit festem Umschlag produziert. Sie erscheinen monatlich und werden
kostenlos verteilt. Sie enthalten nicht nur aktuelle Informationen, sondern
auch umfassende Serviceteile wie Terminkalender und Stadtpläne.

Die GayCityCom hat sich die Anzeigenakquisition nach Branchen aufgeteilt. So ist die Anzeigenabteilung in Hamburg beispielsweise für Kultur
und Reisen zuständig, während Tabak und Pharma von Berlin betreut

Heftumfänge in Seiten

Titel	1999	2000	2001
GAB	64	84	84
hinnerk	84	100	116
rik	52	52	68
sergej	64	68	68 + 68 Seiten Scout
sergej.München	64	76	84

Abb. 6.12: Positive Entwicklung der Heftumfänge (jeweils Herbst) über drei Jahre
Quelle: MATTEI Medien GmbH

Auflagen in Stück (IVW-geprüft)

Titel	1999	2000	2001	2002
GAB	25.000	25.000	28.000	30.000
hinnerk	25.000	25.000	30.000	30.000
rik	20.000	25.000	25.000	32.000
sergej	40.000	40.000	40.000	40.000
sergej.München	18.000	19.000	20.000	21.000

Abb. 6.13: Positive Entwicklung der Auflagezahlen (jeweils Januar) über vier Jahre
Quelle: MATTEI Medien GmbH

werden. Damit hat jedes Unternehmen nur einen Ansprechpartner für alle fünf Titel, der gleichzeitig auch eine gewisse Branchenkompetenz erworben hat. Dieses Verfahren hat sich bezahlt gemacht: Seit Gründung der Gay-CityCom hat sich das Werbeaufkommen in den betreffenden fünf Magazinen überdurchschnittlich erhöht. Parallel dazu sind der Umfang, die Auflage und auch das redaktionelle Niveau kontinuierlich gestiegen. Die Steigerung von Umfang und Auflage ist wesentlich auf das gestiegene überregionale Anzeigenaufkommen zurückzuführen.

Um Schwule und Lesben außerhalb der Community zu erreichen, kommt man nicht darum herum, Mainstream-Medien zu nutzen. Da die Übereinstimmung von Werbeberührten und Zielgruppe hier um einiges schlechter ist als in zielgruppenspezifischen Medien und damit die Streuverluste höher, scheint es sinnvoll, etwaige Anzeigen auf eine breitere Zielgruppe auszulegen. Möglichkeiten wie die Codierung können in diesem Falle eine viel versprechende Option darstellen.

TV, Kino und Radio

Auf den ersten Blick mag es etwas merkwürdig anmuten, Fernseh-, Kino- und Radiowerbung als Gay-Kommunikations-Instrumente in Betracht zu ziehen, schließlich handelt es sich um „klassische" Massenmedien. Dies ändert sich aber immer deutlicher. Angesichts der stetig wachsenden Anzahl von (Sparten-) Fernsehkanälen kann in vielen Fällen nicht mehr von Massenmedien gesprochen werden. Ähnlich verhält es sich mit den Radiostationen. Es gibt kaum mehr eine gesellschaftliche Gruppe, die nicht über ihre eigenen Sender oder zumindest Sendungen verfügt. Mit „Anders Trend" etablierte sich nach mehreren Ansätzen ein erstes bundesweites homosexuelles TV-Format in Deutschland. Daneben gibt es verschiedene regionale, teilweise schwule, teilweise lesbische Projekte. Außerdem existiert eine Reihe regionaler homosexueller Radioformate. Im Bereich Kino haben sich mehrere schwul-lesbische Filmfestivals, darunter die bundesweite Roadshow „Verzaubert" etabliert. All diese Plattformen bieten Ansätze der Zielgruppenwerbung in (vermeintlichen) Massenmedien.

Darüber hinaus besteht die Möglichkeit, im Umfeld von Radio- oder TV-Sendungen beziehungsweise (Kino-)Filmen mit schwul-lesbischer Relevanz oder Thematik Homosexuelle zu erreichen. In den USA wird diese Möglichkeit bereits genutzt. VW hat beispielsweise vor und nach der Sendung „Will and Grace", eine Komödie mit einer schwulen Stammrolle, die bei Schwulen und Lesben besonders beliebt ist, TV-Spots geschaltet, die zwei offensichtlich schwule Männer in einem VW zeigen. Serien wie „Lindenstraße", „Queer as Folk", „Will and Grace" und „Golden Girls" haben bei homosexuellen Männern Kultstatus.

Zu den Kultserien für Lesben gehören beispielsweise „Ellen" und „Hinter Gittern". Aber auch die ausgesprochen offenen, vielfältig ausgerichteten Vorabendserien in Deutschland (GZSZ, Verbotene Liebe, Marienhof) oder die bewusst zeitgemäß konzeptionierten Serien wie „Dark Angel" bieten geeignete Umfelder. Das Prinzip von Werbung, die auf das aktuelle Programm abgestimmt wird, ist in vielen anderen Bereichen schon längst verwirklicht. Rund um das Kinderprogramm beispielsweise finden sich überdurchschnittlich viele Spots für Spielzeug.

Vor Kinofilmen mit schwul-lesbischen Themen erzielt spezifische Werbung eine besondere Wirkung – aber auch neutrale Trailer. Die Wahrscheinlichkeit, dass viele Homosexuelle im Publikum sitzen, ist groß. Zudem besteht hier keine Gefahr, heterosexuelle Kunden negativ zu beeinflussen, schließlich selektieren sie sich durch die Wahl des Films selbst.

Zusammenfassung

Eine mediale Polarisierung prägt den Bereich der klassischen Werbung im Rahmen des Gay Marketing. Auf der einen Seite finden wir sehr spezielle Print-Titel, die einen großen, aber dennoch begrenzten Teil der Gesamtzielgruppe – ohne Streuverluste – erreichen. Andererseits nutzt der größte Teil der Homosexuellen (unerkannt und -bemerkt) Massen-, Fach- und Special-Interest-Medien ohne durch diese nennenswert berücksichtigt zu werden. Somit besteht eine Teilung in einen hochspezifischen „Community" und einen sehr unspezifischen „Mainstream"-Bereich, in denen die meisten werblichen Botschaften völlig unterschiedlich wirken. Lediglich codierte Motive können in beiden Umfeldern mit praktisch gleicher Wirkung eingesetzt werden.

Below-the-Line

Sponsoring

Sponsoring von gezielt ausgewählten Events, Organisationen und Aktivitäten stellt eine besonders viel versprechende Option dar – sowohl als Eintrittsstrategie in den Gay-Markt wie auch zur Kundenbindung. Dies hängt vor allem mit der tendenziell ethischen Grundkonstitution der Zielgruppe zusammen, die auf der latenten oder manifesten Diskriminierung beruht (vgl. Kapitel 4). Wie im Mainstream erhält der Sponsor im Gegenzug zu einer Beteiligung an den Kosten durch finanzielle oder sachliche Mittel Werbeflächen und andere Gegenleistungen.

Kundenakquisition

Um in einer neuen Zielgruppe Fuß zu fassen, stellt die Vertrauensbildung eine wichtige Aufgabe dar. Gerade im Gay Marketing erscheint es wichtig, der

Zielgruppe zu signalisieren, dass man sich „wirklich" um sie bemüht. Wie in Kapitel 5 beschrieben, sind Schwule und Lesben aufmerksame KonsumentInnen. Sie lassen sich nicht „abzocken" und bemerken, wenn ein Unternehmen nur an kurzfristigen Gewinnen interessiert ist. Sponsoring dient der Vertrauensbildung und bildet eine wichtige Basis für die Zusammenarbeit mit der Zielgruppe. In den USA wurde in vielen Marktforschungen herausgefunden, dass das „Give-Back" im homosexuellen Umfeld eine vielfach höhere Bedeutung aufweist als bei anderen Zielgruppen.

Wie in den meisten Sponsoring-Engagements stellen sich messbare Erfolge nicht in jedem Fall und sicher nicht sofort ein. Das stellt sich im Gay-Kontext nicht anders dar. Im Gegenteil – es scheint, dass Schwule und Lesben tendenziell länger warten, bis sie Vertrauen schöpfen. Ein nachhaltiger Ansatz im Sponsoring erscheint somit gerade im Gay Marketing erforderlich.

Kundenbindung

Hat sich eine Marke in der Zielgruppe erst einmal etabliert, so gilt es, diese Position zu halten. Auch dazu eignet sich Sponsoring. Fernab von Kaufsituationen ruft dieser Mechanismus eine Marke immer wieder ins Gedächtnis. Die Kundenbindung stellt sich auf psychologischer Ebene ein, indem der Konsument einerseits zusätzliche Sympathien für die Marke entwickelt und sich andererseits als Gegenleistung innerlich verpflichtet fühlt, ihr weiterhin treu zu bleiben.

Vergleich mit klassischer Werbung

Allgemein gilt, dass die Konsumenten diese Kommunikation nicht als Werbung und daher positiver wahrnehmen als Anzeigen. Der Kontakt mit der Marke erfolgt dabei in einem angenehmen Umfeld (z.B. Freizeit) und dies überträgt sich auf die Marke. Da Homosexuelle im deutschsprachigen Raum selten als Konsumenten umworben werden, die meisten Community-Plattformen aus dem Bürgerrechts-Umfeld hervorgegangen sind und dort nur wenig Unternehmen präsent sind, kann durch Sponsoring im Gay-Kontext eine hohe Aufmerksamkeit erreicht werden.

Marken vermitteln durch Sponsoring Werte. Im Gegensatz zu klassischer Werbung kann hier viel deutlicher signalisiert werden, dass das Unternehmen die Besonderheiten einer Zielgruppe kennt und auf sie eingeht. Darin besteht gerade im Gay Marketing ein großer Wert. Schließlich stellt Solidarität in der Community mehr als eine Worthülse dar. Zeigt ein Unternehmen durch Sponsoring seine Verbundenheit, so wiegt dies unter Umständen schwerer als eine $1/_1$-Anzeige.

Sponsoring vermittelt außerdem Inhalte, indem die Zielgruppe aktive Unterstützung für politische Forderungen, Spaß oder Sport erhält. Während in der klassischen Werbung das Produkt oder die Marke im Mittelpunkt steht, vollzieht sich die Sponsoring-Kommunikation über Taten. Das Unternehmen kontaktiert den Kunden dort, wo seine wahren Interessen liegen.

Die Beiträge des Sponsoring müssen nicht zwingend finanzieller Natur sein – auch die Bereitstellung von Infrastruktur oder personellen Ressourcen gilt als Sponsoring. Gerade die Möglichkeit, Humankapital zur Verfügung zu stellen, scheint im Gay Marketing eine viel versprechende Option zu sein. Dadurch zeigt das Unternehmen einerseits, dass auch auf der persönlichen Ebene keine Hemmschwellen vorhanden sind und andererseits entsteht die Möglichkeit, Kontakte innerhalb der Szene zu knüpfen, die im weiteren Verlauf der Zusammenarbeit von Nutzen sein können.

Themenbereiche

Im Gay Marketing existieren im Wesentlichen die gleichen Möglichkeiten, sich als Sponsor zu engagieren, wie im Mainstream. Die Palette reicht von bundesweiten Veranstaltungen (z.b. CSD) über Politik (z.b. homosexuelle Gruppen), Sport (z.b. Vereine oder Veranstaltungen), Kultur (z.b. schwules Museum, lesbische Chöre), Soziales (Zentren, Beratungsstellen) bis hin zu speziellen Themenbereichen wie Film (z.b. Verzaubert, Teddy Award), Mode oder Literatur. Die Auswahl sollte sich stets an der jeweiligen Markenwelt sowie den bestehenden Kommunikations-Strategien, -Mechanismen und -Instrumenten oder Sponsoring-Konzepten orientieren. Hier einige Beispiele für besonders nennenswerte Sponsoring-Engagements:

❑ KLM engagierte sich als Hauptsponsor der Gay Games 1998 in Amsterdam. Begleitend zum Sponsoring-Engagement schaltete die Airline vor den Spielen zielgruppenspezifische Anzeigen mit dem Hinweis auf diese Unterstützung. Zur Veranstaltung wurde eine Serie von Gratis-Postkarten entwickelt, die teilweise bewusst mit codierten Botschaften arbeiteten. So konnten auch nicht (völlig) geoutete Absender oder Empfänger Nutzen aus den Karten ziehen. Weiterhin waren zahlreiche Event-Elemente mit KLM gebrandet oder co-gebrandet. Die Kombination aus Sponsoring, Anzeige, Postkarten und der Präsenz vor Ort zeigt eine gut durchdachte Kampagne, die in der Zielgruppe durchweg auf Sympathie gestoßen ist.

Abb. 6.14:
KLM Sponsoring Anzeige
Gay Games
© KLM

❑ Nivea (Beiersdorf AG, Hamburg) trat in den letzten Jahren als Sponsor des CSD Zürich auf. Als Gegenleistung für den Sponsoring-Beitrag konnte die Marke auf dem CSD-Festplatz Warenproben verteilen.

❑ Ein anderes Beispiel, zeigt, dass nicht nur internationale Großveranstaltungen ein Engagement als Sponsor rechtfertigen. NetCologne engagiert sich nachhaltig als Partner verschiedener Organisationen und Aktivitäten in Köln (vgl. Kapitel 7).

Es liegt auf der Hand, dass Sponsoring allein als Mittel der Marktkommunikation nicht ausreicht. Erstens besteht eine mangelnde Penetration der Zielgruppe und zweitens handelt es sich um ungenügende Reichweiten. Dabei erhöht die Berücksichtigung einiger Erfolgsfaktoren den Nutzen des Sponsoring:

Selektives Sponsoring: Es besteht wenig Effektivität darin, wahllos Events, Organisationen und Aktivitäten der Zielgruppe zu unterstützen. Vielmehr bedarf es einer sorgfältigen Auswahl der strategisch geeigneten.

Wertigkeit für die Zielgruppe: Für einen Außenstehenden ist nur bedingt erkennbar, welche Organisationen, Aktivitäten und Events für die Zielgruppe wirklich von Bedeutung sind. Die Reichweite kann nur ein Kriterium von vielen sein.

Position des Sponsors: Eine klare Hierarchisierung von Sponsoren besteht auf vielen Gay-Plattformen nicht – Cash- und Barter-Partner treten gleichberechtigt mit Community-Partnern auf. Hier sollte nur in Ausnahmefällen ein Engagement erfolgen.

Flankierung: Wie im Mainstream sollte Sponsoring durch ergänzende Kommunikationsmaßnahmen begleitet werden. So wird sichergestellt, dass ein hinreichender Bekanntheitsgrad erreicht wird. Zudem ergibt sich dadurch zusätzlich die Möglichkeit, das Engagement auch demjenigen Teil der Zielgruppe zu kommunizieren, der auf der konkreten Plattform nicht präsent ist.

Kontinuität: Es lohnt sich, Sponsoring kontinuierlich auszurichten. Einzelaktionen erfahren eine geringe Wahrnehmung, ihre Wirkung verpufft. Dieser Aspekt gilt bekanntlich für Anzeigen-Werbung und andere Instrumente. Kontinuität erscheint im Gay-Segment besonders wichtig, ein Aspekt, der häufig missachtet wird.

Event Marketing

Verwandt mit und häufig eine Ergänzung zum Sponsoring ist das Event Marketing. Im Mainstream werden große Events genutzt, um mit möglichst vielen (potenziellen) Konsumenten direkt in Kontakt zu treten. Promotion-Teams stellen diese Kontakte her. Auf den meisten Events besteht die Möglichkeit, Raum zu belegen, um mit Top-Charts, Ständen oder Flaggen (bzw. Bannern) präsent zu sein. Event Marketing muss nicht mit einem Sponsoring-Engagement verbunden sein, wird aber häufig als Gegenleistung für ein Sponsoring angeboten.

Große Gay-Events bieten Reichweiten, die von keinem Print-Medium erreicht werden. Da diese bislang nur wenig für werbliche Zwecke genutzt werden, stellen sie zudem besonders effektive Plattformen dar. In Deutschland offerieren die meisten Gay Pride Events (CSD) die Möglichkeit, mit Ständen auf dem Festgelände präsent zu sein, um dort Informationen und Give-Aways zu verteilen oder andere Kontakte herzustellen. Eine besondere Form des Give-Aways bot die Marke WEST während mehrerer Jahre auf der schwul-lesbischen Karnevalsveranstaltung „Rosa Sitzung" in Köln an. Ein WEST-Fächer verschaffte den TeilnehmerInnen angenehme Kühlung während der hitzigen Veranstaltung.

Weiterhin besteht die Möglichkeit, mit einem eigenen Paradewagen oder als Partner an den „traditionellen" CSD-Demonstrationen teilzunehmen. Dadurch entstehen auf einigen Veranstaltungen mehrere hunderttausend Kontakte. Bemerkenswert war in diesem Zusammenhang u.A. ein Paradewagen der Marke HEINEKEN auf dem Berliner CSD 2000. Dieser zeigte sich ganz in den Farben der Marke (hellgrün, roter Stern) und verwendete den Slogan „Love is in the Air".

In anderen Zusammenhängen, von Sportturnieren bis zu Fachseminaren, bestehen vielfältige Möglichkeiten von der Logo-Einbindung (Eintrittskarten, Dis-

Abb. 6.15: Heineken Parade-Truck auf dem CSD Berlin (2000)
Photo: Michael Stuber. © mi•st [Consulting

plays, Banden) und Präsenz (Surf-Terminals, Beratungs-Angebote) bis zur inhaltlichen Kooperation.

In den USA finden sogar regelmäßige „Fachmessen" für schwul-lesbische Verbraucher statt. In Deutschland und in den Niederlanden wurde versucht, dieses Konzept auf Europa zu übertragen – ohne den geringsten Erfolg. Die selbstverständliche Berücksichtigung als Teil der Markt-Normalität steht für europäische Homosexuelle offensichtlich im Vordergrund – vor der spezifischen Ansprache als schwul-lesbische KonsumentInnen. Die qualitative Marktforschung bestätigt dies sehr deutlich.

Event Marketing verbindet die Vorteile von Sponsoring und Promotion. Die physische Präsenz von Unternehmen auf einer Veranstaltung signalisiert den Teilnehmern ein klares Interesse des Anbieters. Das Unternehmen geht auf die Kunden zu, sucht also deren Nähe, um ihnen in einer entspannten (Freizeit-) Atmosphäre direkt oder indirekt Produkte oder Dienstleistungen bekannt zu machen. Insbesondere die Präsenz eigener Mitarbeiter verdeutlicht, dass keine Berührungsängste vorhanden sind. Die Forderung solcher „Beweise" erscheint Außenstehenden in der heutigen Zeit vielleicht überholt, Schwule und Lesben würdigen indes solche indirekten Statements.

In Zusammenhang mit einem „Szene-Marketing-Ansatz" stellt die Präsenz in der jeweiligen Szene einen wichtigen Erfolgsfaktor dar. Um von den Mitgliedern ernst genommen zu werden, muss ein Anbieter Teil der Szene werden. Dazu eignet sich Event Marketing natürlich, da die Identifikation von Szene-Mitgliedern unter anderem über die Teilnahme an speziellen Events stattfindet. Insbesondere für Marken, die schon von sich aus einen gewissen Consumer Pull ausüben, stellt Event Marketing ein interessantes Instrument im Bereich Gay Marketing dar. Darüber kann der latente Produktwunsch konkretisiert werden.

Zu beachten gilt, dass das Unternehmen auf jedem Event mit vielen anderen Attraktionen – und oft auch zum zentralen Thema – in Konkurrenz steht. Um die erwünschte Aufmerksamkeit zu erlangen, sind kreative und innovative Ideen gefragt, die idealerweise in einem konstruktiven oder inhaltlichen Bezug zum Event selbst stehen.

Internet-Marketing

Das Internet hat in der Kommunikation einen wichtigen Platz eingenommen. Dies gilt besonders für die „Generation Y" und trotz des Scheiterns etlicher New Economy Konzepte. Die meisten größeren Firmen und Marken haben dies erkannt und setzen Online-Marketing im Kommunikations-Mix ein.

Dafür, dass die schwul-lesbische Zielgruppe eine besonders hohe Affinität zum Internet hat, mögen mehrere Faktoren verantwortlich sein. So bietet das Internet die Möglichkeit, mit Schwulen und Lesben aus der ganzen Welt zu kommunizieren – das kommt der Gay Community besonders entgegen: Um eine für jeden Einzelnen relevante Größe zu erreichen, hat sie sich schon frühzeitig über die jeweiligen Stadt- und Landesgrenzen hinweg entwickelt. Dabei war der Solidaritätsgedanke natürlich hilfreich. Die Internationalität und die Natur der Gay Community sind heute am ehesten mit denen der weltweiten jüdischen Gemeinschaft vergleichbar.

Weiterhin stellt die anonyme Kommunikation für viele Schwulen und Lesben eine attraktive Möglichkeit dar – sowohl für einen Teil der Community als auch für Menschen im Coming-out-Prozess oder solche, die nicht offen homosexuell leben. Das Internet bietet zudem einen Weg, sich anonym Informationen zu beschaffen –zum Thema Homosexualität oder über potenzielle Arbeitgeber, Reiseziele oder Produkte und deren Hersteller. Für diejenigen, die in die Community integriert leben, bietet das Internet zahlreiche schwul-lesbische Websites mit einschlägigen Informationen zu Veranstaltungen, Politik, Gesellschaft und dem Freizeitbereich sowie Partnerschaftsanzeigen und Chat-Rooms.

Die überaus starke Nutzung vieler Seiten lässt darauf schließen, dass viele Schwule und Lesben diese Möglichkeiten der Information und der Unterhaltung schätzen. Dies schließt viele User ein, die über andere (spezifische)

Kommunikationskanäle nicht oder nur schwer zu erreichen sind. Speziell für die Zielgruppe Männer hat die W&V eine Rangliste der meist besuchten Portale veröffentlicht. Darin taucht das schwule Portal EuroGay unter den Top 10 auf. Angesichts der unterschiedlichen Größe der jeweiligen Gesamtmärkte stellt dies eine markante Größe dar (W&V Compact, 2000).

Die Markt-Kommunikation über das Internet kann grundsätzlich auf drei Arten geschehen:

❑ eigene Website

❑ Bannerwerbung, Links

❑ Content, Newsletter etc.

Insbesondere Firmen aus der Konsumgüter- und Lebensmittelindustrie nutzen ihre eigene Webpräsenz sehr intensiv, um mit Kunden zu kommunizieren. Auch die Möglichkeiten, die sich aus der Interaktivität des Mediums ergeben, werden genutzt. Entsprechend der allgemeinen Nutzerstruktur wenden sie viele Produktseiten hauptsächlich an jüngere Zielgruppen, denen Unterhaltung angeboten wird. Response-Möglichkeiten erscheinen mit Blick auf Database-Marketing sehr relevant. So bieten beispielsweise spezielle Member-Bereiche oder Gewinnspiele die Möglichkeit, E-Mail-Adressen und nach Möglichkeit die Erlaubnis der weiteren Verwendung zu erhalten und für das Dialog-Marketing zu nutzen.

Das Internet bietet aber noch weitergehende Möglichkeiten, zielgruppenspezifisch zu kommunizieren. Mit relativ geringem Aufwand lassen sich mit einer Website unterschiedliche Zielgruppen ansprechen. Eine auf die Segmentierung ausgerichtete Struktur der Site vereinfacht die Navigation und erhöht gleichzeitig die Chance, dass Nutzer nach nur wenigen Klicks bei dem für sie relevanten Content ankommen.

Die hohe Affinität der Zielgruppe zu diesem Medium legt nahe, dass ein Unternehmen im Rahmen des Gay Marketings auch Online-Marketing betreibt und vor allem Hinweise auf sein Commitment oder Links zu einer zielgruppenspezifischen Seite auch auf der eigentlichen Firmen-Website hinterlegt.

Die Zigarettenmarke West hat beispielsweise auf ihrer Website einen speziellen Bereich für die schwul-lesbische Zielgruppe eingerichtet – er heisst „Planet Queer". Auf dieser Seite finden sich ein Chat-Room, ein City Guide und Links zu anderen zielgruppenspezifischen Websites. Ähnlich verhält es sich bei der Berlin Tourismus Marketing GmbH, die als Teil ihrer schwul-lesbischen Marktkommunikation ein Regenbogensymbol auf ihrer allgemeinen Website eingebaut hat. Dieses ist als Button anklickbar und öffnet spezielle Seiten für schwul-lesbische Gäste der Stadt.

Nicht nur im Rahmen spezifischer Kampagnen bietet sich die Web-Präsenz an. So zeigte zum Beispiel Iglo im Rahmen der Kampagne „Holger & Max" einen umfangreichen Internet-Auftritt mit Rezepten und „privaten" Informationen der Protagonisten. Auch Langnese nutzte das Web bei der Kampagne „Happynese" (2001) intensiv, um die Vielfalt der gezeigten Charaktere deutlich zu machen. Hier wurden auch die homosexuellen Beziehungen der beiden gleichgeschlechtlichen Paare explizit dokumentiert.

Die alleinige Nutzung der eigenen Website ginge freilich zu stark von einem Consumer Pull aus. Der Konsument müsste aktiv werden, um die angebotenen Informationen zu erhalten, was in der Weite des Webs schwierig und wenig aussichtsreich erscheint. Das Internet stellt jedoch Instrumente zur Verfügung, die diesem Mangel Abhilfe schaffen. Bannerwerbung ermöglicht es, zielgruppenspezifische Webseiten mit der eigenen Domain zu verknüpfen. User aus der Zielgruppe werden so auf die gewünschte Seite geholt. Die meisten professionellen Gay-Webseiten bieten die Möglichkeit der Bannerwerbung. Auch hier gilt, dass dieses Instrument zum jetzigen Zeitpunkt noch sehr interessant erscheint, da es im homosexuellen Umfeld nur von wenigen Mainstream-Firmen genutzt wird. Eine hohe Aufmerksamkeit innerhalb der Zielgruppe erscheint wahrscheinlich, da die Angebote bisher nicht mit Bannern überfrachtet werden. Die Gestaltung des Banners und/oder Incentives muss ähnlich der spezifischen Gestaltung von Anzeigen im Hinblick auf die Zielgruppe abgewogen werden. Gewissermaßen eine codierte Art der Kommunikation wählte 12go (One-Two-Go, Internet-Einrichtungskaufhaus) bei EuroGay.de. Ein animiertes Banner zeigte abwechselnd die Texte „Some are nice to be with" und „Some are nicer to wake up with". Letzteres bezog sich, visuell unterstützt, auf die angebotenen Einrichtungsgegenstände.

Einen weiterer Schritt in Richtung spezifischer Gestaltung besteht darin, eigene Gay-Websites zu implementieren, die mehr oder weniger nahe an die sonstige Unternehmens- oder Markenpräsenz im Internet gekoppelt sind. Diesen Weg ging zum Beispiel die Condomi AG mit dem Portal www.Gay-Community.de, das praktisch die gesamte Bandbreite der Nutzungsmöglichkeiten abdeckt und für Condomi eine exklusive Werbe-Plattform bietet. Diese Internet-Seite wird in vielen Fällen gezielt auf schwul-lesbischen Events beworben, um zusätzlichen Traffic zu generieren. Condomi erreicht so auch, dass der Markenname nicht zu einseitig mit dem homosexuellen Stammsegment verknüpft wird.

Ähnlich verhält es sich mit dem Informations-Portal www.hiv-info.de von Galxo-SmithKline. Das Unternehmen nutzt diese Website, um Einzelpersonen und Fachkreise über neuste Entwicklungen im Themenfeld HIV & AIDS zu informieren. Die British Tourist Authority stellte indes über die Web-Site www.gaybritain.org zielgruppen-orientierte Angebote für schwul-lesbische Reisende zur Verfügung.

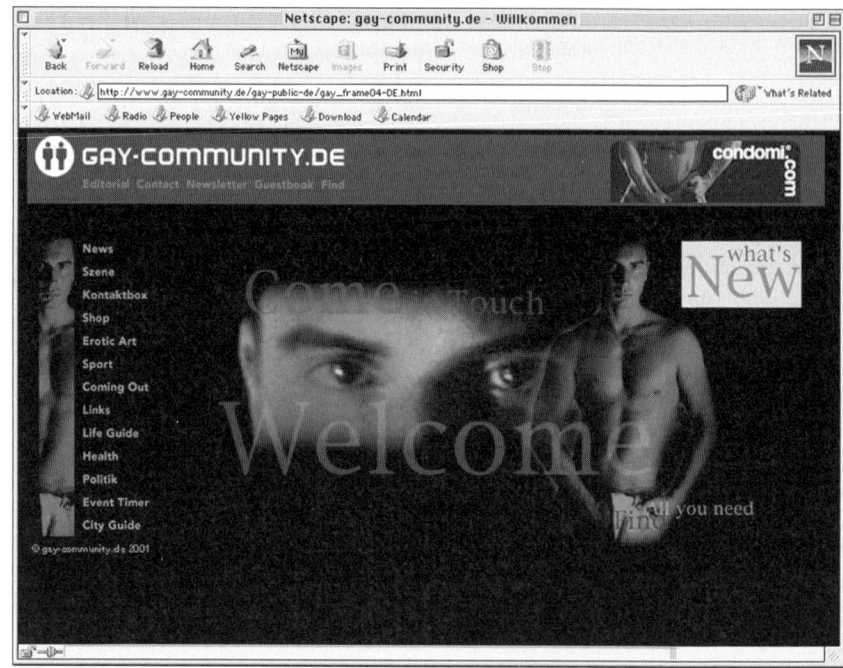

Abb. 6.16: Screenshot der Condomi Website www.gay-community.de
© condomi deutschland GmbH

Sowohl die eigene Firmen-Website, dort angegliederte Gay-Inhalte oder eigene Webseiten für homosexuelle Zielgruppen bieten ideale Ausgangspunkte, um über einen Newsletter regelmäßigen Kontakt zu den Kunden zu pflegen. Dies erscheint natürlich nur sinnvoll, wenn ein Anbieter regelmäßig relevante Informationen zu bieten hat. Newsletter sollten nur auf Wunsch des Empfängers versandt werden (Permission Marketing), da die negativen Auswirkungen einer nicht erwünschten Information den potenziellen Nutzen übersteigen. Hat ein Unternehmen relevante Informationen anzubieten, so stellt der Newsletter eine außerordentlich effektive Lösung dar. Die computergestützte Kommunikation bietet zudem den Vorteil, dass Informationen kostengünstig individualisiert oder für Zielgruppen angepasst werden können. Zu bedenken ist jedoch, dass die schwul-lesbische Zielgruppe sehr selektiv mit der Herausgabe persönlicher Informationen umgeht – insbesondere gegenüber Externen. Weiterhin besteht die Angst vor mangelndem Datenschutz und negativen Konsequenzen, die ihnen aus dem Verlust der Kontrolle über die Information zur sexuellen Orientierung erwachsen könnte.

Die Online-Kommunikation stellt insgesamt einen essenziellen Bestandteil des Gay Marketings dar, der – im Vergleich zum Mainstream Internet-Marketing –

mit zahlreichen Besonderheiten und vielfältigen Zusatzpotenzialen ausgestattet ist.

Kooperations-Marketing

Der Ansatz des Kooperations-Marketings bietet sich gerade im (Gay-)Szene-Marketing an. Ein Unternehmen sucht sich dabei einen oder mehrere Partner aus der Szene, die einen Zugang zur Community, ein eigenes Netzwerk, ein Gütesiegel für Vertrauen oder Umsetzungsunterstützung bieten. Diese Zusammenarbeit betrifft oftmals mehr als nur die Kommunikation des jeweiligen Gay Marketings. Der Partner kann nämlich auch in die Produktstrategie (Produktvariationen), Preisstrategie (Benefiz-Modell), Personalstrategie (Insourcing, Outsourcing oder Joint Venture) oder Vertriebsstrategie (Kooperationsvertrieb) einbezogen werden.

Zugang

Eine Szene zeichnet sich per Definition unter anderem dadurch aus, dass es sich um eine relativ (ab-)geschlossene, eingeschworene Gemeinschaft handelt. Um Zutritt zu erhalten, bedarf es in erster Linie eines adäquaten Verhaltens und guter Kontakte. Nicht jeder, der gerne zu einer Szene gehören möchte, wird dort aufgenommen – das gilt sowohl für einzelne Personen als auch für Unternehmen, die Mitglieder der Szene als Zielgruppe ansprechen möchten. Szenen sind im weiteren Sinne das, was früher Verbände, Vereine, Zirkel, Clubs etc. waren. Um einem Club beitreten zu können, muss ein Bewerber häufig Bedingungen erfüllen; oftmals bedarf es einer Paten- oder Bürgschaft durch ein bestehendes Mitglied. In Szenen funktioniert das „Aufnahmeprozedere" weniger formell, vom Grundsatz her aber ähnlich. Man muss Menschen aus der Szene kennen, um ein Teil davon werden zu können.

Hier setzt die Idee des Kooperations-Marketing an. Ein Unternehmen, das sich mit einer Szene assoziieren möchte, geht eine Partnerschaft mit einem Mitglied der Szene ein, um zunächst Zugang zur Szene und potenziell zu ihren Mitgliedern zu erhalten. Mögliche Partner der Gay-Szene sind schwul-lesbische Unternehmen oder Medien, Verbände, Vereine oder andere Non-Profit-Organisationen der Community.

Netzwerk

Szenen stellen immer auch so etwas wie informelle Netzwerke dar, Kontaktnetzwerke, die von den Mitgliedern genutzt werden und immer wieder Vorteile bieten. Diese lassen sich selbstverständlich auch auf Firmen übertragen, für die sich durch eine Kooperation vielfältige Kommunikationskanäle und direkte Zugänge eröffnen. Dieser Gedanke lässt sich bis zur Überlegung einer Art

Strukturvertrieb im Gay-Bereich erweitern. In seiner Reinform ist dieser jedoch im schwul-lesbischen Umfeld nicht anwendbar.

Vertrauen

Homosexuelle kennen die ökonomischen Absichten von Unternehmen, die Gay Marketing betreiben, und erkennen schnell, ob diese ehrlich, offen und authentisch auftreten oder nur versuchen, kurzfristig „trendy" zu sein. Diese Glaubwürdigkeit kann durch Kooperations-Marketing wesentlich gestärkt werden. Schwul-lesbische Organisationen und Medien verfügen über einen relativ großen Einfluss auf die Homosexuellen der Community, da sie für Sichtbarkeit sorgen und sich (teilweise schon seit Jahrzehnten) dafür einsetzten, dass sich die Lebensqualität von Homosexuellen weiter verbessert. Diese Art von Partner wirken im Rahmen des Gay Marketings ähnlich wie Testimonials im Massenmarkt.

Umsetzung

Auch für das konkrete Doing sind Marketing-Kooperationen häufig von Vorteil. Je nach Art und Umfang der Partnerschaft verfügt der Partner über eigene Möglichkeiten der Kommunikation und des Vertriebs. Dies können gemeinsame Promotions, Koop-Anzeigen, Direct Mails oder Websites sein oder die partnerschaftliche Pressearbeit. In allen Bereichen bringt der Community-Partner besondere Expertise ein, zum Beispiel mit Blick auf Anzeigen-Gestaltung, Werbetexte, Promotion-Personal oder eigenes Adressmaterial – in den meisten Fällen allerdings nicht auf dem professionellen Niveau, das für das Mainstream-Marketing üblich ist. Insofern ist im Einzelfall genau zu prüfen, welche Module in Eigenregie, zusammen mit dem Partner oder von diesem alleine durchgeführt werden. Dies wird sich meist aus der Natur der Partnerschaft ergeben.

Varianten

Echtes Kooperations-Marketing entsteht durch die Kommunikation eines partnerschaftlichen Auftritts. Darin ist auch ein wesentlicher Unterschied zum Sponsoring zu sehen. Auch bleibt beim Kooperations-Marketing im Allgemeinen der Anbieter selbst im Vordergrund. Beim Co-Branding entsteht eine ungefähre Gleichgewichtung.

Typische Beispiele finden sich zum Beispiel im Finanzdienstleistungsbereich, in dem die Deutsche AIDS-Hilfe e.V. (DAH) und die PRIDE-Unternehmensgruppe jeweils Partner für neue Kreditkartenprodukte wurden. Diese Art von Kooperations-Marketing ist auf Dauer angelegt. Die weiteren Beispiele stammen aus der projektorientierten Zusammenarbeit.

Im Tourismus finden sich die Sonderreisen der Stena Line nach Göteborg und London in Zusammenarbeit mit der AIDS-Hilfe NRW oder eine gemeinsame Werbeaktion (Anzeigen und Flyer) von Stockholm und Global Village Reisen als Beispiele. Die Tourismus-Zentrale Hamburg etablierte während der ersten beiden Jahre ihrer Gay-Kampagne Partnerschaften mit wichtigen Gruppierungen aus der schwul-lesbischen Community der eigenen Stadt. Die Fundraising-Organisation Big Spender, der schwul-lesbische Sportverein Startschuss und der Hamburger CSD dienten als Kooperationspartner für die Marketing-Aktivitäten und wurden mit den jeweiligen Logos in den entsprechenden Werbeflyer integriert.

Im Nahrungs- und Genussmittelbereich sind der Look-a-light-Contest von Jacobs Krönung light in Zusammenarbeit mit Siegessäule.de und Gayforum.de, der Kurzgeschichtenwettbewerb von WEST in Kooperation mit dem Schwulenverband Deutschland (heute Lesben- und Schwulenverband), der Fotowettbewerb von Nescafé Xpress in Zusammenarbeit mit Vary oder eine Coupon-Aktion von Pure White (Moet Hennessy) zusammen mit Sergej zu nennen.

Abb. 6.17: Werbeflyer der Tourismus-Zentrale Hamburg (2001)
© Tourismus-Zentrale Hamburg GmbH

In der Telekommunikationsbranche fand der Kreativ-Wettbewerb „CommUnity-Cation" von NetCologne in Zusammenarbeit mit CheckUp, Queer und www.gaycologne.com als Kooperations-Marketing über Gratispostkarten, Bierdeckel und eine Website statt.

Der Grundgedanke des Kooperations-Marketings sollte in der einen oder anderen Form in jedem ernsthaften Gay-Marketing-Konzept vorkommen. Diese Empfehlung enthält gleichermaßen die Aussage, dass Hard-Selling-Ansätze im schwul-lesbischen Bereich im Allgemeinen nicht Erfolg versprechend sind. Die guten Geschäfte, die sehr wohl mit der Zielgruppe möglich sind, vollziehen sich am effektivsten über kooperative Mechanismen, die durchaus auf den klaren Wunsch nach „Business" ausgerichtet sein dürfen.

Presse- und Öffentlichkeitsarbeit

PR stellt im Bereich Gay Marketing aus zweierlei Gründen ein besonders wichtiges Instrument dar. Einerseits macht das Unternehmen darüber sein Engagement in der Zielgruppe öffentlich und insofern glaubhaft. Andererseits beinhalten Gay-Marketing-Kampagnen noch immer einen Neuigkeitsgehalt und erhalten daher gerne und häufig Publicity. Neben diesen funktionalen Perspektiven kann Presse- und Öffentlichkeitsarbeit den Kern oder gar die alleinige Plattform für eine Gay-Kampagne bieten.

Wie wir dargelegt haben, sind Schwule und Lesben eine überdurchschnittlich aufmerksame und in gewisser Hinsicht sensible Zielgruppe. Einerseits honorieren sie nachhaltiges Engagement eines Unternehmens in der Community mit Loyalität. Andererseits enttarnt ihre kritische Haltung allzu kurzfristiges Gewinnstreben. PR dient in diesem Zusammenhang als flankierendes Instrument, indem Gay-Marketing-Aktivitäten offen kommuniziert und kommentiert und dadurch transparent gemacht werden. Schwule und Lesben wollen, wenn überhaupt, nicht nur im Geheimen oder abseits der Öffentlichkeit als Zielgruppe gelten. Ein solches Versteckspiel ließe keine Akzeptanz oder Unterstützung erkennen, sondern erschien diskriminierend und ausgrenzend. Vielmehr wollen viele Homosexuelle, dass ein Unternehmen, dem sie durch den Kauf von Produkten Geldmittel zukommen lassen, offen zur schwul-lesbischen Zielgruppe steht und damit seinen Teil zur ökonomischen und gesellschaftlichen Integration der Schwulen und Lesben beiträgt.

Tatsächlich üben bekannte Unternehmen und Marken einen nicht zu unterschätzenden Einfluss auf die Werte und Einstellungen der Gesellschaft aus. Einerseits nehmen sie zur Gestaltung des Marketing-Mix Strömungen, Trends und Werte aus der Bevölkerung auf. Andererseits beeinflussen sie durch ihre Kommunikation die öffentliche Meinung. Sie gestalten die gesamte Kultur mit. Wenn demnach große Markenartikler Schwule und Lesben als integralen Teil der Märkte (und der Gesellschaft) anerkennen, so beeinflussen sie dadurch auch die Haltung des Mainstreams gegenüber Homosexuellen. Diese Wirkung lässt sich mit dem öffentlichen Coming-out von Prominenten vergleichen. In diesem Sinne ist es wichtig und richtig, Mainstream-Medien und Gay-Medien für die Pressearbeit im Gay Marketing zu nutzen. Letztere genießen in der Community großes Vertrauen und sind von daher essenzielle Partner.

Während Werbung von vielen Journalisten als Thema gemieden wird – schließlich gewinnt ein Unternehmen hierdurch einseitige Publicity – zeigen sie dennoch großes Interesse an Gay-Marketing-Kampagnen. Vor allem die Kampagnen „Kaffeetante" von Jacobs Krönung light sowie „Holger und Max" von Iglo erhielten überragendes Presse-Echo. Auch die Rosa Rente® und die Pride Card von American Express wurden häufig in der Presse erwähnt. Der Wert dieser Coverage ist kaum quantifizierbar, trägt aber zur wirtschaftlichen Effizienz des Gay Marketings in erheblichem Maße bei. Häufig werden Gay-Marketing-Aktivitäten genutzt, um grundsätzliche Berichterstattung über Schwule und Lesben beziehungsweise deren wirtschaftliche Bedeutung vorzunehmen.

Eine umfangreiche Marketing-Aktion, die praktisch vollständig im Bereich Presse- und Öffentlichkeitsarbeit angesiedelt ist, betreibt die LTU. Seit nunmehr fünf Jahren findet jeweils am 1. Dezember (Welt-Aids-Tag) ein Rundflug zugunsten der AIDS-Hilfe Düsseldorf statt. Die Fluggäste bezahlen für die Teilnahme an diesem Erlebnisflug einen entsprechenden Ticketpreis. Die Aktion wird durch Werbeanzeigen angekündigt. Mit dabei ist jeweils viel Prominenz (in den vergangenen Jahren zum Beispiel Roberto Blanco und Hans Meiser sowie aus der Community Käthe Köstlich und Wanda Rumor). Bei diesem Rundflug verzichten sämtliche Beteiligten auf Honorare, so dass der gesamte Erlös der AIDS-Hilfe zugute kommt. Die Pressearbeit hat in den vergangenen Jahren dazu geführt, dass zahlreiche Medien über das Event berichteten.

Neben zahlreichen Artikeln in der Mainstream Presse berichten auch schwullesbische Medien meist über die Bemühungen der Wirtschaft, sich dem homosexuellen Klientel anzunähern. Solche Features zeigen natürlich besondere Wirkung, sind allerdings auch nicht leicht zu erzielen. Viele Redakteure verstehen sich auch als politische Institutionen mit traditionell antikapitalistischer Tendenz oder als Regionalverantwortliche mit begrenzter Zuständigkeit. So kam es vor, dass ein Berliner Stadtmagazin die Anfrage der British Tourist Authority zu einem schwul-lesbischen (!) Reisebericht über Großbritannien ablehnte. Man sei schließlich ein (lokales) Berliner Magazin. Dass hier kein Blick für den Leserbenefit herrscht, deutet Unwägbarkeiten an, die in der homosexuellen Medienlandschaft auftreten können. Weiterhin stellt die monatliche Erscheinungsweise der meisten Titel terminliche Anforderungen an die Presse-Arbeit, die nicht immer mit dem schnellen Agieren im Marketing zu verbinden ist. Schließlich bringt der begrenzte Umfang der meisten Publikationen mit sich, dass selbst kürzere Meldungen oft nicht mehr unterzubringen sind.

In diesem Umfeld sind daher Kooperations-Projekte (Medienpartnerschaften) durchaus sinnvoll. So wurde beim schwul-lesbischen Stadtfest in Berlin eine Standprämierung ausgelobt. Die Sponsoren Condomi und Becks veröffentlichten zusammen mit dem Veranstalter Regenbogenfonds in dem Printmagazin GayPress.de eine entsprechende Ausschreibung. Die Preisverleihungen boten Präsenzmöglichkeiten auch in den jeweiligen redaktionellen Umfeldern.

Während die meisten Unternehmen genügend Erfahrung und Kompetenz im Bereich PR aufweisen, kann diese nicht 1:1 auf den Gay-Markt übertragen werden. Sprachliche Fallstricke und unerwartete, kritische Fragen sowie ein zuweilen persönlicher Umgangston fordern neue Fähigkeiten selbst des routinierten Pressesprechers.

Allzu häufig wird übersehen, dass zusätzlich zur eigentlichen Pressearbeit ein eigenständiger Bereich der Öffentlichkeitsarbeit bearbeitet werden kann. Im Zusammenhang mit Gay Marketing sollte vor allem an den Kontakt zu Meinungsführern beziehungsweise MulitplikatorInnen gedacht werden. Im Rahmen von VIP-Einladungen zu Events oder eigenen Veranstaltungen sowie mittels Newsletters oder Direct Mailings können sie gezielt angesprochen werden.

Eine Kampagne der IOM (International Organisation for Migration) stützte sich vollständig auf Presse- und Öffentlichkeitsarbeit im schwul-lesbischen Bereich – weltweit.

In Anerkennung der Verfolgung von Homosexuellen durch das Nazi-Regime und des repressiven Klimas, das Homosexuellen nach dem Holocaust häufig entgegenschlug, sollten im Jahre 2001 die von der Internationalen Organisation für Migration (IOM) in Genf im Rahmen des Schweizer Bankenvergleichs und der deutschen Stiftung „Erinnerung, Verantwortung und Zukunft" durchgeführten Entschädigungsprogramme zur Wiedergutmachung beitragen. Ziel der Informationskampagne der IOM war es, die Unterstützung deutscher und internationaler Organisationen mit schwul-lesbischem Bezug zu gewinnen und sie zu bitten, Informationen zu den Entschädigungsprogrammen über ihre Netzwerke zu verbreiten. Da nur wenige Homosexuelle, die die NS-Zeit überlebt haben, publik machten, worin ihre so genannten „Verbrechen" gegen das Nazi-Regime bestanden hatten, waren die homosexuellen Nazi-Opfer schwer ausfindig zu machen.

Mit der Informationskampagne sollte dieser Personenkreis gezielt angesprochen werden. Viele Homosexuelle gingen Scheinehen ein oder flohen ins Ausland, um weiterer Verfolgung nach § 175 StGB (Schwulenparagraph der Nazis, der bis 1969 unverändert bestand) zu entgehen. Mit der Kampagne wurde die Informationsverbreitung über Netzwerke und gezielte Medieninitiativen gefördert. Sie setzte auf einen Schneeballeffekt auch in anderen Ländern, wie der USA, Kanada und Australien, in die verfolgte Homosexuelle geflohen sind. Die Kampagne startete im September mit einer Pressekonferenz in Berlin. Für internationale Medien, die nicht nach Berlin kommen konnten, wurde die Pressekonferenz simultan ins Englische übersetzt und über die deutsche Homepage von CNN (n-tv) live im Internet übertragen. Informationen und Aufruftexte wurden an schwulesbische Organisationen, Altenorganisationen, homosexuelle Medien und Kommunikations-Fachverbände, Menschenrechts- und Migrationsorganisationen geschickt. Diese – im Ganzen rund 250 – wurden gebeten, Texte und Illustrationen an ihre Presse- und Netzwerkkontakte, Einzelmitglieder oder Mitgliedsgruppen (Dachverbänden) und über ihre Website weiter zu verbreiten.

Die Mitwirkung der Medien und Organisationen war überaus engagiert. In der kurzen zur Verfügung stehenden Zeit (September bis Dezember 2001) erfolgten zahlreiche Veröffentlichungen und Aussendungen. Weiterhin gingen zusätzliche Hinweise für das Projekt bei den durchführenden Agenturen K1 und mi•st [Consulting (beide Köln) ein. In einem Folgeprojekt wurde der Mechanismus in abgewandelter Form auch zur Information behinderter Opfer des Nazi-Regimes eingesetzt.

Zusammenfassend sei gesagt, dass Presse- und Öffentlichkeitsarbeit als unterstützende Kommunikationsinstrumente effektiv und kosteneffizient einsetzbar sind. Überdies erscheinen sie notwendig, um Hintergründe und Authentizität zu vermitteln. Wie im Mainstream kann der Wert eines kurzen Artikels im redaktionellen Teil höher sein als der einer halbseitigen Werbeanzeige. In bestimmten Fällen ist es möglich, ganze Kampagnen über diesen Mechanismus durchzuführen.

Promotion (Sampling)

Unter Promotion verstehen wir verkaufsfördernde Aktivitäten, die zwischen Werbung und persönlichem Verkauf angesiedelt sind. Dieses „Sampling" beinhaltet die Verteilung von Flyern, Aktionen mit Give-Aways, die Abgabe von Gratismustern oder Ähnliches. Die Aktivitäten finden auf der Straße, in gastronomischen Betrieben oder auf Veranstaltungen statt. Das wichtigste Merkmal von Promotion ist der persönliche Kontakt mit der Zielgruppe – das macht sie risikoreich und zugleich Erfolg versprechend.

Das Gelingen einer Promotion steht und fällt mit der Qualität des Kundenkontaktes. Anbieter haben normalerweise selten die Möglichkeit, direkt mit Konsumenten zu kommunizieren. Meist bleiben sie anonym im Hintergrund und der Kontakt läuft über den Handel, auf den sie häufig keinen direkten Einfluss haben. Bei einer Promotion entsteht dieser Kontakt und damit ein „Moment of Truth" – eine Situation, in der sich die Marke bewähren muss. Die Promotoren stellen dabei die Vertreter des Unternehmens dar und ihr Auftreten bestimmt die Wahrnehmung desselben. Verstehen sie es, den Moment der Aufmerksamkeit des Kunden zu Nutzen, so schaffen sie eine positive Nähe.

Den zweiten Erfolgsfaktor bildet der Promotion-Mechanismus. Er (unter-)stützt üblicherweise die sonstige Markt-Kommunikation, indem er diese konkretisiert und abstrakte Inhalte greifbar und erlebbar macht. Da über Promotion einzelne Konsumenten direkt angesprochen werden, beinhalten diese Mechanismen üblicherweise Vorannahmen über die Kunden, ihre Einstellungen, Präferenzen und Verhaltensweisen.

Im Gay Marketing sehen wir noch beachtliches Wachstumspotenzial im Bereich Promotion. Wenige Firmen aus dem Mainstream zeigen sich in der Gay Community. Diese „Unterversorgung" birgt für Anbieter natürlich die Chance, durch eine Promotion Aufmerksamkeit zu wecken. Im Mainstream gestaltet sich dies schwieriger – Promotions erfreuen sich in vielen Branchen großer Beliebtheit. Insbesondere auf großen Events werden zahlreiche Promotoren verschiedenster Firmen eingesetzt. Die Differenzierung von der Konkurrenz gestaltet sich in einem solchen Umfeld bisweilen schwierig. Im Gay-Markt stellt sich dies noch anders dar.

Promotions eignen sich hervorragend für das Zielgruppenmarketing. Sie ermöglichen es dem Unternehmen, aktiv auf die ausgewählten Kundengruppen zuzugehen und sich dort zu positionieren und zu profilieren. Gut geplante Aktionen stellen in jedem Fall ein effektives Kommunikationsinstrument dar. Der persönliche Kontakt bleibt dem Konsumenten gegebenenfalls besser im Gedächtnis als eine Anzeige. Erhält er ein Produktmuster oder Streuartikel, wird er sich auch zu Hause an die Marke erinnern.

Im Gay-Markt besteht durch Promotions die Möglichkeit, nicht nur ein Produktinteresse zu wecken, sondern auch das aufgebaute Vertrauen in die Marke zu festigen und zu vertiefen. Schickt ein Unternehmen Personal in die schwullesbische Community, so signalisiert es damit, dass keine Barrieren gegenüber Homosexuellen vorhanden sind. Die Personalauswahl und der Promotion-Mechanismus sind gleichermaßen von Bedeutung. Die Promotoren müssen routiniert mit der Zielgruppe umgehen, um einen positiven Eindruck zu hinterlassen. Dabei kommen homo- und heterosexuelle Personen in Frage, wobei in vielen Fällen eine gute Mischung die sympathischste Botschaft vermittelt (vgl. vorherigen Abschnitt zu Personal-Strategien). Die Professionalität der Promotoren ist von größerer Bedeutung als ihre sexuelle Orientierung. Weiterhin muss der Mechanismus im Gay-Kontext sinnhaltig sein. Dies ist nicht der Fall für die meisten Aktivitäten, die mit traditionellen Geschlechterrollen arbeiten. In vielen

Fällen erscheint es lohnend, eine eigene Gay-Promotion unter Verwendung entsprechender Codes oder mit Bezug auf relevante Themen zu entwickeln. Bei einfachen Mechanismen wie Verkostungen bietet sich dies freilich nicht an.

Wie im Massenmarkt eignen sich Promotions zur Vertiefung eines aufgebauten Interesses. Der potenzielle Konsument wird aktiv kontaktiert und im Falle der Verteilung von Gratis-Mustern nach Möglichkeit von der Qualität des Produktes überzeugt. Da bei Produktneueinführungen mit beschränktem Budget häufig erst einzelne Zielgruppen oder Testmärkte bearbeitet werden, bietet sich die abgegrenzte Gay Community besonders an. So wurde etwa die Marke „Sky Vodka" in der Schweiz als erstes im schwul-lesbischen Markt eingeführt. Als Kommunikationsinstrument dienten dabei in erster Linie Promotions in Szene-Lokalen. So wurde die Akzeptanz in einer definierten Zielgruppe mit relativ geringem Mitteleinsatz getestet.

Für Promotions existieren zahlreiche Beispiele. Einige Unternehmen unternahmen bei Gay Events Verkostungen, wie zum Beispiel Jacobs Krönung light (Kaffee) oder Winfield (Zigaretten). Andere setzten Streuartikel wie Feuerzeuge (EuroGay), Süßigkeiten, Blumen (Ford) oder Fächer (West, Sozialwerk für Lesben und Schwule) ein.

Die Versicherungsagentur Huye (Berlin) implementierte einen eigenständigen Mechanismus, um zusätzlich zur Anzeigenwerbung positive Imagewerte aufzubauen und Sympathien zu erzeugen. Auf dem schwul-lesbischen Stadtfest in Berlin wurde dazu eine Foto-Aktion durchgeführt, im Rahmen derer Adressmaterial für den Vertrieb generiert wurde.

Direct Mail

Direct Mailings eignen sich hervorragend für die zielgruppenspezifische Ansprache, da bei einer guten Databasis praktisch keine Streuverluste auftreten und die Kommunikation mittels Computer stark individualisiert werden kann. Im Gay Marketing existieren allerdings zwei wesentliche Hindernisse für den Einsatz von Direct Mail.

Einerseits fehlt das nötige Datenmaterial: Die meisten Firmen können nicht auf eigene Datenbestände zurückgreifen, da „Homosexualität" nicht zu den bekannten Attributen der Bestandskunden zählt. Auch der Zukauf von solchen Daten ist in Deutschland kaum möglich, da die wenigen bestehenden Datenbanken – mit wenigen Ausnahmen – nicht auf dem Markt angeboten werden. In den USA ist dies anders, und Direct Mail findet schon länger sehr erfolgreich Anwendung. Besonders bekannt sind mehrere erfolgreiche Mailshots großer Telekommunikationsunternehmen, die mit aufwändigen und recht spezifischen Materialien umfangreiche Verteiler bedienten.

Das Fehlen von geeignetem Datenmaterial hängt direkt mit dem zweiten Hindernis für Direct Mail zusammen. Das Merkmal „sexuelle Orientierung" weist in Deutschland – aufgrund der Nazi-Verfolgung und der auch später geführten „Rosa Listen" – eine hohe Sensibilität auf. In den meisten Alltagssituationen sehen sich Schwule und Lesben selbst nur ungern „als Homosexuelle", obgleich sich in den vergangenen Jahren zunehmend die Haltung „anders und gleichwertig" herausgebildet hat. Darin sehen wir einen der Ausdruck dafür, dass die Anerkennung und Betonung von Unterschiedlichkeit der deutschen Kultur vom Grundsatz her entgegensteht. Daher fällt auch der „stolze Konsum" hierzulande weniger ausgeprägt aus, als in den USA und allzu spezifische Konzepte wie ein „schwules Sofa" oder eine „lesbische Sonnenbrille" finden nur einen kleinen Markt. Innerhalb der Community und vor allem bezüglich spezifischer Produkte stellt sich dies anders dar. Entsprechend besteht bei Homosexuellen eher die Bereitschaft, ihre Adressdaten einem schwul-lesbischen Anbieter als einem „externen" zur Verfügung zu stellen. Mit der Aufnahme in eine Datenbank verbindet sich unweigerlich der Kontrollverlust

Abb. 6.18: Direct Mail und Take-One Flyer „Pride Card" © American Express International, Inc.

über diese Information, da meist nicht völlig transparent ist, wer, wo und wann auf diese Informationen zugreifen kann. Auch der Datenschutz vermag nicht, diese spezifische psychologische Barriere bei Schwulen und Lesben zu überwinden.

Damit verbindet sich die Problematik verfügbarer Daten: Die Empfänger eines Mailings könnten unangenehm berührt sein, wenn sie unerwartet von einem „fremden" Unternehmen auf ihre Homosexualität angesprochen werden.

Vor diesem Hintergrund sehen wir nur begrenzte Möglichkeiten, Direct Mail im Gay Marketing einzusetzen. Vor allem Kooperationen mit Direkt-Marketing-Unternehmen aus der Community bieten sich an. Diese Option wurde von der British Tourist Authority und von NetCologne zur Verbreitung von Gratis-Postkarten und von der Tourismus-Zentrale Hamburg zum Versand eines Gay-Flyers verwendet.

Die Pride Card von American Express wurde ebenfalls über ein größeres Direct Mailing an die Kunden der Pride Firmengruppe beworben. Dieses enthielt unter anderem einen Informations-Flyer, der weiterhin als Take-One-Item eingesetzt wird.

Eine andere Möglichkeit bietet das Permission Marketing. Dabei erfragen Unternehmen die Adressdaten von Kunden oder Interessenten und holen die Einwilligung ein, diese künftig für Direct Mail einzusetzen. Solche Adressensammlungen können auf einem zielgruppenspezifischen Event, im Rahmen einer Promotion oder über das Internet stattfinden.

In jedem Fall ist es von überragender Bedeutung, dass in Mailshots keine stereotypisierenden Bemerkungen über Homosexuelle enthalten sind oder klischeehaftes Bildmaterial verwendet wird. Eine subtile Anpassung von bestehendem Material erscheint angebracht, wie sie von Barclay Card durch den Austausch von Bildmaterial und der zaghaften Anpassung einiger Textpassagen vorgenommen wurde.

Lektion 7

Praktisch alle Kommunikationsinstrumente des Marketings stehen auch im Gay-Markt zur Verfügung. Die Rahmenbedingungen und Funktionsweisen stellen sich jedoch anders dar: Der Below-the-Line-Bereich spielt eine größere und wichtigere Rolle als im Mainstream-Marketing. Gleichzeitig sind die gewählten Botschaften und subtile Tonalitäten von wesentlicher Bedeutung.

Kapitel 7

Case Studies: Erfolgreiche Beispiele aus dem Gay Marketing

Nachdem bereits an vielen Stellen des Buches Einzelbeispiele interessanter, ungewöhnlicher, erfolgreicher oder anderweitig erwähnenswerter Aktivitäten vorgestellt wurden, sollen nunmehr weitere Case Studies in ihrem jeweiligen Gesamtzusammenhang präsentiert werden. Dafür haben wir drei Unternehmen ausgewählt, die fundierte Maßnahmen zur Berücksichtigung schwul-lesbischer Zielgruppen umgesetzt haben. Diese Auswahl stellt keine Bewertung der Kampagnen dar. Sie erschien uns jedoch im Kontext dieses Buches besonders sinnvoll, insbesondere im Hinblick auf unser Anliegen, Gay Marketing als eine Palette von Möglichkeiten zu präsentieren, mit der die Vielfalt des Gesamtmarktes am besten genutzt werden kann.

Neben drei Firmenbeispielen bildet die Tourismus-Branche eine eigene Fallstudie, da in diesem Umfeld zahlreiche Maßnahmen durchgeführt wurden, die nicht alle in den vorangegangenen Kapiteln Erwähnung finden konnten.

7.1 Ford

Wer ist Ford?

Die Ford Motor Company ist der zweitgrößte Automobilkonzern der Welt. Die Ford-Werke AG bildet die nationale Tochtergesellschaft für Deutschland und ist eine der großen Organisationen innerhalb der Europa-Aktivitäten des Konzerns. Mit 38.000 Mitarbeitern entwickelt und fertigt Ford in Deutschland Pkws und leichte Nutzfahrzeuge für den nationalen und den Weltmarkt.

Warum engagiert sich Ford im Gay Marketing?

Diversity wird bei Ford groß geschrieben. Das Unternehmen hat schon seit längerem erkannt, dass die Förderung der Vielfalt im Unternehmen wesentlich zum Erfolg beiträgt. Dabei wird Diversity nicht als Modebegriff verstanden, sondern bereits seit 1996 aktiv als Teil der Unternehmenskultur gepflegt. Dies zeigt sich nicht nur intern im Personalmanagement, sondern auch im Marketing bei Ford. Ford hat verstanden, dass „One-size-fits-all" als Marketingstrategie nicht Erfolg versprechend ist, vor allem nicht für die Vermarktung hochwertiger Produkte. Für Europa entwickelte Ford eine neue Markenstrategie, die dem Diversity-Gedanken auf Produktseite entspricht: Dependable (verlässlich), Contemporary (zeitgemäß), Driving Quality (Fahrvergnügen). In Deutschland wird diese Neupositionierung durch die Tagline „Besser ankommen" beschrieben – auch sie ein klares Bekenntnis zu Diversity.

Die Wertschätzung von Vielfalt und die neue Markenstrategie haben unter anderem dazu geführt, dass Ford of Europe in Deutschland und Großbritannien auch schwul-lesbische Zielgruppen verstärkt anspricht. Die Aktivitäten stehen nicht zuletzt im Zusammenhang mit der Existenz des schwul-lesbischen MitarbeiterInnen-Netzwerkes Ford GLOBE (Gay, Lesbian or Bisexual Employees), das bereits seit 1997 eine von vielen Ausprägungen von Diversity bei Ford darstellt. Gay Marketing stellt somit ein wichtiges Element der positiven Ausrichtung des Unternehmens auf Diversity dar. Das konkrete Zielgruppenmarketing für Homosexuelle befindet sich in Deutschland in einer frühen Entwicklungsphase, in der ein Engagement seitens der Unternehmen eher selektiv und gezielt wahrgenommen wird.

Gay Marketing als Teil des „Diversity Marketing"

Die Produkte von Ford sprechen generell eine breite Käuferschicht an. Um in einem Massenmarkt dennoch spezifische Kundensegmente zu erreichen, sprach Ford in der Vergangenheit bereits verschiedene Zielgruppen direkt an: beispielsweise Frauen über spezifische Anzeigen in Frauenzeitschriften, junge Menschen über ein Engagement in Fahrschulen oder auf Oberstufenpartys, und eben auch Schwule und Lesben – etwa im Rahmen von Großveranstaltungen der schwul-lesbischen Szene. Gay Marketing stellt in diesem Kontext ein Instrument dar, Menschen in ihrem jeweiligen Lebensumfeld zu erreichen.

Die Segment-spezifische Kommunikation ist dabei in den Gesamt-Kommunikations-Mix integriert. Die zuvor beschriebene Markenpositionierung findet in der Ansprache spezifischer Zielgruppen genauso Anwendung wie im Massenmarketing. Die Markenkommunikation ist insofern formell und inhaltlich integriert und wird unverändert auch im Gay-Markt genutzt.

Zum ersten Mal traten Mitarbeiterinnen und Mitarbeiter von Ford im Jahre 1997 auf dem CSD in Köln öffentlich auf. Damals beteiligte sich Ford GLOBE erstmals an der Parade und zog eine große Presseaufmerksamkeit auf sich. Diesen ersten Schritten folgten in den nächsten Jahren weitere: Im Jahr 1999 stellte das Unternehmen einen eigens für den CSD umgebauten Ford Ka (als PickUp, in Regenbogenfarben lackiert) für die Beteiligung von Ford GLOBE an der CSD Parade zur Verfügung. Im gleichen Jahr und im Jahr darauf spendete der Konzern ein Fahrzeug als Hauptgewinn für die gemeinnützige Aktion „Das Los". 2001 schließlich engagierte sich Ford als einer der großen Sponsoren des CSD Köln. Dies spiegelte sich in einer entsprechenden Präsenz auf der Veranstaltung wider.

Ziel des Gay Marketing Ansatzes ist es, Schwule und Lesben in ihrem Lebensumfeld anzusprechen. Gerade das Sponsoring des CSD Köln soll jedoch nicht nur Homosexuelle erreichen. Vielmehr sollen alle BesucherInnen der Veranstaltung angesprochen werden, sowohl TeilnehmerInnen als auch heterosexuelle ZuschauerInnen. Insofern präsentiert sich Ford als Unternehmen, das eine fortschrittliche Art der Standortwerbung betreibt und Offenheit und Toleranz als Unternehmenswerte authentisch kommuniziert.

Der Gay Marketing-Ansatz im Kommunikations-Mix

Klassische Werbung

Im Jahre 2000 entwickelte Ford erstmals eine spezielle Werbe-Anzeige zum CSD. Sie trug den Slogan „Let every day be a street day" und erschien im Umfeld des CSD in mehreren schwul-lesbischen Publikationen in Deutschland.

Ein Jahr später wurden zwei neue zielgruppen-spezifische Motive kreiert: „Als hätten wir nur Autos im Kopf". Hierbei entstand je eine Anzeige für schwule Männer und eine für lesbische Frauen. Zusätzlich wurde ein relevantes Mainstream-Motiv im schwul-lesbischen Umfeld geschaltet. Die Anzeige „Lack und Leder" trifft entsprechend der in Kapitel 1 dargestellten Kommunikationsmöglichkeiten einen codierten Tonfall, der in der Zielgruppe zusätzliche Bedeutungen transportiert.

Abb. 7.1: Ford Anzeige zum CSD 2000 – „Let every day be a street day" © Ford-Werke AG

Abb. 7.2: Ford Anzeige zum CSD 2001 – Frauenmotiv „Als hätten wir nur Autos im Kopf" © Ford-Werke AG

Sponsoring

Das klassische Sponsoring wird in unterschiedlichen Bereichen eingesetzt. Einerseits unterstützt Ford verschiedene CSD-Veranstaltungen am Standort Köln. Seit dem Jahr 1999 wurde der Hauptpreis für „Das Los", eine Tombola zugunsten an AIDS erkrankter Menschen, gesponsort. Im Jahr 2001 wurde das Engagement ausgeweitet. Neben dem zur Verlosung stehenden Ford Focus Futura unterstützte Ford den CSD in Köln als Hauptsponsor. Im Gegenzug erhielt Ford Werbeflächen auf der Parade sowie auf dem Straßenfest. So wurden die 40.000 TeilnehmerInnen und 700.000 ZuschauerInnen der Parade sowie die rund 400.000 BesucherInnen des Strassenfestes erreicht. Zusätzlich erlangte das Unternehmen Medienpräsenz im Zusammenhang mit der Berichterstattung über die Großveranstaltung.

Ein anderes Standbein ist das im Jahr 2002 bereits zum dritten Mal durchgeführte Sponsoring der Präventionsinitiative „TUXI" in Zusammenarbeit mit dem Gesundheitsamt. Zu den Karnevalstagen fährt ein kostenloses Großraumtaxi – ein Ford Galaxy – durch die Domstadt. Im Fahrzeug sitzen in bunter Regenbogendekoration „Präventionsbotschafter und Präventionsbotschafterinnen" – regionale und überregionale Prominente –, die Aufklärungsarbeit leisten und Präventionsmaterialien verteilen. Auf diese sympathische Art und Weise haben mittlerweile viele zigtausend Kondome den Weg in die richtigen Hände gefunden.

Weiterhin unterstützte Ford verschiedene Verbands-Veranstaltungen wie etwa die Mitgliederversammlungen des BLSJ (Bund lesbischer und schwuler JournalistInnen) und des VK (Völklinger Kreis – Bundesverband Gay Manager). Diese

Abb. 7.3: Focus Sponsoring am CSD Köln zur Aktion „Das Los 2001"
Photo: Michael Stuber. © mi•st [Consulting

berufsorientierte und somit inhaltliche Positionierung trägt zum Aufbau und zur Festigung eines positiven Images bei.

Interne Verankerung

Bei Ford stellen MitarbeiterInnen-Netzwerke einen festen Bestandteil der Diversity-Arbeit dar. Eine der etablierten Gruppen ist Ford GLOBE – die Organisation schwuler, lesbischer und bisexueller Mitarbeiterinnen und Mitarbeiter. Durch die Förderung dieser und ähnlicher Organisationen unterstreicht Ford die Ernsthaftigkeit des Diversity-Ansatzes und verleiht dem Vielfalts-Konzept Leben und Gesicht. Mitglieder dieses Netzwerkes, das sich auch auf die Ford Bank erstreckt, engagieren sich für die Umsetzung interner Ziele –wie beispielsweise Beratung und Hilfestellung oder die Erarbeitung neuer Ansatze der Unternehmenspolitik -, sind aber auch extern als Mitarbeitergruppe sichtbar und nehmen beispielsweise seit 1997 an CSD-Veranstaltungen teil.

Im Jahre 2001 wurden von MitarbeiterInnen der Ford Bank Rosen mit einer Banderole „Ford Bank – wärmstens zu empfehlen" als Give-Aways verteilt. Die MitarbeiterInnen der Ford-Werke AG verteilten Süßigkeiten an die ZuschauerInnen.

Abb. 7.4: Ford GLOBE in der CSD Parade 2001, Köln
Photo: Michael Stuber. © mi•st [Consulting

Presse- und Öffentlichkeitsarbeit

Sowohl das Gay Marketing wie auch die Diversity-Aktivitäten werden von gezielter PR-Arbeit begleitet. Presse-Informationen zur PKW-Spende für „Das Los" oder zum Engagement beim BLSJ sind dafür zwei Beispiele. Auch Ford GLOBE bietet immer wieder einen Anlass für aufmerksamkeitsstarke Auftritte im Fernsehen (z.b. Auto, Motor & Sport TV, anders Trend, WDR oder NDR), Hörfunk und in zahlreichen Artikeln in Printmedien. Selbst die Politik zieht Ford als Beispiel für die Wertschätzung von Vielfalt heran: Im Rahmen der Diskussionen und Anhörungen zum Lebenspartnerschaftsgesetz wurde auf die Grundsätze und Aktivitäten von Ford verwiesen.

Promotion

Zusätzlich zu Sponsoring und Werbung zeigt Ford auf Veranstaltungen persönliche Präsenz. Eine so genannte Street-Life-Promotion fand auf dem Straßenfest des CSD Köln 2001 statt. Der Stand bot Produktinformationen und

Abb. 7.5: Ford Inflatable am Strassenfest CSD Köln 2001
Photo: Michael Stuber. © mi•st [Consulting

Promotionsmaterial vor Ort. Die Promotion wurde durch Inflatables und durch die Teilnahme von Ford GLOBE an der Parade sinnvoll unterstützt.

Bewertung und Ausblick

Für sein Gesamtengagement zu Diversity unter Berücksichtigung von „sexueller Identität" als einer Facette von Vielfalt erhielt Ford als erstes Unternehmen im April 2001 den Max-Spohr-Preis des Völklinger Kreis e.V. Diese Auszeichnung wurde in der breiten Öffentlichkeit und natürlich besonders in der Community positiv wahrgenommen und entsprechend kommuniziert.

Eine Umfrage unter vierhundert TeilnehmerInnen auf dem Kölner CSD (2001) ergab, dass das Engagement von Ford nicht nur wahrgenommen wurde, sondern zu einem deutlichen Image-Gewinn nicht nur innerhalb der schwul-lesbischen Zielgruppe, sondern auch bei heterosexuellen Besucherinnen und Besuchern führte. Damit wurde ein wichtiges Ziel der Maßnahmen erreicht.

Die positiven Umfrage-Ergebnisse unterstreichen, dass der auf Vielfalt ausgerichtete Ansatz von Ford Erfolg versprechend ist. Das Engagement wird aus diesem Grund im Jahr 2002 fortgesetzt. Die Aktivitäten werden weiterhin evaluiert und diese Ergebnisse und weiteres Feedback fließen in künftige Aktivitäten mit ein. Wirtschaftlichkeit ist zugleich Grundlage und Ziel des Gay Marketing.

Ford wird weiter daran arbeiten, die Ansprache im Rahmen von Christopher-Street-Day-Aktivitäten noch zielgruppenspezifischer durchzuführen. Dabei soll auch die Diversity-Botschaft zur Stärkung der Glaubwürdigkeit des Unternehmens noch intensiver kommuniziert werden.

7.2 Kraft Foods

von Jenny Hahnhorst, Brand Manager Jacobs Krönung Light, Kraft Foods Deutschland

Jacobs Krönung light – Engagierter Partner der Gay Community

Die Kaffeemarke Jacobs Krönung light wurde 1991 als Line-Extension der Dachmarke Jacobs Krönung vom Lebensmittelkonzern Kraft Foods Deutschland in Bremen gelauncht. Sie gilt als einzige „light"-Marke auf dem deutschen Kaffeemarkt und stellt eine der bedeutensten Einzelmarken dieses Marktes mit stetig steigenden Absatzzahlen dar.

Natürlich handelt es sich bei Jacobs Krönung light nicht um eine „Gay"-Marke. Vielmehr bedient sie, wie die meisten anderen Marken auch, diverse Zielgruppen mit unterschiedlichen Sichtweisen. Doch soll hier, dem Thema des Buches folgend, der Fokus der Betrachtung auf die Aktivitäten der Marke für die schwul-lesbische Zielgruppe in Deutschland gerichtet werden.

Da das Markenversprechen des „vollen Verwöhnaromas bei halbsoviel Koffein" sicherlich kein ausreichendes Argument für die Akzeptanz einer Marke in der überaus kritischen und schwer zu überzeugenden Zielgruppe der Schwulen und Lesben liefern kann, gilt es, zunächst die Rahmenbedingungen für ein positives Aufeinandertreffen von Marke und Zielgruppe näher einzukreisen.

Den Ausgangspunkt für eine erfolgreiche Zielgruppenansprache bildet hier die Akzeptanz der Kernwerte der Marke in der Zielgruppe. Aktivität, Modernität, Offenheit, Selbstbewusstsein, Dynamik, Kreativität, Humor, Erfolg und bewusster Genuss bilden ein Wertegerüst, mit dem die Marke Jacobs Krönung light innerhalb der Zielgruppe konnotiert wird. Diese Werte spiegeln ein qualitatives Fundament der Marke wider, mit dem sich viele Schwule und Lesben identifizieren können. Die emotionale Verbundenheit zwischen den Werten der Marke und den Werten der Zielgruppe ist demnach im Fall von Jacobs Krönung light grundsätzlich hoch einzuschätzen.

Die Kongruenz dieser Kernwerte bildet somit die inhaltliche Basis, ohne die die Gay-Marketing-Aktivitäten des Unternehmens gar nicht möglich wären.

Darauf aufbauend betreibt Jacobs Krönung light seit 1998 ein gezieltes und breit gefächertes Engagement für die schwul-lesbische Zielgruppe und folgt dabei einem integrierten Ansatz, der in enger Zusammenarbeit mit der Zielgruppe realisiert und übergreifend auf allen Kommunikationsplattformen umgesetzt wird.

Engagement mit Tradition

„Typisch Kaffeetante!". Mit diesem Motto starteten die Bremer Kaffeespezialisten im April 1997 eine Anzeigenkampagne für Jacobs Könung light in vielen Frauenzeitschriften.

Anzeigenmodel Mike, der in dieser Kampagne als erster Mann für das „volle Verwöhnaroma bei halbsoviel Koffein" warb, konnte viele Sympathien auf sich vereinen – nicht nur bei Frauen. Körbeweise Fanpost auch männlicher Fans landeten in der Bremer Zentrale von Kraft Foods. Aufgrund der durchweg positiven Resonanz in der schwul-lesbischen Zielgruppe entschlossen sich die Marketingverantwortlichen, die Anzeigenmotive mit Mike seit 1998 auch in den Szenezeitschriften der Gay Community zu schalten.

Mit seinem verschmitzten Lächeln wurde die „Kaffeetante" zum Liebling der schwulen Szene und der ungezwungene, augenzwinkernde Umgang mit der „Kaffeetanten"-Thematik des Markenartiklers sprach sich schnell herum.

Mit dieser Aktion nahm die Marke Jacobs Krönung light seinerzeit eine Vorreiterrolle im Engagement für die schwul-lesbische Zielgruppe ein, die im Laufe der folgenden Jahre auch unter Einbeziehung der Neuen Medien konsequent ausgebaut wurde. Heute sind die „Kaffeetanten" aus den schwul-lesbischen Medien und auf den vielen Veranstaltungen der Community nicht mehr wegzudenken.

Abb. 7.6: Jacobs Krönung light – Erstes Kaffeetanten-Printmotiv mit Model Mike (1998/1999)
© Kraft Foods Deutschland

Breit gefächerte Zielgruppenansprache

Der Erfolg der Gay-Marketing-Aktivitäten von Jacobs Krönung light in der schwul-lesbischen Zielgruppe resultiert aus der integrierten Vernetzung von werblichem Auftritt, dem Sponsoring vieler kultureller Veranstaltungen sowie der Präsenz auf den Events der Community.

Die Einbeziehung des Internet und eine gezielte Öffentlichkeitsarbeit bilden weitere Schwerpunkte in der Verbindung aller Maßnahmen und Aktivitäten. Besonderer Wert wird dabei auf den direkten Zielgruppenkontakt und hierhin besonders auf kreative Interaktion gelegt.

Ziel dieses breit gefächerten Auftritts ist die Bildung einer kommunikativen Wertschöpfungskette und die Verknüpfung der einzelnen zur Verfügung stehenden Kommunikationsplattformen unter Berücksichtigung ihrer jeweiligen Stärken und Schwächen zu einem stimmigen und einheitlichen Markenauftritt. Dadurch wird das Versprechen eines ganzheitlichen, kontinuierlichen und gleichzeitig dynamischem Markenerlebnisses auf der Seite der Konsumenten eingelöst. Dieses Engagement setzt sich aus folgenden Einzelmaßnahmen zusammen, die jeweils in enger Zusammenarbeit mit der Zielgruppe umgesetzt werden.

Kommunikation

Werbung

Das „Kaffeetanten"-Thema bildet seit 1989 ausgehend von der Print-Kampagne die kontinuierliche inhaltliche Klammer, die die Aktivitäten der weiteren Kommunikationsdisziplinen umfasst. Die Aktualität und Dynamik des Gesamtauftritts werden durch die jeweils neuen Protagonisten der Kampagne verkörpert und bieten darüberhinaus reichlich Gesprächsstoff innerhalb der Community über die geschmacklichen Präferenzen der Zielgruppe hinsichtlich des dargestellten Männertyps.

Nach „Typisch Kaffeetante" (1998/99) und „Kaffeetanten mögen's light" (2000/01) wurde im April 2002 unter dem Claim „Typisch Kaffeetante – jederzeit Krönung light" bereits die dritte Anzeigenkampagne mit der „Kaffeetanten-Thematik" in den Printmedien der schwul-lesbischen Szene gelauncht. Insgesamt werden drei Motive monatlich rotierend in den Gay-Magazinen geschaltet. Die Motive zeigen das neue „Kaffeetanten-Model" Nicki, der in unterschiedlichen Situationen für Krönung light als Wegbegleiter durch den Tag wirbt.

Abb. 7.7: Jacobs Krönung light Printmotiv mit neuem „Kaffeetanten-Model" Nick (2002)
© Kraft Foods Deutschland

Sponsoring

Die hohe Glaubwürdigkeit, die Jacobs Krönung light in der schwul-lesbischen Zielgruppe genießt, resultiert aus der modernen Zielgruppenansprache und dem offenen und ehrlichen Umgang mit den Themen der Community.

Das Sponsoring vieler schwul-lesbischer Aktionen und Veranstaltungen trägt dazu bei, dass sich Jacobs Krönung light mittlerweile als verlässlicher und beständiger Partner der Zielgruppe etabliert hat.

Zu den puntuellen Sponsoringaktivtäten der Marke gehören u.a. die Unterstützung des „Teddy Award" (schwul-lesbischer Filmpreis im Rahmen der internationalen Filmfestspiele in Berlin), den Jacobs Krönung light bereits seit 1999 als Hauptsponsor fördert.

Der „Teddy Award" zählt mittlerweile zu den renommierten schwul-lesbischen Events in Deutschland und genießt zunehmend auch internationale Aufmerksamkeit.

Seit dem Jahr 2000 tritt Jacobs Krönung light auch als Hauptsponsor des „Literaturpreis der schwulen Buchläden" auf, der deutschlandweit alle zwei Jahre ausgeschrieben wird und sich als Initiative zur Förderung deutschsprachiger schwuler Literatur versteht.

Die Einrichtung von „Kaffeeecken" im Verbund der schwulen Buchläden rundet das Engagement im Literaturbereich ab. Viele Veranstaltungen und Aktionen im Kulturbereich der Szene wären in ihrer Qualität und Außenwirkung ohne dieses Engagement nicht zu realisieren. Dabei verlässt sich Jacobs Krönung light auf die direkte Kompetenz der Zielgruppe und arbeitet eng mit den jeweiligen Veranstaltern und Initiatoren zusammen.

Promotion

Der direkte Kontakt mit dem Endverbraucher ist das Ziel der vielfältigen Promotionaktivitäten der Marke. So ist Jacobs Krönung light seit mehreren Jahren mit eigenen Aktionsständen auf vielen Events der Community (Teddy Award, Literaturpreis der schwulen Buchläden) und im Rahmen der großen Veranstaltungen zum Christopher Street Day in Deutschland präsent. Seit 2002 besteht zudem eine Kooperation mit den Veranstaltern des „Loveboat" in Köln, auf dem Jacobs Krönung light bei Szene-Partys mit einer eigenen „light-lounge" an Bord ist. Interaktion wird groß geschrieben und sämtliche Promotionmaßnahmen werden so konzipiert, dass sie die direkte Face-to-Face-Kommunikation mit der Zielgruppe ermöglichen.

Vielbeachtete Aktionen wie zum Beispiel der „Look a light"-Contest im Jahr 2000 oder die Gewinnaktion „Kaffeetanten gesucht!" aus der CSD-Saison 2001, bei der die kreativsten Begründungen für die gemeinsame Tasse Jacobs Krönung light gesucht wurden, setzen mit Humor und Leichtigkeit die bereits einleitend genannten Kernwerte der Marke in Aktivitäten um: skurile Fotos und der Spaß am Mitmachen, interessante Gewinnmöglichkeiten (z.B. Wochenendreisen in die Metropolen Europas) sorgen für gute Resonanz. Mit diesen Aktionen im Below-the-line-Bereich hat sich Jacobs Krönung light als unaufdringlicher Partner der Szene erwiesen und ein Gespür für eine glaubwürdige und kreative Zielgruppenansprache entwickelt, das allgemein geschätzt wird.

Abb. 7.8: Kaffeetantenpromotion (2001)
© Kraft Foods Deutschland

Abb. 7.9: Teilnahmekarte zum Look-a-light-Contest 2000
© Kraft Foods Deutschland

Internet

Die konsequente Einbeziehung der neuen Medien in sämtliche Aktivitäten der Marke bildet eine weitere zentrale Säule der Kommunikation.

Ausgehend von einer hohen Affinität der Zielgruppe zur Kommunikationsplattform Internet und dem Ziel, eine möglichst große Zahl von Endverbrauchern innerhalb der Zielgruppe, aber auch jenseits der schwul-lesbischen Ballungsräume zu erreichen, werden die Zielgruppenkontakte durch die Auswertung aller Aktionen im Internet signifikant erhöht.

Die Umsetzung des Internetauftrittes erfolgt zum Teil in Kooperation mit den großen Portalen der Zielgruppe (z.B. eurogay.de, gayforum.de, siegessaeule.de) oder auf der eigenen Homepage kaffeetanten.de.

Dadurch wird die Möglichkeit geschaffen, innerhalb eines bestehenden und kompetenten Gesamtangebotes der Kooperationspartner einzelne Themenbereiche zu besetzen und somit die Brand-Awareness qualitativ und quantitativ zu steigern. So wurde 2002 beispielsweise die komplette Sektion zu den Christopher Street Day-Veranstaltungen in Deutschland auf dem Portal von eurogay.de von Jacobs Krönung light präsentiert.

Abb. 7.10: Screenshot zum Wettbewerb „Kaffeetanten gesucht" 2001
© Kraft Foods Deutschland

Öffentlichkeitsarbeit

Die zielgerichtete Öffentlichkeitsarbeit für die Gay-Marketing-Aktivitäten trägt dazu bei, die vielen Einzelaktivitäten der Marke ihrem integrierten Anspruch folgend zu bündeln und einheitlich zu kommunizieren. Dadurch wird auf der einen Seite die Reichweite über die Szenemedien hinaus erhöht, auf der anderen Seite die breite Kommunikation der Markenaktivtäten für das schwullesbische Zielgruppensegment auch in weiten Teilen der Bevölkerung verstärkt. Die Marke erhält dadurch die Möglichkeit, ihr Engagement und ihre Kompetenz zu dokumentieren und sowohl innerhalb als auch außerhalb der Zielgruppe wahrgenommen zu werden.

Fazit

Jacobs Krönung light hat sich seit Beginn des Engagements im Gay-Marketing-Bereich einen festen Platz in der schwul-lesbischen Zielgruppe erarbeitet. Authentizität, Ehrlichkeit und ein „normaler" Umgang mit der Zielgruppe und ihren speziellen Bedürfnissen haben dazu geführt, dass die Marke heute aus dem kulturellen Kontext der schwul-lesbischen Veranstaltungen in Deutschland kaum noch wegzudenken ist.

Inhaltlich wäre dies sicherlich nicht ohne die hohe Übereinstimmung der zentralen emotionalen Markenwerte von Jacobs Krönung light mit den Werten der Zielgruppe möglich.

In der konkreten Umsetzung bilden die integrierte Kommunikation aller Maßnahmen sowie die enge Zusammenarbeit mit der Zielgruppe selbst die zentralen strategischen Rahmenbedingungen für den Erfolg und die hohe Akzeptanz der Gay-Marketing-Aktivitäten der Marke Jacobs Krönung light in Deutschland.

7.3 NetCologne

von Judith Schmitz, Leiterin Presse- und Öffentlichkeitsarbeit, NetCologne

Wer ist NetCologne?

NetCologne ist ein regionales Telekommunikations-Unternehmen, das vielfältige TK-Dienstleistungen für den Köln-Bonner Wirtschaftsraum anbietet. Zum Angebot gehören Telefondienste, Internet, Kabel-TV, Übertragungswege, Corporate Networks, Datenservices sowie maßgeschneiderte Telekommunikationslösungen für Unternehmen. NetCologne ist als regionaler Carrier sehr erfolgreich und konnte schon mehr als 100.000 Telefonkunden und 85.000 Internetkunden sowie 70.000 Breitbandkunden gewinnen. Als Belohnung für seine Anstrengungen ist NetCologne von den Lesern des Fachmagazins „Connect" (Ausgabe 5/02) bereits zum vierten Mal in Folge zum „regionalen Festnetzanbieter des Jahres" gekürt worden.

NetCologne spricht sowohl private Kunden wie auch Businesskunden an. In der Region ist NetCologne als junges und offenes Unternehmen mit „kölschem" Profil positioniert. Dementsprechend ist der Kommunikationsauftritt auch mit Attributen wie „jung, frech und sympathisch" verbunden.

Warum engagiert sich NetCologne im Gay Marketing?

Kaum ein Markt gilt als so schwierig und von raschen Veränderungen geprägt wie der Telekommunikations-Markt. Generell ist festzuhalten, dass die Ansprüche der Kunden in den letzten Jahren an Zuverlässigkeit, Service und auch Individualität gewachsen sind. Dementsprechend ist auch die Zielgruppenansprache differenzierter geworden. NetCologne kommt dabei zugute, dass die Kölner Bevölkerung besonders vielfältig und offen gegenüber neuen Ideen und Services ist. Das Unternehmen hat schon früh damit begonnen, dieser Vielfalt gerecht zu werden und über die Produktkommunikation hinaus unterschiedliche Initiativen und Institutionen in der Region aus den Bereichen Sport, Kultur und Soziales zu unterstützen. NetCologne hat es schon immer als wichtiges Anliegen gesehen, das gesellschaftliche Leben in der Region in seiner ganzen Vielfalt zu begleiten. Von daher fügt sich der Ansatz, Schwule und Lesben gezielt anzusprechen, ganz natürlich in den Kommunikationsansatz ein.

Das Gay-Marketing-Konzept

NetCologne hat bereits 1999 begonnen, schwul-lesbische Zielgruppen im Marketing und in der Kommunikation zu berücksichtigen. Dazu wurde ein strategisches Konzept mit dem Ziel erarbeitet, eine positive Verankerung im homosexuellen Marktsegment zu erreichen. Dieses Konzept wiederum wurde integriert in das übergreifende Sponsoringkonzept von NetCologne.

Zentraler Punkt des Gay-Marketing-Ansatzes von NetCologne ist der Rückgriff auf die bereits erwähnte Zielgruppenvielfalt. Homosexuelle Zielgruppen werden bewusst als Teil der Gesamtzielgruppe angesehen und nicht etwa als separates Segment definiert. Als modernes und offenes Unternehmen richtet sich NetCologne an alle aufgeschlossenen, kommunikativen Menschen – ob Männer oder Frauen, jung oder alt, Deutsche oder Ausländer, Hetero- oder Homosexuelle.

Auch in der internen Kommunikation wurde Gay Marketing als Thema im Unternehmen impliziert. So gab es bereichsübergreifende Veranstaltungen, die Information und Akzeptanz bei allen MitarbeiterInnen förderten. Für NetCologne als Dienstleistungsunternehmen mit viel persönlichem Kundenkontakt ist es ein wichtiger Bestandteil der Glaubwürdigkeit, die Unternehmensphilosophie nicht nur als „Botschaft" extern zu kommunizieren. Sie muss auch intern gelebt und praktiziert werden. Denn die gesellschaftliche Vielfalt spiegelt sich auch im Mikrokosmos des eigenen Unternehmens wider.

In der ersten Phase des Gay Marketing bestand die Zielsetzung darin, NetCologne in der Zielgruppe bekannt zu machen und Vertrauen und Glaubwürdigkeit aufzubauen. Daher lag der Schwerpunkt zunächst auf Sponsoring-Maßnahmen und Kooperationen mit etablierten Organisationen und MultiplikatorInnen innerhalb der Community. Die langfristig angelegte, erfolgreiche Zusammenarbeit mit dem SC Janus, dem SCHULZ und der AIDS-Hilfe Köln e.V. bilden bis heute die Säulen des Engagements. Dem Ziel, den Austausch mit den Kooperationspartnern zu intensivieren und ihnen NetCologne näher zu bringen, diente die Veranstaltung eines Get Together mit allen schwul-lesbischen Kooperationspartnern im Sommer 2000.

Im Jahr 2001 startete die Umsetzung der zweiten Phase des Gay-Marketing-Konzeptes, bei der es darum ging, durch das Aufgreifen von Gay-spezifischen Themen stärker in die Community hineinzuwirken. Dazu wurden verschiedene Maßnahmen im Kommunikations-Mix erarbeitet. Diese werden im Folgenden ausführlich dargestellt. Ein weiteres wichtiges Ziel war es, den bisher nur in Ansätzen hergestellten Produktbezug zu verstärken und ihn mit den bisher durchgeführten Maßnahmen zu verknüpfen.

Der Gay-Marketing-Ansatz im Kommunikations-Mix

Klassische Werbung

Die Idee, mit Werbung speziell homosexuelle Zielgruppen anzusprechen, ist nicht neu. Schon Mitte der 80er Jahre gestaltete Keith Haring für „Absolut Vodka" Anzeigenmotive, die auch Schwule und Lesben ansprechen. In Deutschland dagegen sind Werbemotive, die explizit Schwule und Lesben ansprechen, immer noch die Ausnahme.

NetCologne ließ sich vom Design des Künstlers inspirieren und schuf im Rahmen eigener Gay-Marketing-Aktivitäten ein Motiv im Stil Harings.

Das „Haring"-Motiv wurde auf dem Christopher Street Day (CSD) 2000 in Köln vorgestellt. Unter dem Motto „CommUnityCation" zeigt es bunte miteinander sprechende und flirtende Telefonhörer. Die Einbindung des eigens für den CSD erschaffenen Begriffes CommUnityCation verband den Einheitsgedanken der Veranstaltung mit dem zentralen Aspekt der Kommunikation. Damit war gleichzeitig auch eine übergreifende Klammer und Dachbotschaft für weitere Engagements gefunden.

In den schwul-lesbischen Medien wurde das CommUnityCation-Motiv zusätzlich zu den Standardproduktmotiven von NetCologne geschaltet. Abgewandelte Motive wurden auch zu anderen zentralen Ereignissen, wie der schwul-lesbischen Fußballweltmeisterschaft und dem Welt-AIDS-Tag, entwickelt.

Abb. 7.11: Kreativ-Wettbewerb von Netcologne –
CommUnityCation ist für mich … (2000/2001)
© NetCologne GmbH

Abb. 7.12: Printanzeige „CommUnityCation" als Aktionsvariante zur schwul-lesbischen
Fußballweltmeisterschaft (2000)
© NetCologne GmbH

Sponsoring

Im Rahmen der Partnerschaft mit dem größten schwul-lesbischen Sportverein Europas, dem SC Janus, unterstützt NetCologne wichtige regionale Sportereignisse wie den Köln Marathon und das Benefiz-Fußballturnier Come Together Cup. Das schwul-lesbische Zentrum SCHULZ, das größte seiner Art in Europa, verfügt dank der Mithilfe NetColognes über ein Internetcafé. Die Aktion läuft im Rahmen der schwul-lesbischen Mediathek ErGo. In Kooperation mit der AIDS-Hilfe Köln e.V. unterstützt NetCologne bereits seit 1999 den Welt-AIDS-Tag mit vielfältigen Aktionen. Engagiert hat sich NetCologne auch bei wichtigen Szene-Ereignissen wie dem Christopher Street Day (CSD) und dem Rainbow-Festival. Darüber hinaus wurden auch einzelne Events unterstützt, wie zum Beispiel die Rosa Sitzung oder die Jecken Lesben.

Abb. 7.13: Gemeinschafts-Wagen Schulz, RIK und NetCologne zur CSD Parade (Köln, 2000 und 2001)
© NetCologne GmbH

Internet

Unter einer eigenen Webadresse, www.netcologne.de/communitycation, initiierte NetCologne einen Ideenwettbewerb für die Community. Aufgabe war es, den Slogan „CommUnityCation ist für mich ..." möglichst originell zu interpretieren. Dabei bezog sich der Begriff auf die Kommunikation innerhalb der schwul-lesbischen Community, aber auch auf den Austausch zwischen der Community und dem Rest der Gesellschaft. Prämiert werden die originellsten persönlichen Interpretationen von „CommUnityCation", wobei Wunsch oder Wirklichkeit gleichermaßen dargestellt werden konnten. Eine hochkarätige Jury ermittelte die Gewinner in den Kategorien Foto, Text und Multimedia. Die besten Arbeiten wurden anschließend ins Internet in eine „Online-Galerie" gestellt.

Beworben wurde der Wettbewerb außerdem über eine Kooperation mit der Zeitschrift Queer als Medienpartner und der Gesundheitsorganisation Check Up. In Kooperation mit www.gay-cologne.de wurde außerdem ein Internetflyer produziert. Auch wenn der Wettbewerb aufgrund der anspruchsvollen Aufgabenstellung nicht die erhoffte große Zahl an Einsendungen mit sich brachte, erreichte er doch insofern sein Ziel, als er über die Internetpräsenz und die Medienpartnerschaft mit der Queer breite Beachtung in der Community fand.

Begleitende Pressearbeit

Alle Aktivitäten des Gay Marketing wurden von Anfang an durch intensive Pressearbeit begleitet. Dabei ging es zum einen darum, positive Aufmerksamkeit in den spezifisch schwul-lesbischen Medien zu erreichen, zum anderen aber auch über die wichtigen lokalen „Mainstream-Medien" der Tagespresse einer breiten Öffentlichkeit die Vielfältigkeit der Sponsoring-Engagements von NetCologne deutlich zu machen. Ein besonders erfolgreiches Beispiel war die gemeinsam mit der AIDS-Hilfe Köln initiierte Aktion „Schülerwettbewerb" zum Welt-Aids-Tag 2001. Rund 300 Schulen wurden aufgefordert, mit Klassen oder Arbeitsgruppen Sammelideen bzw. Informationskampagnen zum Thema

Abb. 7.14: Spendensammlung von NetCologne zum Welt-Aids-Tag; hier mit Oberbürgermeister Fritz Schramma und Elfi Scho-Antwerpes (Vorstandsmitglied, AIDS-Hilfe Köln e. V.), rechts, sowie Judith Schmitz (Leiterin Presse- und Öffentlichkeitsarbeit, NetCologne), links
© NetCologne GmbH.

AIDS zu entwickeln und ihre Projekt im Wettbewerb einzureichen. Die Medienresonanz war überwältigend, alle regionalen Medien berichteten breit über das Projekt.

Veranstaltungen und Promotion

Unter dem Motto „CommUnityCation" initiierte NetCologne im Frühjahr 2001 eine neue Veranstaltungsreihe. Idee war dabei, ein vielfältiges Forum für den Austausch innerhalb der schwul-lesbischen Community zu bieten. Die erste Veranstaltung, die auf dieser Plattform stattfand, war das Kölner Kick-off zur Landeskampagne „Die Szene bist du" im Juni 2001.

Das Haring-Motiv mit den tanzenden und flirtenden Telefonhörern wurde ebenfalls mit dem Dachslogan „CommUnityCation" bei verschiedenen Promotionaktionen eingesetzt. So zierte das Motiv den gemeinsamen Wagen des SCHULZ und der Szenezeitschrift RIK auf dem CSD 2000. Der gemeinsame Auftritt wurde von NetCologne unterstützt.

Der bereits beschriebene „CommUnityCation"-Wettbewerb wurde ebenfalls unter Verwendung des „Haring-Motivs" durch Gratispostkarten und „Kontakt"-Bierdeckel in der Szene beworben. Den Postkarten kam dabei besondere Bedeutung zu: Sie waren ein Hauptwerbeträger und wurden breit im Rahmen von wichtigen Szene-Events eingesetzt. Zu nennen sind hier die Rosa Sitzung, Jecke Lesben, Verzaubert, Body Check und andere Partys. Über den Partner im Rahmen des Wettbewerbs, die schwul-lesbische Gesundheitsorganisation Check-Up, wurden die Karten auch in den Kölner Schwulen-Kneipen in speziellen Präventionsdisplays eingesetzt.

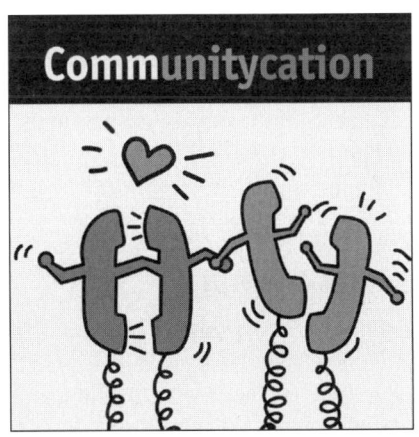

Abb. 7.15: „Kontakt"-Bierdeckel flankierend zum CommUnityCation-Kreativ-Wettbewerb
© NetCologne GmbH

Bewertung und Ausblick

Durch die Umsetzung der oben beschriebenen Maßnahmen hat NetCologne in Köln einen hohen Bekanntheitsgrad bei den schwul-lesbischen Zielgruppen erreicht. Durch die langfristig angelegten Partnerschaften vor allem mit dem SC Janus, dem SCHULZ und der AIDS-Hilfe Köln ist NetCologne ein anerkannter und glaubwürdiger Partner der Community geworden. Dementsprechend wird das Unternehmen sein Engagement in diesem Bereich fortsetzen.

Schwul-lesbische Vielfalt ist ein Teil der gesellschaftlichen Vielfalt und wird von NetCologne als solche explizit anerkannt. Das Unternehmen wird diese auch künftig in seiner Kommunikation deutlich sichtbar darstellen. Die langfristigen Partnerschaften mit Multiplikatoren und das Engagement bei verschiedenen kulturellen und sozialen Events der Community stärken die Bekanntheit und Glaubwürdigkeit. Mit Promotions und gezielten Werbemaßnahmen ergänzt das Unternehmen die positiven Imagewerte zunehmend um Produktwahrnehmung innerhalb der Community. Ziel dieser langfristigen Strategie ist es, die für NetCologne relevanten Zielgruppen auch mit Produktargumenten zu erreichen und aufgrund des aufgebauten Vertrauens Akzeptanz und Kaufinteresse zu verstärken.

NetCologne wird daher auch in Zukunft schwul-lesbische Vielfalt als Teil der gesellschaftlichen Vielfalt im Kommunikationskonzept angemessen berücksichtigen.

7.4 Branchenprofil „Tourismus"

Saisonale und konjunkturelle Schwankungen prägen das Geschäft in der Tourismus-Branche. Die Anschläge des 11. September 2001 zeigten außerdem, dass auch existentielle Bedrohungen für Unternehmen dieses Bereichs nicht auszuschließen sind. Aber auch andere politische Einflussfaktoren beeinflussen häufig das Touristik-Business (Regierungskrisen, Aufstände, Entführungen, Gesetzgebung). Während der Tourismus lange Zeit als Dienstleistungsbranche galt, entwickelt sich der Bereich zunehmend zu einem Massen-Konsum-Geschäft. Hier finden starke Preis-Nivellierungen statt, die Marken immer wichtiger und Segmentierungen immer schwieriger erscheinen lassen.

Gay Marketing bietet in diesem Umfeld reichlich anti-zyklisches Potenzial. Die Zielgruppe ist selten an Schulferien und ähnliche Rahmenbedingungen gebunden. Auch finanziell zeigen Homosexuelle eine größere Flexibilität, da sie meist zu zweit, alleine oder in kleinen Gruppen reisen, nicht jedoch für eine ganze Familie planen (und aufkommen) müssen. Ein US-Bericht bezeichnete den schwul-lesbischen Tourismus-Bereich gar als „rezessions-resistent". Natürlich bestehen hier weitere Möglichkeiten der Diversifikation oder des Nischen-Marketings für Anbieter aus den unterschiedlichsten Bereichen.

Die bereits in vorherigen Kapiteln beschriebene Internationalität der Gay Community stellt eine wirkliche Besonderheit gerade für die Tourismus-Branche dar. Außerdem zeigt das vorgestellte Modell zum Konsumverhalten, dass praktisch alle Teilzielgruppen im Gay-Markt eine besondere Affinität zu „Mobilität" aufweisen. Hier finden wir unterschiedliche Ausprägungen: Häufige Kurz-(Städte-) Reisen, exotische Fernreisen, Kulturreisen, ländliche Aktivitäten, Reisen zu Gay-Events, ruhige Erholungsreisen und einige wenige spezifische Gay-Reisen. Der Hauptbereich des Tourismus, die Pauschalreise, findet bei Schwulen und Lesben ähnlich wenig Anklang wie viele Mainstream-Angebote anderer Branchen. Die quantitativ und qualitativ hohe Affinität wird von zahlreichen Umfragen und Studien belegt.

Bei ihrer Reiseplanung gehen Schwule und Lesben nicht grundsätzlich anders vor als andere Touristen. Mund-zu-Mund-Propaganda und das Internet stellen wichtige Informationsquellen dar. Entsprechend ihrer Präferenz buchen sie häufig Einzelbausteine einer Reise oder Teilpakete – beim Reisebüro ihres Vertrauens oder im Internet. Die Auswahl eines Reiseziels wird von Überlegungen zur Homosexuellen-Freundlichkeit oder -Feindlichkeit begleitet. Dies stellt jedoch meist kein Entscheidungskriterium, sondern eher einen Mehrwert dar. Für andere Leistungsträger (Fluglinie, Mietwagenfirma, Hotels) spielt der Aspekt in Deutschland noch keine wesentliche Rolle. Allerdings spielt das Gay Marketing bei der Frage der Bekanntheit und somit beim „In-Betracht-ziehen" touristischer Angebote eine erhebliche Rolle.

Insofern begannen einige Reiseziele (Australien, Amsterdam) und Fluggesellschaften (United Airlines, American Airlines) bereits vor vielen Jahren in den USA mit Gay Marketing. Die britische Fremdenverkehrszentrale (BTA) legte 1997 die erste vielschichtige, weltweite Kampagne dieses Bereiches auf, die ab 1998 auch in Deutschland umgesetzt wurde. Zu dieser Zeit fanden hierzulande bereits Einzelmaßnahmen von Tourismus Service Westerland, Berlin Tourismus Marketing und The Florida Keys and Key West statt. Das erste fundierte deutsche Gay Tourismus-Marketing-Konzept wurde 1999 von der Tourismus-Zentrale Hamburg für die Freie und Hansestadt Hamburg auf Initiative zweier schwuler Bürgerschaftsabgeordneter von der SPD und Bündnis 90/Die Grünen erstellt und umgesetzt. Aufgrund der bestehenden regionalen Kooperation – vor allem auf internationalen Märkten – schloss sich Berlin dieser Initiative an und erarbeitete ebenfalls ein Gay-Marketing-Konzept, dessen Schwerpunkt auf dem US-amerikanischen Markt lag.

Die Kampagne der British Tourist Authority (BTA) in Deutschland wurde auf drei Jahre ausgelegt und basierte auf qualitativer Marktforschung. Zunächst lag der Schwerpunkt auf Presse- und Öffentlichkeitsarbeit, um das latent negative Image Großbritanniens im Zusammenhang mit Gesetzgebungsaspekten zu bearbeiten. Gratis-Postkarten mit zwei spezifisch homosexuellen Motiven wurden in den Gay-Szenen großer Städte und über Partner in der Community verteilt. Weiterhin war die BTA 1999 auf schwul-lesbischen Straßenfesten in den Metropolen mit einem eigenen Stand vertreten. Zur Verteilung kamen die Postkarten und eine spezielle zwölfseitige Informationsbroschüre für den Gay-Markt, die weltweit eingesetzt wurde („Britain – You don't know the half of it"). Weiterhin waren Kooperationspartner wie Brighton & Hove oder Manchester Marketing in diese Auftritte eingebunden. Verlosungsaktionen von spezifischen Postern und Postkartensets ergänzten die Aktionen ebenso wie Pressereisen. Weiterhin führte die BTA in den Jahren 1998 und 1999 weltweite schwul-lesbische Fachtage in London durch, auf denen die Leistungsträger (Anbieter) mit der Marktseite (eigene Marketing- und Verkaufsorganisation, Veranstalter und Reisebüros) zusammenkamen.

Eine Besonderheit bestand in der Aufnahme von zwei Seiten mit schwul-lesbischen Informationen in die „Main-Guides" (2000 und 2001), die alle Interessenten als Basis-Information von der britischen Fremdenverkehrszentrale erhalten. Dadurch erreicht die BTA auch homosexuelle Reisende, die nicht im Rahmen der Gay-Kampagne Material anfordern. Durch die Öffentlichkeit der schwul-lesbischen Information erhält das Thema zudem besondere Klarheit, aber auch Normalität und Selbstverständlichkeit. Ähnlich verhält es sich mit dem Web-Auftritt der BTA Germany, in den im Jahre 2000 ebenfalls schwul-lesbische Inhalte an prominenter Stelle aufgenommen wurden. In diesem Jahr fand ein neues Gay-Motiv Verwendung („Britain – Out and about", siehe Abbildung auf S. 111), das sowohl als Gratis-Postkarte wie auch als Messe-Stellwand produziert wurde. Im Jahre 2000 initiierte die BTA die Gemeinschafts-Roadshow „Gay & Away" (siehe unten).

Die Tourismus-Zentrale Hamburg (TZH) richtete ihr Gay Marketing klar an der allgemeinen Positionierung Hamburgs aus. Kooperationen mit dem Senatsamt für die Gleichstellung (SfG) und mit Partnern aus der Gay Community (Big Spender, CSD Hamburg und Startschuss) stellten eine Vernetzung im Sinnen des Binnenmarketings sicher. Diese wurden im Jahre 2000 auf dem ersten schwul-lesbischen Werbeflyer als Kommunikationsbaustein eingesetzt. Die Verbreitung des Faltblattes erfolgte durch Direct Mailings, über Kooperationen und auf Zielgruppen-Events (siehe unten). Eine besondere Durchwahlnummer auf den Gay-Flyern und in der

zielgruppen-relevanten Pressearbeit ermöglichte die Evaluation der Maßnahmen. Die Tourist-Informationen der TZH wurden mit Materialien (Gratismedien, Veranstaltungsinformationen etc.) für homosexuelle Reisende
ausgestattet. Auf diese weist ein Regenbogenaufkleber an der jeweiligen
Stelle hin, da viele Schwule und Lesben ansonsten diese Art von Information nicht erwarten und insofern nicht abfragen würden. Die Partnerschaft
mit dem CSD Hamburg ermöglichte im Jahre 2000 unter anderem die
redaktionelle Einbindung von TZH-Angeboten in das bundesweite CSD-
Magazin. Im Rahmen der Gemeinschafts-Roadshow „Gay & Away" war
die TZH in diesem Jahr auf den vier großen Gay Pride Veranstaltungen
präsent. Im Jahr 2001 erfolgte eine erweiterte Neuauflage des schwul-
lesbischen Werbe-Flyers (siehe Abbildung in Kapitel 6) mit ähnlichen Dis-
tributionsmechanismen. Auf der IGLTA Convention 2001 war die TZH mit
einem eigenen Stand vertreten.

Das Kooperationsprojekt „Gay & Away" vereinte drei Reiseziele (Großbritannien, Hamburg und Key West) sowie zwei Reiseveranstalter bzw.
-büros (Jornada/G-Tours und Atlantis Travel). Gemeinsam belegten die
fünf Partner auf den großen Straßenfesten einen Standplatz (Pavillon/Zelt)
mit angeschlossener Freifläche. Der für diese Veranstaltungen ungewöhnliche Aufbau sicherte eine deutliche Aufmerksamkeit. Diese wurde mittels
Großballons (Ferninformation) und einer gemeinschaftlichen Zelt-Dekorati-
on mit dem Dach-Claim „Gay & Away" gesteigert.

Abb. 7.16: Gay & Away Stand auf dem Straßenfest CSD Köln (2000)
Photo: Michael Stuber. © mi•st [Consulting

Auf dieser Plattform hatten alle Partner die Gelegenheit, ihre eigenen Materialien anzubieten und Promotion-Aktionen durchzuführen. Insgesamt entstanden Synergien durch den gemeinschaftlichen Auftritt, sowohl auf der Kostenseite als auch mit Blick auf die Werbewirkung in der Öffentlichkeitsarbeit.

Auch andere Städte bzw. Länder engagieren sich im Gay Marketing. Die Stadt Zürich und Schweiz Tourismus bereiteten sich mit einem Workshop auf die EuroGames vor, die im Jahr 2000 in Zürich stattfanden. München wählte den Weg der gezielten Öffentlichkeitsarbeit (vor allem über MultiplikatorInnen) und bewarb sich um die Ausrichtung der IGLTA Convention 2001, wofür es den Zuschlag erhielt. Die Veranstaltung brachte knapp 200 schwul-lesbische Reisefachleute in die Stadt.

Die Stadt Basel bietet ein Spezial-Produkt für Schwule und Lesben vor allem auf dem US-Markt an, das jedoch auch hierzulande in der Gay-Presse einige Aufmerksamkeit erweckte. Die Marketing-Gemeinschaft „Magic Cities" deutscher Großstädte produzierte im Jahre 2001 erstmals eine schwul-lesbische Broschüre, ebenfalls für den US-Markt. Das New Yorker Büro der Deutschen Zentrale für Tourismus beteiligte sich daran, nachdem man auf dem amerikanischen Markt bereits verschiedene Kommunikationsmaßnahmen umgesetzt hatte. Köln Tourismus arbeitet eng mit den Veranstaltern des CSD zusammen, um vor allem die europäische Hauptveranstaltung EuroPride 2002 optimal für die Tourismus-Werbung zu nutzen. Über Jahre hinweg wurden auch die Maßnahmen von Wien Tourismus stetig weiterentwickelt. Nach einem schwul-lesbischen Stadtplan folgte später die Erstellung eines Werbeflyers für homosexuelle Märkte.

Wien andersrum
Das schwullesbische Wien

Wien

www.info.wien.at

Abb. 7.17:
Flyer des Tourismusverbandes Wien für schwul-lesbische BesucherInnen
© WIENER TOURISMUSVERBAND

Weiterhin bemerkenswert erscheinen die Aktivitäten der Berlin Tourismus Marketing GmbH (BTM). Neben den in Kapitel 6 erwähnten Maßnahmen der Mitarbeiterschulung und der Internet-Einbindung unternahm die BTM Marktforschung, erstellte zwei schwul-lesbische Werbe-Flyer, eine Stadtplan für homosexuelle TouristInnen und vermerkte gay/lesbian-friendly Häuser im Hotelverzeichnis mit einem kleinen Regenbogensymbol.

Im Bereich der Reiseveranstalter finden sich deutlich weniger Aktivitäten. Diese Passivität kann nicht alleine mit der bevorzugten individuellen Reiseart der Homosexuellen erklärt werden. Vorbehalte gegenüber Schwulen und Lesben scheinen bei den meisten Veranstaltern mit Blick auf ihre Kernzielgruppe „Familien" zu bestehen. FTI vertrieb einige Angebote über eine Kooperation mit dem Gay-Portal www.gayforum.de. Anlässlich der Gay Games 2002 in Sydney legte DER Tours erstmalig einen speziellen Gay-Flyer für schwul-lesbische Zielgruppen auf.

Im Bereich der Transportdienstleistungen bemüht sich die Deutsche Lufthansa vor allem in den USA gezielt um homosexuelle Zielgruppen. Sie initiierte die Kooperations-Kampagne „Gay/Lesbian Capitals of Europe", für die sie seit drei Jahren als Hauptsponsor fungiert. In Deutschland führt die LTU seit mehreren Jahren jeweils zum Welt-AIDS-Tag einen Sonderflug ab und bis Düsseldorf zum Zwecke des Fundraising durch (vgl. Kapitel 6). Die Swissair hatte im Zusammenhang mit dem Lebenspartnerschaftsgesetz die Anzeigenkampagne „2gayther,–" entwickelt. Bereits seit mehreren Jahren führt die Stena Line immer wieder Kampagnen für schwul-lesbische Zielgruppen durch. Die Deutsche Bahn (Bereich Reise & Touristik, Region West) warb 2001 mit einem Aktions-Flyer „Tagesfahrten 2001 – Christopher Street Day" gezielt für die Paraden-Termine in Hamburg, Berlin, Köln, München, Frankfurt und Stuttgart. Im Jahre 2002 wurde dieses Angebot in den Katalog für Tagesfahrten fest integriert. Dabei fand ein schwul-lesbisches Motiv (ein rosaroter Kölner Dom mit davor befindlichen Regenbogenflaggen) Verwendung auf dem Titelblatt des Kataloges, der in allen DB-Agenturen in der Region erhältlich ist (vgl. Abb. 7.18).

Im Bereich der Unterbringung wenden sich nur wenige Hotelbetriebe – meist vorsichtig – an homosexuelle Reisende. Diese spezielle Zurückhaltung ist auch auf anderen Märkten weltweit zu beobachten und wird von Spezialisten mit der Besonderheit und Intimität der Thematik des „Sich-bettens" in Verbindung gebracht. Aus der Six Continents Hotels Gruppe haben das Crowne Plaza Köln und das Forum Hotel Berlin zielgruppen-spezifische Anzeigen entwickelt und geschaltet. Die Dorint Hotels & Ressorts präsentierten sich unter anderem bei der IGLTA Convention 2001 in München und unterstützten die Max-Spohr-Preisverleihung des Völklinger Kreis 2002 in Berlin. Das Forum Hotel Berlin nutzt spezielle internationale und regionale Ereignisse um sich unter anderem

Die Bahn DB

Tagesfahrten 2002

Nordrhein-Westfalen, Hessen, Rheinland-Pfalz, Saarland

Abb. 7.18: Titelseite des Mainstream-Katalogs „Tagesfahrten 2002" der Deutschen Bahn, Bereich Reise & Touristik, Region West
© DB Reise&Touristik AG

„gay-friendly" zu positionieren. Ziel der Anzeigenkampagne in Gay-Medien "Die Gleichung für Gleiche" und "Gut geschlafen Schatz?" war (vgl. Abb. 7.19) und ist, Sympathie zu gewinnen und direkte Buchungen zu generieren. Image-und Produktwerbung erfolgte weiterhin anlässlich der ITB (Internationale Tourismus Börse), zum schwul-lesbischen Stadtfest, zum CSD Berlin und im Rahmen der IGLTA-Mitgliedschaft.

Das spezifische Branchenumfeld im Tourismus wird zunehmend für schwul-lesbische Reiseangebote und das Networking genutzt. Schon 1999 präsentierte ein Kooperations-Messestand „Queer Travel" Reiseveranstalter, Angebote und Vermittler sowie Medien auf dem Reisemarkt Köln International. In den Jahren 2000 und 2001 integrierten verschiedene Destinationen schwul-lesbische Angebote oder Anbieter in ihren jeweiligen Messeauftritt im Rahmen der

Abb. 7.19: Printanzeige „Gut geschlafen Schatz?"
© Forum Hotel Berlin

ITB (München, Berlin, Hamburg, Großbritannien). Auf der ITB 2002 fasste ein Gemeinschaftsstand eine Reihe von Anbietern unter dem Titel Gay & Lesbian Travel Expo zusammen (vgl. Abb. 7.20).

Abb. 7.20: Gay & Lesbian Travel Expo mit Regenbogenflaggen auf der ITB (2002)
© T. O. M. Communications

Zusammenfassung

Wenn es auch im Tourismus-Bereich relativ viele Einzelaktivitäten und kleinere Kampagnen gibt, existieren doch hierzulande keine fundierten, nachhaltigen Marketing-Ansätze wie in den USA. Diese „Halbherzigkeit" führt mithin dazu, dass die jeweiligen Maßnahmen keine überragenden Ergebnisse erzielen und daher nicht ausgebaut werden. Wie schon in anderen Bereichen trägt das Fehlen professioneller Kommunikationsplattformen zu dieser Situation bei – in den USA existieren Printmedien und Online-Portale sowie regionale Messen für den Bereich „Gay Travel". Die Gewinnung neuer Zielgruppen erfordert auch und gerade im schwul-lesbischen Umfeld klares Commitment, Glaubwürdigkeit und nachhaltiges Engagement. Unter diesen Vorzeichen sind die künftigen Entwicklungen im Gay Tourism noch völlig offen.

Kapitel 8

Fünf Bausteine: Wie wird erfolgreiches Gay Marketing verwirklicht?

In den vorangegangenen Kapiteln haben wir die wesentlichen Besonderheiten schwul-lesbischer Zielgruppen beschrieben und mögliche Erschließungsstrategien aufgezeigt. Für Marketing-Spezialisten stellt sich nun die Frage, inwieweit die konkrete Umsetzung einer Gay-Kampagne in den gleichen Schritten erfolgt wie das Marketing für andere Zielgruppen. Tatsächlich existieren Unterschiede und Gemeinsamkeiten bei der Erschließung homosexueller und anderer Markt-Segmente. Da allerdings Schwule und Lesben bislang nur selten als KonsumentInnen wirklich ernst genommen wurden, sind auch nur wenige Maßnahmen fundiert entwickelt und nur begrenzt konkrete Erfahrungen gesammelt worden.

Bereits erkennbar ist, dass der wohl häufigste Fehler im Gay Marketing in der aktionistischen Durchführung von Einzelaktivitäten besteht: Das Erstellen einer Gay-Anzeige oder eines schwul-lesbischen Flyers, einzelne Insertionen von Mainstream-Motiven in Zielgruppenmedien, die einmalige Durchführung von Promotions oder ein einmaliger Informationsstand auf einem Straßenfest („One-off"). Solche Maßnahmen werden als Test des Marktsegments angesehen, und es werden hohe Erwartungen an diesen gestellt. Verwundert es, dass derartige Aktionen keinen Bestand haben? Welche Zielgruppen dieser Größe und Demographie werden sonst mittels solcher Einzelmaßnahmen erfolgreich bearbeitet?

Um ein Gay-Marketing-Konzept erfolgreich umsetzen und in das bestehende Marketing integrieren zu können, bedarf es grundsätzlich ähnlicher Schritte wie bei der Erstellung anderer Zielgruppen-Marketing-Konzepte. Entsprechend der Besonderheiten des Gay Marktes kommen lediglich einige Spezifika zur üblichen Vorgehensweise hinzu. Im Folgenden stellen wir ein von uns entwickeltes aus fünf Bausteinen bestehendes Modell vor.

1. Analysen und Grundlagen
2. Ziele und Strategie
3. In-Haus-Aufgaben
4. Markt-Kommunikation
5. Evaluation und Nachhaltigkeit

Diese Bausteine müssen selbstverständlich im konkreten Einzelfall überprüft und angepasst werden.

8.1 Analysen und Grundlagen

Angesichts der in den vorangegangenen Kapiteln dargestellten vielschichtigen Spezifika homosexueller Zielgruppen erscheint eine wohl fundierte Vorgehensweise im Gay Marketing von besonderer Bedeutung. Analysen sind indes ohnehin bei Veränderungen oder Ergänzungen des Marketing angebracht. Sie lassen sich in zwei Bereiche aufteilen: interne Analysen der eigenen Marke und des Unternehmens sowie externe Analysen des Marktes, der Zielgruppe und des Wettbewerbs. Gemeinsame bilden sie die Grundlage für das Gay Marketing.

Interne Analysen im Unternehmen

Bei der Betrachtung des eigenen Unternehmens mit Blick auf Gay Marketing werden grundsätzliche Aspekte analysiert. Ausgehend vom Leitbild des Unternehmens werden die geltenden (personalpolitischen) Werte und die jeweiligen Markenwelten untersucht.

Die genaue Analyse der Marken-Positionierung, des Markenkerns, der Markenwerte sowie der Interpretation dieser Attribute stellt die unbedingt erforderliche Grundlagenarbeit eines jeden fundierten Gay Marketings dar. Nur wenn die Positionierung eine Relevanz und Kompatibilität mit der homosexuellen Zielgruppe aufweist und die Markenwelt mit den Werten und Besonderheiten des schwul-lesbischen Segments in Einklang steht, dann kann eine Erschließung desselben Erfolg versprechend sein. Auch die Marketing-Kommunikation wird daraufhin überprüft, inwieweit sie bereits homosexuelle Zielgruppen erreicht – oder womöglich negativ berührt hat. Für diese Analysen können die Grundlagen der ersten Buchkapitel herangezogen werden. Dort sind entsprechende Themen und Werte beschrieben, die als Besonderheiten homosexueller Zielgruppen gelten und als Vergleichsraster der Markenanalyse dienen.

Da trotz weitgehender gesellschaftlicher Integration und Akzeptanz Homosexualität noch kein Standardthema in wirtschaftlichen Zusammenhängen darstellt, sind auch interne, personalpolitische und andere grundsätzliche Fragen für das Gay Marketing von Bedeutung. Dies gilt umso mehr, als dass sich Schwule und Lesben ihrer besonderen Stellung grundsätzlich bewusst sind und daher (verständlicherweise) häufig ein politisches, ganzheitliches oder hintergründiges Interesse für Anbieter entwickeln, die sich der homosexuellen Zielgruppe zuwenden. Im Zusammenhang mit Gay Marketing ist zum Beispiel zu fragen, ob das Unternehmen über eine Anti-Diskriminierungsrichtlinie verfügt, die neben gängigen Faktoren wie Geschlecht, Nationalität oder Alter auch die Dimension "sexuelle Orientierung" umfasst. Weiterhin wird untersucht, ob homosexuelle Themen im Rahmen etwaiger Diversity-Programme Berücksichtigung finden, und ob gleichgeschlechtliche Lebenspartner dieselben Vergünstigungen erhalten wie verheiratete Ehepartner. Schließlich verfügen immer mehr Unternehmen über so genannte Leitbilder, festgeschriebene Policies, explizite Unternehmenswerte oder verbindliche Unternehmenskulturen. Auch diese sollten durchleuchtet werden, inwieweit sie Homosexuelle berücksichtigen oder deren Bedürfnisse gleichberechtigt zu anderen Gruppen abbilden.

Externe Analysen im Marktumfeld

Das Marktumfeld stellt grundsätzlich eine bedeutende Determinante für das Marketing dar. Auch im Gay-Marketing spielen gesellschaftliche Strömungen, Trends sowie Veränderungen der Kundenstruktur und -präferenzen eine große Rolle. Allgemeine, relevante Erkenntnisse haben wir bereits in den ersten Kapiteln dieses Buches dargestellt.

Im konkreten Einzelfall muss darauf aufbauend geklärt werden, welche Besonderheiten eine Branche aufweist, welche „Gepflogenheiten" im Markt herrschen, welche Veränderungen, Perspektiven und Neuerungen erkennbar sind. All diese Betrachtungen erfolgen aus dem Blickwinkel des Thema „Homosexualität": Ist dies ein akzeptiertes Thema in der Branche, wie gehen Meinungsführer des jeweiligen Umfeldes mit unterschiedlichen Facetten von Vielfalt um, finden wir ein offenes, von Kreativität, Innovation und Wettbewerb geprägtes Umfeld oder starre, regulierte Bedingungen vor? Letztere bieten für das Gay Marketing im Allgemeinen ein weniger geeignetes Umfeld. In diesem Zusammenhang erscheint es auch von Interesse, wie Zulieferer und andere Geschäftspartner zu Themen stehen, die außerhalb des Mainstream angesiedelt sind.

Weiterhin wird die Beschaffenheit des Marktes aus schwul-lesbischer Sicht analysiert. Wie groß ist der Markt, welche Aufteilungen (Teilmärkte) bestehen, wie verhalten sich Angebot und Nachfrage, und inwieweit werden homosexuelle Zielgruppen in diesen Zusammenhängen bereits abgebildet? Auch bei diesen Faktoren spielen die zu erwartenden Entwicklungen eine besonders wichtige Rolle. Sind zum Beispiel schwul-lesbische KundInnen künftig von wachsender Bedeutung für den jeweiligen Markt?

Zum Marktumfeld gehört freilich auch die Stellung des eigenen Unternehmens – ob es eine Führungsposition einnimmt, eine hohe Bekanntheit aufweist, ein besonders scharfes Image aufgebaut hat etc. Für Branchenführer kann das Gay Marketing ein wichtiges Instrument sein, um ihre dominante Position zu unterstreichen oder zu festigen. Für kleinere Anbieter dagegen bietet sich hier möglicherweise ein Ansatz, sich in Teilmärkten einen strategischen Vorteil zu sichern. Ähnlich unterschiedliche Perspektiven ergeben sich für bekannte oder weniger bekannte Unternehmen oder für solche mit ausgeprägtem oder weniger klarem Image: Gay Marketing kann bestehende Marktpositionen stärken oder ergänzen oder aber neue Akzente setzen.

Weiterhin stellt die Wettbewerbssituation einen relevanten Faktor für das Gay Marketing dar. Vor allem die Frage, ob Konkurrenzunternehmen bereits homosexuelle Marktsegmente bearbeiten, kann ein wesentlicher Antrieb sein, sich diesem Thema zuzuwenden („me too"). Ebenfalls relevant kann die Erkenntnis sein, dass ein Wettbewerber aufgrund seiner Markenpositionierung schwul-lesbische Zielgruppen praktisch nicht berücksichtigen kann. In diesem Fall bietet nämlich das eigene Gay Marketing ein mögliches Alleinstellungsmerkmal.

Schließlich muss die homosexuelle Zielgruppe selbst mit Blick auf den betreffenden Markt analysiert werden. Abgesehen von den grundlegenden, bereits dargestellten Konsumtypologien ist von Interesse, welche Affinität, welche Bezüge, welche Anknüpfungspunkte eine Branche oder ein Produktbereich für schwul-lesbische KundInnen und ihre Lebenswirklichkeiten bieten. Wie groß und ausgeprägt und wie gut erreichbar ist die spezielle Zielgruppe eines Unternehmens innerhalb des homosexuellen Segments? Beziehungsweise, wie groß ist der Gay-Anteil an der eigenen Kundengruppe? Für diese Betrachtungen stellen die Grundlagen der Kapitel vier und fünf relevante Hintergrundinformationen zur Verfügung. Die Analyse muss jedoch für das jeweilige Marktumfeld spezifisch vorgenommen werden.

Innerhalb dieses Bausteins kann es weiterhin sinnvoll sein, gezielte, tiefergehende Marktforschung im fraglichen Segment vorzunehmen. Dies mag als quantitative Feldforschung oder – in den meisten Fällen sinnvoller – in Form von Fokusgruppen (qualitativ) vorgenommen werden. So kann die Position des eigenen Unternehmens in der Zielgruppe besser erfasst und konkrete Ansatzpunkte für das Marketing identifiziert werden.

Zusammenfassung der Grundlagen

Die internen und externen Analyseergebnisse werden nun zum Beispiel in den vielseitig verwendbaren SWOT-Rahmen eingetragen: Strengths (eigene Stärken), Weaknesses (eigene Schwächen), Opportunities (Chancen), Threats (Risiken). Aus dieser Zusammenfassung werden eventuell vorhandene grundlegende Barrieren (fundamentale Schwächen oder existentielle Risiken) erkennbar, aber auch Erfolg versprechende strategische Ansätze, die nach einer Bewertung der Gesamtanalyse zur eigentlichen Gay-Marketing-Strategie erweitert werden.

Lektion 8 Schon in der Vorbereitung von Gay-Marketing-Aktivitäten sind Besonderheiten dieses Ansatzes erkennbar. Während eine fundierte Vorgehensweise – wie bei jeder anderen Zielgruppen – dringend geboten ist, weisen Fragen der Kompatibilität von Unternehmens- und Markenwerten mit der Zielgruppe eine spezifische Relevanz auf.

8.2 Ziele und Strategie

Auf dieser Basis ist eine klare Zieldefinition möglich, die wiederum eine Strategieentwicklung erlaubt.

Zu den zu definierenden Marketingzielen gehört die Beschreibung des Gay-Marketing-Ansatzes (vgl. Kapitel 1) und des Zielgruppenansatzes, das heißt, ob Homosexuelle zusätzlich oder als Teil des angestammten Kundensegmentes angesprochen werden. Ebenso wird festgelegt, ob eine offene, eine allgemeine (integriert oder neutral) oder eine codierte Ansprache gewählt wird. Weiterhin werden quantitative Ziele und Zeithorizonte definiert. Bei den quantitativen Zielen ist zu bedenken, dass Schwule und Lesben kein klar zu trennendes Marktsegment darstellen, sondern sich stets auch im Mainstream bewegen. Ebenso bedeutsam ist, dass Gay Marketing meist auch positive Cross-Media-Effekte erzielt, und insofern Mehrwerte für das allgemeine Marketing oder zur Ansprache anderer Zielgruppen bietet. Zur Frage der Zeithorizonte verweisen wir erneut auf die ersten Kapitel und die Besonderheiten der Zielgruppe. In vielen Fällen zeigen Homosexuelle eine kritische Grundhaltung und reagieren weniger routiniert auf entsprechende Maßnahmen als andere Zielgruppen. Ein Zeithorizont von drei bis fünf Jahren erscheint daher für jede Gay-Marketing-Kampagne als sinnvoll. In kürzeren Zeiträumen sind keine verlässlichen Erkenntnisse oder Erfahrungen mit schwul-lesbischen Zielgruppen (oder anderen Marktsegmenten ähnlicher Größe) zu gewinnen.

Nach erfolgter Grundlagen- und Zielbeschreibung wird die Gay-Marketing-Strategie entwickelt, die zur Erreichung dieser Ziele dient. Dabei bietet sich wie in anderen Marketing-Zusammenhängen die Verwendung der fünf P's an. Diese Teilstrategien wurden mit ihren unterschiedlichen Ausprägungen im Gay-Kontext bereits in Kapitel sechs ausführlich dargestellt und bieten eine Orientierung für die Umsetzung konkreter Gay-Marketing-Strategien. Diese richten sich freilich an den definierten Zielen aus.

Von besonderer Bedeutung ist, dass stets das Zusammenspiel von schwul-lesbisch orientiertem Marketing und Mainstream-Marketing beachtet wird. Aufgrund der Durchmischung von homo- und heterosexuellen Zielgruppen ist eine hohe Kohärenz des Auftrittes im Massenmarkt und in verschiedenen Nischen anzustreben. Umgekehrt entstehen immer wieder Spill-over-Effekte, die freilich minimiert werden können. Angesichts der fortschreitenden Integration ist jedoch auch eine Durchlässigkeit in dieser Richtung anzustreben. In vielen Fällen wird somit eine ausgewogene Mischung von neutralen (offenen) und spezifischen (Gay) Ansätzen in den verschiedenen Teilstrategien besonders Erfolg versprechend sein, da dies zusätzlich dem Bedürfnis nach Normalität und Selbstverständlichkeit in der schwul-lesbischen Zielgruppe nachkommt.

Eine Gay-Marketing-Stratgie wird sinnvollerweise in Phasen aufgeteilt. In diesen werden die Marketingziele schrittweise erreicht. Diese Phasen können ähnliche Inhalte aufweisen, wie im allgemeinen Marketing: Bekanntmachung, Bewusstsein schaffen, Produktinteresse generieren. Sie mögen jedoch auch gay-spezifische Ziele verfolgen, wie zum Beispiele Vertrauen schaffen, Glaubwürdigkeit aufbauen, ethisch-ganzheitliche Verankerung aufzeigen und dergleichen.

> Realistische Zielvorgaben und Zeithorizonte sind auch im Gay Marketing sinnvoll und erforderlich. Erfolgreiche Gay-Marketing-Strategien beinhalten eine Mischung aus offenen, neutralen und spezifisch schwul-lesbischen Elementen. Kohärenz mit und Durchlässigkeit zum Mainstream Marketing ist erstrebenswert. Ein phasenweiser Aufbau vergößert die Erfolgsaussichten.

8.3 In-Haus-Aufgaben

Dieser Baustein beinhaltet zum größten Teil spezielle Maßnahmen im Rahmen eines Gay Marketing, die in dieser Form bei den meisten anderen Zielgruppen nicht erforderlich sind. Im Kern wird eine feste und ganzheitliche Verankerung des Ansatzes im Unternehmen angestrebt sowie eine konsistente Abbildung der Marktkommunikation im Haus hergestellt. Hierfür sind im Wesentlichen drei Wirkungsweisen relevant: Einerseits die Information und Einbeziehung von Mitarbeitern mit Blick auf die geplanten Gay-Marketing-Aktivitäten. Andererseits die gezielte Qualifikation von MitarbeiterInnen, die externe Kontakte – sei es zu Kunden, sei es zu Medien – unterhalten und gestalten. Zum Dritten werden schwul-lesbische oder allgemein vielfältige Themen und Aspekte in die generelle Unternehmenskommunikation (oder gegebenenfalls in die Unternehmenspolitik) integriert.

Die Information der Belegschaft über neue Marketing-Maßnahmen dürfte in den meisten Fällen ohnehin zur Routine der internen Kommunikation gehören. Indes weist das Thema „Homosexualität" in vielen Fällen einen besonderen Erklärungsbedarf auf. Aufgrund vielfältiger Informationsdefizite sind Erklärungen, weshalb ein Unternehmen nun schwul-lesbische Zielgruppen bearbeitet oder Gay-Motive im Mainstream einsetzt, durchaus angebracht. Diese Art der Aufklärung ist mit Blick auf die Außenwirkung aller MitarbeiterInnen eines Unternehmens grundsätzlich von Bedeutung (vgl. Kapitel 6.4, People: Die Personalstrategie). Da die meisten ablehnenden Haltungen gegenüber Schwulen und Lesben mit gängigen Klischees verbunden sind, sollten vor allem diese Stereotype über homosexuelle Frauen und Männer gezielt widerlegt werden. Weiterhin erscheint es sinnvoll, die konkrete Einordnung in den allgemeinen Marketing-Zusammenhang des Unternehmens sowie die konkret verfolgten Ziele und zugehörigen Ansätze intern zu kommunizieren.

Der zweite Bereich der In-Haus-Aufgaben betrifft im Kern ein professionelles Kundenbeziehungsmanagement und die bewusst differenzierte Gesaltung anderer Formen der persönlichen externen Kommunikation. Wichtigster Aspekt hierbei ist der Kontakt homosexueller KundInnen mit einem Unternehmen, das diese Gruppe gezielt umwirbt. Hiermit wird nämlich die Erwartung verbunden, dass keine Berührungsängste vorhanden sind und – je nach Produkt – die Lebensumstände von Schwulen oder Lesben Berücksichtigung finden. Dies mag zum Beispiel im Banken- und Versicherungsbereich eine Rolle spielen. Weiterhin erwarten homosexuelle Kunden, dass ihnen im Zusammenhang mit Gay Marketing keine heterosexuellen Vorannahmen entgegengebracht wird. Diese erfolgen häufig unbewusst im Rahmen eigentlich unverfänglicher Äußerungen im Verkaufs- oder Beratungsgespräch (z.B. die Aussage gegenüber einer Frau „dann können Sie mit Ihrem Mann ...“), da vielerorts keine neutrale Sprache im Rahmen von Kommunikationstrainings vermittelt wird. Umgekehrt ist freilich auch im Kontakt mit gleichgeschlechtlichen Paaren ein Over-Selling zu vermeiden – zumal es sich bei zwei Männern auch um eine WG-Freundschaft handeln kann. Ein „Denken in Möglichkeiten“ stellt hier die Maxime für offene, neutrale Kundenbeziehungen dar. Schließlich wird hierdurch die Kommunikations-Qualität mit allen externen Stakeholdern verbessert.

MitarbeiterInnen mit Kundenkontakt oder der Presseabteilungen erhalten in Workshops entsprechende Hintergrundinformationen über die Besonderheiten, die Schwule und Lesben allgemein und als Kundengruppe ausmachen. Zusätzlich erfolgt der Transfer dieser Grundlagen auf das jeweilige Unternehmen und die konkrete Arbeitssituation (z.B. Shop, Call-Center, Außendienst). Im Bereich Presse- und Öffentlichkeitsarbeit erscheint ein internes Frage-und-Antwort-Papier angebracht, das die Interaktion mit homosexuellen Medien oder Mainstream-Anfragen erleichtert.

Das dritte interne Aktionsfeld deckt die Fragen der Kohärenz des Gay Marketings mit dem allgemeinen Auftritt des Unternehmens ab. Je nach gewähltem Zielgruppenansatz ist die Einbettung homosexueller Themen in die breite Unternehmenskommunikation oder in allgemeine Firmeninformationen nicht nur angebracht, sondern notwendig. Diese Integration zeigt nicht nur homosexuellen Zielgruppen, dass sie als selbstverständlicher Teil des Gesamtmarktes berücksichtigt werden. Wenn keine codierte Botschaft verwendet wird, positioniert sich das Unternehmen zusätzlich gegenüber dem Mainstream (Spill-over). Diese Positionierung kann zum Beispiel zur Stärkung offener Markenwerte oder eines Diversity-Images dienen. Zu den vielfältigen Umsetzungsmöglichkeiten gehören zum Beispiel textliche Differenzierungen (Erweiterung von „Ehepartner“ zu „Ehe- oder Lebenspartner“ und Ähnliches) oder eine vielfältige Bildauswahl in Prospekten oder im Rahmen des Internetauftritts. Hier bietet sich zusätzlich zum Einsatz gegengeschlechtlicher Paare und traditioneller Familien die Verwendung von gleichgeschlechtlichen Paaren und/oder Singles sowie von Männer- und Frauenbildern an, die nicht den gängigen Geschlechterrollen entsprechen (oder aber homosexuelle Paare mit Kindern).

Zur erstrebenswerten Kohärenz gehört auch, dass die bei der Analyse eventuell festgestellten firmenpolitischen Widersprüche beseitigt werden. Dies betrifft die oben bereits angesprochenen Themen der Partner-Benefits, der breiten Diversity-Arbeit oder der umfassenden Anti-Diskriminierungs-Richtlinien ebenso wie die Berücksichtigung vielfältiger Faktoren oder Themen im Leitbild oder ähnlich grundsätzlichen Zusammenhängen.

> **Lektion 10**
>
> Gay Marketing erfordert eine interne Verankerung des Themas. Hierbei spielt die Schulung aller MitarbeiterInnen mit Kunden- und Pressekontakt eine zentrale Rolle. Weiterhin bietet sich die Information und Einbindung der gesamten Belegschaft an. Schließlich bewirkt die Integration vielfältiger Sprachbausteine und Bildelemente in die Unternehmenskommunikation eine Kohärenz von Mainstream- und Zielgruppenkommunikation.

8.4 Marktkommunikation

Die eigentliche Marktkommunikation erfolgt im Gay Marketing ähnlich der Kommunikation im Mainstream oder in anderen Zielgruppen. Die grundsätzliche Eignung und unterschiedliche Wirkungsweise der verschiedenen Kommunikationsinstrumente haben wir in Kapitel 6 unter „Promotion" ausführlich dargestellt.

Mit Blick auf die empfohlene phasenweise Strategie wird sich auch die Marktkommunikation mit dem Gay-Segment in Phasen darstellen. Ausgehend von der aktuellen Positionierung gegenüber der Zielgruppe (diese wird in den meisten Fällen „unspezifisch" sein), werden die strategischen Abschnitte entsprechend mit Kommunikationsinhalten gefüllt. Wie im Mainstream-Marketing können diese anhand einer Beschreibung von Aktionszielen, Kommunikationszielen, Kommunikationsinhalten sowie konkreten Instrumenten und Mechanismen entwickelt werden.

Eine Besonderheit weist das Gay Marketing bezüglich der Differenzierung der Marktkommunikation auf. Die beschriebenen Spezifika der Zielgruppe legen ein besonders breit angelegtes Kommunikationskonzept nahe, in dem der Below-the-Line-Bereich eine wichtigere Rolle spielt als dies im Massenmarkt der Fall ist. Ein Grund dafür besteht in der besonderen Erreichbarkeit von Schwulen und Lesben in konkreten Lebenszusammenhängen wie Szene, Kultur, Sport oder anderen Umfeldern, in denen emotionalisiertes Marketing sehr effektiv möglich ist. Außerdem kann die klassische Werbung als Schwerpunkt leicht zu einem Over-Selling und einer einseitig kommerziellen Wahrnehmung führen. Die Besonderheiten der Zielgruppe legen außerdem nahe, eine Kampagne entweder mit neutralen Werbemotiven oder mit gezielter PR-Arbeit sowie mit Kooperations-Marketing zu beginnen. Da Gay Marketing noch keine Alltäglichkeit darstellt, bietet es sich im Grunde an, die jeweilige Positionierung des Unternehmens und seiner Marken beziehungsweise Produkte gegenüber der Zielgruppe Schwulen und Lesben in geeigneter Form darzulegen. Der Consumer Benefit wird – wie dies im Marketing üblich ist – dargelegt und gegebenenfalls gegenüber Wettbewerbern konstrastiert.

In typischen Szenezusammenhängen bietet sich meist eine witzige, emotionale und offene Ansprache an. Der Auftritt sollte – wie die Strategie selbst – idealerweise integrativ, neutral, offen oder codiert sein. Im Mainstream bietet sich dagegen eine eher klassische, seriöse Linie oder der Diversity-Ansatz an, da hier vor allem integriert lebende Homosexuelle und Heterosexuelle angesprochen werden. Homosexuelle Klischees sind grundsätzlich nicht angebracht und schwul-lesbische Codes oder Symbole sollten selektiv und wohl überlegt eingesetzt werden.

Im Sinne einer integrierten Kommunikation sind im Gay Marketing zwei Aspekte zu beachten. Einerseits müssen die Gay-Marketing-Maßnahmen in sich einen integrierten Ansatz darstellen, andererseits müssen sie sich in die Gesamtkommunikation des Unternehmens einfügen, da die meisten homosexuellen Segmente gleichzeitig Teil des Massenmarktes sind und umgekehrt Spillover-Effekte vielfach angebracht sind. Die drei in Kapitel 7 portraitierten Kampagnen sind hier gute Beispiele.

Im Below-the-Line-Bereich sollten auch Community-Themen aufgegriffen und Mechanismen eingesetzt werden, die eine klare Relevanz für die Zielgruppe aufweisen. Das heißt nicht, dass stets eigenständige Projekte zu entwickeln sind – viele Maßnahmen wirken in dieser Zielgruppe einfach anders als im Mainstream, da der geänderte Kontext häufig neue Assoziationen weckt.

Lektion 11

Gay Marketing erfordert eine differenzierte Marktkommunikation mit großem Below-the-Line-Anteil. Subtile, witzige, codierte und offene Ansätze sind allzu offensichtlichen oder spezifischen vorzuziehen.

8.5 Evaluation und Nachhaltigkeit

Gay Marketing stellt keine soziale Form der Marktbearbeitung dar. Natürlich wird auch der Erfolg von Kampagnen, die Schwule und Lesben berücksichtigen, gemessen. Diese Evaluation kann qualitativ oder quantitativ, je nach gewählten Marketing-Zielen und -Aktivitäten erfolgen. In beiden Fällen müssen

Wege gefunden werden, wie die unterschiedlichen Teilsegmente der Zielgruppe erreicht und in die Mechanismen der Erfolgskontrolle integriert werden können. Natürlich können auch gezielt Marketing-Mechanismen eingesetzt werden, die im Kern der Evaluation der Zielgruppenaktivitäten oder der konkreten Erfolgsmessung („Was haben wir bisher erreicht?") dienen. In diesem Zusammenhang ist anzumerken, dass anders als in den USA, wo positives Kunden-Feedback (wie auch negatives) üblich und weit verbreitet ist, Schwule und Lesben selten von sich aus lobend an Unternehmen herantreten. Zu den gängigen Evaluationsmechanismen gehört daher, die Art und Anzahl der Zuschriften, die dem Unternehmen eine Zusammenarbeit anbieten, auszuwerten. Diese zeigen nämlich meist, dass das Unternehmen als Partner der Community angesehen wird. Ein Effekt, der in diesen Fällen auch an Endkonsumenten nicht gänzlich vorübergegangen sein dürfte.

Wir warnen jedoch davor, bereits nach kurzer Zeit messbare Erfolge im Gay Marketing zu erwarten. Erfolg braucht in den meisten Zielgruppen langen Atem. Gerade die schwul-lesbische Zielgruppe, die eine Historie der Diskriminierung und Ausgrenzung aufweist, dürfte sich nicht über Nacht als Cash-Cow instrumentalisieren lassen. Dagegen zeigen viele Beispiele, dass eine langfristig angelegte Partnerschaft mit dem homosexuellen Segment zu einer enormen Bindung an das Unternehmen führt. So erreichte American Airlines, die im US-amerikanischen Mainstream eine führende Stellung einnehmen, im dortigen Gay-Segment eine noch stärkere Marktstellung. Entsprechende Umfrageergebnisse begründen dies mit dem langjährigen, fundierten und öffentlichen Engagement des Unternehmens in schwul-lesbischen Zielgruppen.

Hierdurch entsteht ein Bezug zum Thema Nachhaltigkeit. Langfristig erscheinen danach jene Unternehmensmodelle als zeitgemäß, die neben dem wirtschaftlichen Erfolg auch eine ökologische und eine soziale Verträglichkeit anstreben. Dieser Bezug stellt sich nicht zufällig ein, besteht doch in der schwullesbischen Zielgruppe eine grundsätzliche, wenn auch nicht universelle, Affinität zu ethischen Konzepten und politischem Bewusstsein. Die direkte Anwendung auf das Gay Marketing besteht in dem Aufbau dauerhafter, partnerschaftlicher Beziehungen, in die sich das Unternehmen auch inhaltlich einbringt. Dass solche Ansätze auch wirtschaftlich besonderen Erfolg versprechen, ist aus anderen Zusammenhängen bekannt.

Lektion 12

Kein Marktsegment wird im Handumdrehen erobert – auch nicht das schwul-lesbische. Nur über ein dauerhaftes Engagement wird die Zielgruppe von der Ernsthaftigkeit des Interesses zu überzeugen sein. So entsteht Vertrauen als Basis für eine langjährige Win-Win-Beziehung zwischen Anbieter und homosexuellem Marktsegment.

Kapitel 9

Zusammenfassung und Perspektiven

Gay Marketing ist nicht gleich Gay Marketing – dies wurde bereits ganz zu Beginn des Buches erläutert. Um in homosexuellen Zielgruppen Erfolg zu haben, bedarf es nicht zwingend eines spezifischen Ansatzes, der mit Gay-Motiven oder -Mechanismen arbeitet. Vielmehr können auch durch eine codierte Botschaft im Mainstream oder eine integrierende, die Vielfalt der Gesellschaft widerspiegelnde Message zusätzliche Marktpotenziale in der schwul-lesbischen Zielgruppe und darüber hinaus genutzt werden.

Schwule und Lesben sind im Prinzip KonsumentInnen wie alle anderen, und dennoch gibt es gute Gründe, sie „mit anderen Augen" zu beachten. Sehen sie selbst doch die Welt mit anderen Augen. Homosexuelle weisen nämlich aufgrund ihrer spezifischen Persönlichkeitsentwicklung und Sozialisation Gemeinsamkeiten auf, die ein in Teilen ähnliches Konsumverhalten entstehen lassen und sie vom Mainstream unterscheiden. In Zeiten problematischer Differenzierung und angestrebter Emotionalisierung stellen sie damit eine interessante Zielgruppe dar. Da (gut gemachtes) Gay Marketing zur weiteren Integration von Schwulen und Lesben beiträgt, bietet es zudem Mehrwerte im Rahmen einer ethisch-politischen Imagearbeit oder einer Diversity-orientierten Markenpositionierung.

Die zunehmend fragmentierten Märkte und die wachsende Individualität „hybrider" Konsumenten lassen das Massenmarketing im herkömmlichen Sinne immer unbedeutender werden. Auf dem Weg zu einem individualisierten Marketing gleicht Zielgruppenmarketing die wesentlichen Schwachpunkte des Massenmarketings aus. Gay Marketing stellt dabei einen Ansatz unter vielen dar, der es ermöglicht, eine wohl definierte Zielgruppe in ihrem Lebensumfeld zu erreichen und mit zielgruppenrelevanten Botschaften und Werten anzusprechen.

Dabei ist eine zentrale Erkenntnis, dass es keine homogene Gay-Zielgruppe gibt, schon gar keine, die den Klischees entspricht. Das schwul-lesbische Segment stellt vielmehr ein Abbild gesellschaftlicher Vielfalt dar. Indes verbinden persönliche Erfahrungen und soziale Bezüge die Homosexuellen eines Landes, eines Kontinents und teilweise der ganzen Welt. Erfolgreiches Gay Marketing ist daher nicht so offensichtlich, wie man vielleicht auf den ersten Blick denken könnte. Da die homosexuelle Zielgruppe dennoch alle wesentlichen Kriterien für eine effektive Marktsegmentierung erfüllt und darüber hinaus strategische Mehrwerte bietet, liegt eine nähere Betrachtung des Themas für die meisten Unternehmen nahe.

Durch die Kombination der fünf Marketinginstrumente (Product, Price, Place, People und Promotion) ergeben sich eine Vielzahl möglicher Strategien im Gay Marketing. In einigen Fällen genügt eine zielgruppenspezifische Anpassung der externen Unternehmenskommunikation, in anderen Fällen ist auch die Variation anderer Instrumente sinnvoll, um eine optimale Integration der schwul-lesbischen Zielgruppe in das Marketing zu erzielen. Das Feld denkbarer kreativer Ansätze wurde bislang bei weitem nicht ausgeschöpft.

Von zentraler Bedeutung für Erfolg versprechende Gay-Konzepte ist die Ausgewogenheit von spezifischen und integrierten Ansätzen. Welche Strategie im konkreten Fall geeignet ist, lässt sich an dieser Stelle nicht generell beantworten, sondern muss in der Praxis von Fall zu Fall entschieden werden. Eine ganzheitliche, interne Verankerung des Gay-Ansatzes oder weiter differenzierter Ansätze ist in jedem Falle ratsam. Bei der Marktkommunikation ist auf eine gute Integration sowohl innerhalb der Gay-Kommunikation als auch in die Gesamtkommunikation zu achten.

Tatsächlich wird die Gesellschaft immer vielfältiger und offener. Daher erscheint es in Zukunft immer weniger notwendig, spezifische Ansätze zur Bearbeitung spezieller Marktsegmente einzusetzen. Dies bedeutet jedoch keineswegs, dass Schwule und Lesben weiterhin unsichtbar bleiben sollten. Es bedarf künftig einer Marktkommunikation, die den offenen Charakter der Gesellschaft aufgreift und vielfältige Lebenswirklichkeiten – auch schwul-lesbische – in der Massenkommunikation abbildet. Damit wird sie auch für den Mainstream immer erlebbarer und somit relevanter.

Die von einigen Marketingfachleuten befürchteten negativen Auswirkungen von Gay Marketing haben sich in den letzten Jahren für keine der durchgeführten Maßnahmen – auch nicht in konservativen Umfeldern – bestätigt. Der Wertewandel lässt diesen Aspekt immer weiter in den Hintergrund treten. Das Marketing sollte diesem Trend nicht hinterlaufen, sondern ihn mitgestalten.

Der Diversity-Gedanke dürfte sich in diesem Zusammenhang immer mehr durchsetzen. Denn vielfältige Belegschaften spiegeln die Vielfalt der Märkte wider, erschaffen kreative Lösungen und erreichen dadurch eine größere Bandbreite individueller KundInnen. Weil diese in ihrer Unterschiedlichkeit wertgeschätzt werden, erzielt das Marketing höhere Kundennähe, -zufriedenheit und -bindung. In einem auf Vielfalt ausgerichteten, globalisiertem Umfeld kann es sich kaum ein Unternehmen leisten, gleichgeschlechtliche Facetten weiterhin zu ignorieren.

Wir hoffen und sind zuversichtlich, mit diesem Buch neue Blickwinkel eröffnet und Anregungen gegeben zu haben, Gesamtmärkte und Marktsegmente wie das homosexuelle in ihrer Vielfalt wahrzunehmen, diese Vielfalt als Potenzial zu erkennen und in die professionelle Marketing-Arbeit einzubeziehen.

Service-Teil

Um diesen Service-Teil stets aktuell für Sie zur Verfügung stellen zu können, wird dieser online auf der Informations-Website zum Thema Gay Marketing abgebildet. http://www.homoeconomics.de (→ Das Buch)

Wir möchten ausdrücklich darauf hinweisen, dass die folgende Übersicht weder einen Anspruch auf Vollständigkeit erhebt, noch eine Werbung, Bewertung oder Empfehlung darstellt.

Medien

Deutschland Gratistitel

GayCityCom: www.gaycitycom.de
Box: www.box-online.de
Downtown: www.downtown.de
GAB: www.gab-magazin.de
gaypress.de: www.gaypress.de
Gegenpol: www.gegenpol.net
Hinnerk: www.hinnerk.de
Our Munich: www.ourmunich.de
Queer: www.queer.de
RIK: www.rik-magazin.de
Sergej: www.sergej.de
Sergej.punktMünchen: www.sergej-magazin.de
Siegessäule: www.siegessaeule.de

Deutschland Kauftitel

Adam: www.foerstermedia.com/
Du & Ich
Lespress: www.lespress.de
Männer Aktuell: www.brunogmuendes.de

Schweiz

AK: www.planetgay.ch
Cruiser: www.cruiser.ch
Boa: www.boa.fembit.ch
Die: www.die.fembit.ch

Österreich

g (Wien)
pride (Linz): www.pride.or.at

Europa

attitude (Großbritannien)
axm (Großbritannien): www.axm-mag.com
gus (Belgien): www.gusmag.com
Squeeze (Niederlande): www.squeeze.nl
tetu (Frankreich): www.tetu.com
zero (Spanien): www.zero-web.com

Elektronische Medien

anders trend: www. centertv.de
Online-Radio: www.gaywebradio.de

Online-Portale

www.eurogay.de
www.gayforum.de
www.pride.de
www.stadt.gay-web.de
www.gayworld.ch
www.her2her.ch
www.planetgay.ch
www.shoe.org
www.gay.at
www.rainbow.or.at

Events & Veranstalter

Deutschland

CSD Deutschland: www.csd-germany.de
CSD Berlin: www.csd-berlin.de
CSD Frankfurt: www.csd-frankfurt.de
CSD Hamburg: www.csd-hamburg.de
CSD Köln: www.csd-koeln.de
CSD München: www.csd-muenchen.de

Big Spender: www. big-spender.de
Felix-Rexhausen-Preis (Medienpreis): www.felixrexhausenpreis.de
Lesbisch-schwules Stadtfest Berlin: www.gay-stadtfest.de
Lesbisch-schwule Filmtage Hamburg:
    www.hamburg.gay-web.de/filmtage/inhalt
Literaturpreis der schwulen Buchläden: www.gayboots.de
Schwules Museum Berlin: www.schwulesmuseum.de

Teddy (Filmpreis) www.teddyaward.org
Tummelplatz der Lüste (Strassenfest und Party):
   www.tummelplatzderlueste.de
Verzaubert (Filmfestival): www.queer-view.com/verzaubert

Schweiz

CSD Zürich: www.csdzh.ch
Warmer Mai: www.warmermai.ch
Mister Gay Wahlen: www.mistergay.ch

Österreich

CSD Wien: www.pride.at

International

Europäischer Verband der CSD-Organisationen EPOA: www.epoa.org
Internationaler Verband der Gay Pride Organisationen InterPride:
   www.interpride.org

Agenturen, Berater und Marktforschung

❑ gay.cross.marketing (Media-Agentur u.a. Vermarkter für EuroGay.de und
Queer): www.gaycrossmarketing.de

❑ gofelix (u.a. Marktforschung in Zusammenarbeit mit BBDO):
www.gofelix.de

❑ management3 (u.a. Vermarkter von CSD Zürich, AK):
www.management3.ch

❑ mi.st [Consulting (Marken-, Marketing- und Zielgruppenberatung):
www.homoeconomics.de

❑ Publicom (u.a. Marktforschung und Vermarktungsagentur für CSD Berlin,
EuroPride 2002 Köln): www.publicom.info (im Aufbau)

❑ Sisters and Sons (Werbe-, Veranstaltungs- und PR-Agentur mit
Gay Marketing Expertise): www.friendsandsons.de

❑ Special Interest Media (u.a. Vermarkter von gayforum.de):
www.specialinterestmedia.de

❑ WATTS (Werbeagentur mit Gay Marketing Expertise und Vermarktungsagentur für schwulesbisches Stadtfest Berlin): www.wattskom.de

Homosexuelle Werbung

www.commercialcloser.org (weltweite, überwiegend US-amerikanische
    Sammlung)
www.rosabrille.com (Kolumne „Werbung aus schwul-lesbischer Sicht")

Verbände

Deutschland

BLSJ (Bund Lesbischer und Schwuler JournalistInnen): www.blsj.de
DAH Deutsche AIDS-Hilfe e.V.: www.aidshilfe.de
Deutsche AIDS-Stiftung: www.aids-stiftung.de
Ford GLOBE (Gay, Lesbian or Bisexual Employees): www.fordglobe.org/de
IGLTA (International Gay and Lesbian Travel Organisation): www.iglta.org
LSVD (Lesben- und Schwulenverband in Deutschland): www.lsvd.de
Rainbow Group Germany (Deutsche Bank): www.deutschebank.de
    (→Karriere, →Diversity)
ver.di Regenbogen: http://www.verdi.de/0x0ad00f05_0x0000e6ca
VLSP (Verein lesbischer und schwuler PsychologInnen):
    http://stadt.gay-web.de/vlsp/
Völklinger Kreis e.V.: www.vk-online.de

Schweiz

AIDS-Hilfe Schweiz: www.aids.ch
LOS (Lesben Organisation Schweiz): www.los.ch
Pink Cross: www.pinkcross.ch
Network: www.gaymanager.ch

Österreich

AG Pro: agpro.at
AIDS-Hilfe Österreich: www.aidshilfe.at

Stichwortverzeichnis

Stichwortverzeichnis

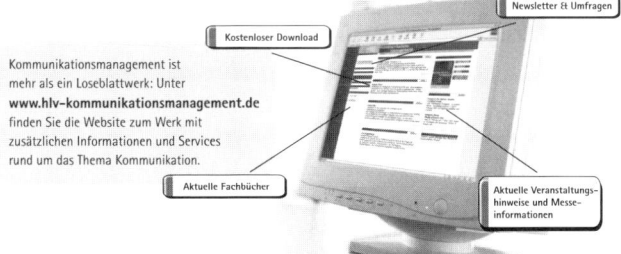